D1753580

K

Henrike Leonhardt

DER TAKTMESSER

Johann Nepomuk Mälzel –
Ein lückenhafter Lebenslauf

KELLNER

CIP-Titelaufnahme der Deutschen Bibliothek

Leonhardt, Henrike:
Der Taktmesser: Johann Nepomuk Mälzel – ein lückenhafter Lebenslauf / Henrike Leonhardt. – Hamburg: Kellner, 1990
ISBN 3-927623-09-1

© Copyright by
Kellner GmbH & Co. Verlags KG,
Hamburg 1990
Alle Rechte vorbehalten

Umschlaggestaltung: Walter Landmann, Hamburg
Satz: Die Letter, Neustadt/Weinstraße
Druck und Bindung: Clausen & Bosse, Leck
ISBN 3-927623-09-1

Inhalt

Vorwort – Nachruf		7
I.	Tableau animé	10
II.	Keine Orgel für Altheim	23
III.	Eine Maschine, welche ein Orchester in sich vereinigt	31
IV.	Hölzerne Spieler	41
V.	Der mechanische Schachspieler des von Kempelen	50
VI.	Inventé/ et exécuté par/ Maelzel Panharmonium – kunstvolle Spielereien – künstlicher Trompeter – Demoiselle Barensfeld	66
VII.	Zusammenklappbare und andere nützliche Dinge	90
IIX.	Kanonenschlag- und Hörmaschinen	108
IX.	Metronome Maelzel – M M	130
X.	Sprechende Puppen	164
XI.	Maelzel's Chess-Player	191
XII.	Konflagration	226
XIII.	Reiseschachbrett	242
Anmerkungen / Literatur		246
Bildnachweis		255

VORWORT – NACHRUF

Wer war Johann Nepomuk Mälzel?
Ohne alle Feierlichkeit wurde sein Körper – mit einer gewichtigen Kugel an den Füßen – ins Meer versenkt.
Da ist keine Grabstatt, keine Stätte der Ruhe, kein Stein.
Mälzel, Melzel, Mölzl, Maelzel, Mentzel...
Johann Nepomuk (1772–1838): Erfinder des Metronoms.
Leonhard (1783–1855): Erfinder des Metronoms.
Joseph Haydn, Antonio Salieri, Ludwig van Beethoven, Napoleon Bonaparte, Edgar Allan Poe – große Namen tauchen auf, auch künstliche Menschen, Androiden, gewaltige Musikmaschinen und der geheimnisvolle Schachautomat des Baron von Kempelen...
Die Enzyklopädien überblenden die Brüder nicht selten zu *einer* Person, und alleiniger Erfinder des Metronoms war wohl weder der eine noch der andere – aber wenn, dann eher der eine.
Beide sind in der Freien Reichsstadt Regensburg geboren, beide waren Musiker, k.k. Hofkammermaschinisten in Wien, Erfinder, Schausteller. Aber nur Johann Nepomuk ist Unterhaltungskünstler geworden. *The Prince of Entertainers.* Höchste Kunst des Spiels – jede Zufälligkeit ausschließende perfekteste Spielkunst. Das Staunen.
Der jüngere, Leonhard, kaisertreu, soll 1848 in Wien durch seinen Trompetenautomaten den anstürmenden *Pöbel* zurückgeblufft und -geblasen haben – natürlich nicht, um sich selbst, sondern um seine Apparate zu retten.
Der ältere, Johann Nepomuk, ging 1825 nach Amerika.
»In neuester Zeit erfuhr man durch öffentliche Blätter, daß er sich theils in Nord=Amerika, theils in England aufhielt, und durch seine Kunstwerke allgemeine Bewunderung erregte. Im Jahre 1829 hat er zu Boston (in Nord=Amerika) ein O r c h e s t e r a u s z w e y u n d v i e r z i g Automaten öffentlich

zur Schau ausgestellt. Es besteht aus den sämmtlichen Mitgliedern eines Orchesters, und selbst der Capell=Meister ist ein Automat. Am bewunderungswürdigsten sind die Violin=Spieler, indem sie Bogen und Finger mit staunenswürdiger Accuratesse und ergreifendem Ausdrucke bewegen. Die Trommeln, Pauken, kleinen Pfeifen, Triangel und Glöckchen werden von künstlichen Mohren gespielt. Diese Automaten produciren die Ouverturen aus ›Don Juan, Iphigenia und Vestalinn‹. Die Harmonie spielt das Volkslied: ›God save the King!‹ – Dem Herrn Johann Mälzel sind für dieses Automaten=Orchester von einer Gesellschaft reicher Amerikanischer Kaufleute 300,000 Dollars gebothen worden; allein er begehrte 500,000 Dollars.*)

Schließlich ist noch anzumerken, daß Herr Johann Mälzel auch der Erfinder der Erstickungs=Wehr=Maschine ist, und sich dadurch um die Menschheit hoch verdient gemacht hat.«

So berichtet in *Hormayrs Archiv für Geschichte*, Wien 1830, nachdem der Autor Franz Heinrich Böckh auf einer »Wanderung in die Ateliers hiesiger Künstler« Leonhard Mälzel besucht und beschrieben hat. In seiner Anmerkung fügt er dann hinzu:

*»Ob und wie dieser Handel abgeschlossen wurde, ist mir nicht bekannt, und da ich, bey meinen Berufsgeschäften, wenig Zeit erübrige, auswärtige Blätter zu lesen, so dürfte in den verschiedenen Journalen auch manches, zur Biographie der beyden Brüder Mälzel Gehörige zu finden seyn; weßhalb ich ersuche, derley Notizen entweder der löbl. Redaction des Archives, oder dem Verfasser dieses Aufsatzes [...] gefälligst zuzumitteln, indem es gewiß interessant wäre, von zwey so kunstreichen Männern eine vollständige Biographie zu besitzen.«[1]

Nun also – nach 160 Jahren – der Versuch einer ersten Biographie des älteren der »kunstreichen« Mälzel-Brüder, Johann Nepomuk. Schattenriß eines Künstlers, der sich nicht porträtieren ließ. Lückenhafter Lebenslauf eines Mannes, der beschloß, *on the road* zu leben und auf See zu sterben.

Es ist nicht einfach, ihm zu folgen. In den Archiven ist er nicht eigens »verzettelt«. *Vor* dem Schein, den er auf seine »Kunstsachen« lenkt, hier der Versuch, sein Leben zu umreißen. »It must be correct«, ist sein Vermächtnis. Ein Buch für Johann Nepomuk Mälzel.

I. Tableau Animé

Sein Geburtshaus ist verschlossen. Die Haustür zugesperrt. Ein Schaufenster mit Schmiedeeisen vergittert. Nun ja, dann eben am nächsten Tag. Johann Nepomuk Mälzel empfiehlt Gelassenheit. Was wir aber nun erkennen, läßt nicht darauf hoffen, hier morgen oder auch übermorgen Einlaß zu finden: die andere Hausseite ist verpackt, eingewickelt – mit hellbraunem, glänzenden Paketklebeband.
»Zufälligkeit kommt hier nicht in Betracht«[1], schrieb Edgar Allan Poe über Mälzel – eigentlich über »Maelzels Schachspieler«, aber das ist dasselbe. Dieser Satz Poe's führt als roter Faden durch Mälzels Leben, ja, er bietet zuweilen die einzige Orientierung. Das verschlossene Haus bestätigt Mälzels Unzugänglichkeit. Auch der Hofausgang eines Nachbarhauses bietet keinen Zugang über einen Hinterhof, keine Hintertür.
Jenseits der niedrigeren rückwärtigen grauen Häuserreihe wissen wir die Donau. Der Weg nach Wien, in die Ferne, die Weite... Dämmerig die Flure der Nachbarhäuser. Moder, uraltes Gemäuer, Hausschimmel, Geschichte und Katzen. Die Wände sind dunkel, fleckig, feucht. Wen können wir fragen, ob die früheren furchtbaren Eisgänge das Wasser bis hierher drängten, die Bewohner sich in Boote retten konnten aus dem Fenster im ersten Stock? Die Kreuzrippengewölbe halten diese Häuser im Boden fest, ganz sicher, schon immer, noch immer. Erdwärts zeigt hier die Gotik, sie weist und zieht nicht himmelan.
Regensburg, Unter den Schwibbögen 7 (damals F 113). Das war schon zu Mälzels Zeiten ein altes Haus. Zwischen Donau und Dom, *Goliathhaus* im Westen und Gasthaus *Zum Walfisch* im Osten. Der Radius dieses Umkreises mag etwa zweihundert Meter betragen. Er bestimmte sein Leben. Das Wirtshausschild vom *Walfisch* zeigt einen zappeligen blauen Wal, der den triumphierenden Jonas ausspeit. Und das

Goliathhaus präsentiert das farbenfrohe Riesenfresko von Melchior Bocksberger (1573): Lässig lehnt der gigantische Philister seinen Arm auf den Fensterrahmen im dritten Stockwerk. Seine Lanze reicht bis ins fünfte Geschoß dieses hohen gotischen, ehemals privaten Hauses – »zu dessen collossalischen Füßen des Davids Zwerggestalt...«. Daß die Großen zu schlagen sind, durch Geduld, durch Klugheit, das ist dem kleinen Mälzel auf grandiose Weise schon früh beeindrukkend vor Augen geführt worden. Als reine List aber hat er Davids Vorgehen sicherlich nicht angesehen. Eher als Anpassung an die Umstände, als Angemessenheit. Wie denn sonst, als mit der Schleuder hätte David dem Riesen beikommen können. Auf das richtige Werkzeug, auf die kluge Wahl der Mittel kommt es an! Möglich, daß der kleine Johann Nepomuk das Haus nie verließ, ohne drei glatte Donaukiesel im Hosensack zu haben. Sein Vater war nicht Bürger dieser Stadt – der alten Freien Reichsstadt – wir kommen noch darauf. Noch etwas muß er hier, in seiner Vaterstadt, mitbekommen haben: die Liebe zu Superlativen; je kolossaler, desto größer die Summe der Künste. Sein Pate, der österreichische Maler Mathias Schiffer (1744–1827), wird als der »letzte Monumentalmaler des steirischen Barock« bezeichnet. Künstler und Kunst stellen sich dem Kind als Eines dar: Schiffer schuf damals gerade die Fresken im zweigeschossigen riesigen Tanzsaale des berühmten Regensburger Gasthauses *Zum goldenen Kreuz* am Haidplatz, wo Kaiser und Könige abzusteigen pflegten. »Er ist mit Geschmack verzieret«, schrieb Friedrich Nicolai 1781. Das Kind sah zu, daß und wie dem Paten glückte, durch Berechnung und hohe, kühne Kunstfertigkeit, Illusionen herzustellen. Ausgerechnet für den Grafen Potemkin malte er denn auch zwei Bilder, welche der Graf nach Rußland mitnahm: eine ausgehende und eine zurückkehrende Prozession. Wir würden unter den darauf Versammelten gerne nach den Mälzels suchen – Vater Johann Nepomuk, Mutter Catharina, die beiden Söhne Johann Nepomuk und Leonhard. Leider gibt es von ihnen kein

Bild. Daß das Kölner Musikhistorische Museum von Wilhelm Heyer ein Porträt des Vaters besessen haben soll[2], bezeugt seine Bekanntheit. Ob Mathias Schiffer dessen Maler war, wissen wir nicht – die berühmte Privatsammlung wurde 1925 aufgelöst. Alle Nachforschungen blieben ohne Ergebnis. Das Bild ist verschollen. Vielleicht hätten wir in den Zügen des Vaters den Sohn finden können. Trotz der Berühmtheit kein Bild – in dieser abbildungswütigen Zeit der Medaillons und Schattenrisse.

Beinahe liegt die Vermutung nah, Johann Nepomuk Mälzel habe sich jeder Darstellung entzogen. Dennoch ist es möglich, sich ein Bild zu machen, wenn auch kein genaues. Beide Eltern entstammten der Oberpfalz. Nehmen wir sie als typisch und lesen, was der Volkskundler Franz Xaver von Schönwerth 1857 über diesen Oberpfälzer Menschenschlag schrieb: Die Leute seien groß, kräftig, meistens blond; auch »rauda Kepf«, rote Köpfe, seien nicht selten. Die Augen blau. »Die Nase ist lang und gerade von der Stirn herunter. Der Kopf hat eine schöne längliche Eyform, die Stirn ist ziemlich breit, das Gesicht voll, frisch, rothwangig, selbst bey den Alten.«[3] Wenn wir darauf achten, dann finden wir eben diesen Typus auch heute an den Handwerkerstammtischen in den Wirtshäusern der Stadt. Im Regensburger Stadtmuseum begegnet uns so einer sehr lebendig in einem Porträt von Martin Speer (1702–1765) – »Bildnis eines Mannes mit Weinflasche«. So stellen wir uns diesen Mälzel vor, und wir werden bestätigt, wenn wir schließlich in einer amerikanischen Aufzeichnung finden: »[...] ein großer gelassener Mann, dessen rotblonde Haare und Bart sein frisches, rotes Gesicht umrahmten, mit schwerlidrigen blauen Augen, einem breiten aber angenehmen Mund und einer römischen Nase.«[4] War er das? Wir können ihn uns auch anders vorstellen. So nahe kommen wir ihm nicht. Doch zurück zu Mälzels Haus.

Wollen wir an dessen Fassade hochschauen, müssen wir die enge, vielbefahrene, kopfsteingepflasterte (Einbahn-)Straße überqueren und uns gegenüber an die hohe graue Mauer des *Bischofshofes* drücken. Benzingestank. Und links von uns weht aus versetzter Perspektive dem Goliath eine angemessen dimensionierte Supermarktfahne von der Lanzenspitze... Die Häuserzeile auf Mälzels Seite zeigt Ocker und Grau. Wann fällt eigentlich Sonnenlicht in diese Gasse? So früh und so spät waren wir nie hier. Das verschmuddelte Ocker übertüncht, daß Mälzels Haus heiter wirken könnte; wir sehen es vor uns: offen, heiter, in einem Umkreis, der wie durch ein umgekehrtes Fernglas das alte Reich auf kleinstem Kreis präsentierte. Jetzt aber regt sich kein Leben. Unter dem Erker höhnt ein tristes rundes, gelbes Reklameschild: *Hotel Noblesse*.

Winter-, wasser-, einbruchsfest soll wohl das Haus eine Zeit bis zu seiner Sanierung überstehen. Wahrscheinlich wird es dann stockwerkweise verkauft. Ob sich irgendwann die neuen Eigentümer mit einer Gedenktafel schmücken werden?

»Hier wurde am 15. August 1772 Johann Nepomuk Mälzel geboren. Freund von Beethoven und Napoleon. Berühmter Mechaniker, Erfinder des Metronoms und bekannter Musikautomaten. Starb im Juli 1838 auf einer Reise in der Neuen Welt.«

Und während man diesen Text formuliert, wird man feststellen, daß alles so nicht stimmt und woanders anders aufgeschrieben ist und wird wahrscheinlich in Streit geraten.

Wer war Johann Nepomuk Mälzel?

»Johann Nepomuk Mälzel – ein Regensburger: Genie oder Scharlatan?«[5] Besser man läßt die Finger davon. Was wirklich sicher ist, verraten in dieser Stadt nur die Steine. Und dieser Mälzel hat, wie wir schon wissen, kein Grab, keinen Stein: »Mit keiner anderen Feierlichkeit, als daß man eine 4-Pfund-Kugel an seinen Füßen befestigte, wurde der Körper in die Tiefe entlassen.«[6]

Wir bewegen uns ein paar Schritte weiter nach Westen. Da läßt die kleine Öffnung der *Porta Prätoria* in den Bischofshof etwas Platz zum Durchatmen. Ein warmer Septembertag. Wir setzen uns auf die Stufen. Dieses Tor zum alten Römerkastell war zu Mälzels Zeit, umbaut von der Bischofsbrauerei, vermauert und in Vergessenheit geraten. Aber da waren diese riesigen alten Granitquadersteine des westlichen Flankenturms zu bestaunen und zu beklettern. Wer sonst als Goliath hatte die hierhergerollt und aufgetürmt? Damals überspannten noch drei begehbare Schwibbögen die Gasse – sie gaben ihr den Namen. Schräg gegenüber das verschlossene Haus. Also lesen wir, was wir nicht sehen: »Den Flur im Osten des Erdgeschosses überwölben 2 gratige Kreuzjoche zwischen kräftigen Spitzbogengurten. Im westlichen Hausteil, heute Laden, erhielten sich frühgotische Gewölbe der 1. Hälfte des 13. Jahrhunderts. 3 hintereinanderfolgende Kreuzrippengewölbe. [...] In den 3 Schlußsteinen Sonne, Mond und Stern.«[7]

Hier hinein denken wir uns die Instrumentenmacherwerkstatt des Vaters, Johann Nepomuk Mälzel des Älteren. »In diesem Hause wurde Johann Nepomuk Mälzel geboren, der in der Geschichte der Musik eine nicht unbedeutende Rolle spielt [...] Der Vater war ein berühmter Orgelbauer.«[8] Aber weder in Regensburg noch anderswo gibt es originale Belege dieser Berühmtheit als Orgelbauer. Abgesehen von einer merkwürdigen Ausnahme, auf die noch einzugehen ist, finden wir keine Orgel, die ihm zugeschrieben wird. Möglich ist, daß der Vater diese kleinen, kostbaren, manchmal transportablen Hausorgeln baute, auch mechanische Musikinstrumente, Flötenuhren, die damals hochmodern und entsprechend teuer waren – wir wissen es nicht. In einer zeitgenössischen Aufzählung aller Regensburger Instrumentenbauer ist er nicht aufgeführt. Doch wenn wir die besondere Situation der Stadt bedenken, verwundert das nicht. Tatsache ist, daß seine Kundschaft nicht arm war. Mälzel d. Ä. – im katholischen »Ausland«, der bayerischen Schwesterstadt *Stadt am Hof* (Stadtamhof), auf der anderen Donauseite geboren, war als Katholik nicht Bürger, nur »Innwohner« der protestantischen Freien Reichsstadt: Er lebte hier als *Schutzverwandter* einer der zahlreichen Gesandtschaften für den immerwährenden Reichstag (was allerdings für seine besondere Geschicklichkeit spricht).[9] Regensburg war damals in drei »Hauptkreise« geteilt: reichstäglicher und fürstlicher Thurn- und Taxisscher Hof; (katholischer) Klerus; bürgerliche Stadt. Die Mälzels gehörten dem ersten Kreis an.

Jeder dieser Kreise war in abgezirkelte Segmente unterteilt. Der Grad der Aufklärung, der hier herrschte, bestimmte den Lebenston. Die vorgezeichneten Grenzen zu überschreiten, das war nahezu ausgeschlossen; und so spiegeln auch die Urteile über die Stadt immer nur den einen Ausschnitt, den man kennengelernt hat. Wie unterschiedlich diese Eindrücke gewesen sein müssen, zeigen zwei zeitgenössische Beschreibungen von Wilhelm Wekherlin, 1778, und Jakob Christian Schäffer, 1787: »Regensburg ist eine finstere, melancholische, in sich selbst vertiefte Stadt. Kaum wird sie durch die Höfe der Gesandten, welche den deutschen Reichsconvent formiren, aufgehellet, daß man sich von einer Strasse in die andere finden kan. Nichts stellt ein lebhafteres Bild von dem schwermüthigen Reichsverfassungskörper vor, den sie verwahret, als sie [...] Da die Reichstagsgesandten, mit ihren Angehörigen, eine Art von einer eigenen Republik ausmachen, deren Bezirk sich kein Fremder nähern darf, so ist man in der Stadt von der Stadt verlassen.«[10] Dagegen Schäffer: »Überhaupt ist der Umgang in Regensburg, der aus so nachhaltigen Gliedern besteht, eben nicht steif, und jeder kann ungezwungen und nach seinem Geschmack leben. Die Verschiedenheit der Religion hat auf das Gesellschaftliche nicht den geringsten Einfluß [...] Dieser ungezwungene, gesellige und abwechselnde Umgang macht auch, daß Fremde, die von großen volkreichen Städten kommen, nach und nach Regensburg so lieb gewinnen, daß sie es ungerne wieder verlassen.«[11]

Daß die Stadt bei der Verschiedenheit aller Auffassungen allgemein als »tolerant« beschrieben wird, verwundert nicht. Eine »bemerkenswuerdige Vertraeglichkeit« war hier Notwendigkeit und daher selbstverständlich und nicht als besondere Tugend angesehen. Schäffer: »So sprechen wir nie ernstlich über diese Verschiedenheit, noch weniger zanken wir uns.«

Die »Innwohner«: Bürger – Beisitzer (Emigranten aus dem katholischen Ausland, katholische Bedienstete) – Schutzverwandte. Die letzten hatten weder bürgerliche Rechte noch Pflichten und standen eben darum außerhalb und im geringsten Ansehen. Ihre Bedeutung für das Gemeinwesen lag in nichts als ihrer Konkurrenz. Sie waren übel beleumdet und wurden, soweit sie Handwerker waren, als »Pfuscher« bezeichnet, selbst wenn sie, wie Mälzel d. Ä. als begnadete Künstler galten und auch nicht eben mittellos waren. (Mälzels Mutter Catharina, geborene Fürstlin, Verschl, o. ä., war die Tochter eines Bierbrauers aus Strahlfeld; Mälzels Großvater väterlicherseits ist Glaser gewesen.)

Wer unter dem Schutzbrief einer Gesandtschaft stand, war nicht dem Zunftzwang unterworfen, auch nicht der Jurisdiktion des Magistrates und war vor allem von jeder steuerlichen und zunftbedingten Abgabe befreit. Die Ausübung des Berufes war für diese Schutzverwandten also an nichts als an der Nachfrage und dem Wettbewerb orientiert. Auf irgendeine Art von Solidarität verließ man sich besser nicht. Neid und Mißgunst lauerten auf Fehler. Verlaß war nur auf die eigene Fertigkeit und Qualität. Anpassungsfähigkeit und optimale Information über die Trends der Zeit waren Voraussetzung. Kein Wunder, daß diese unzünftigen, doch größtenteils »erfahreneren« Handwerker als Konkurrenten – bei aller »Vertraeglichkeit« – gefürchtet und wenig beliebt waren; zumal sie auch, wie die Herren Gesandten, ihre Viktualien zollfrei importieren konnten. Wenn man entsprechende Wege kannte, waren bestehende Bestimmungen leicht zu umgehen. Diese »Reichstäglichen« lebten billiger und produzierten billiger; so brauchten sie nicht, wie die städtischen Meister, unendlich viele Stunden und Gulden in die Herstellung kostbarer Meisterstücke zu investieren, die sie dann nicht verkaufen durften. Leute wie die Mälzels konnten darüber lachen.

Die Regensburger Zunftordnungen scheinen besonders rigide gewesen zu sein – ohne damit noch ihre alten Schutzaufgaben zu erfüllen. Eher programmierten sie den Niedergang des Handwerks: Ihre Erstarrung verbot fast jede Neuerung in bezug auf Arbeitsformen und Material.

Gegen Ende des 18. Jahrhunderts ging es der Stadt nicht besonders gut. Handwerk und Handel – auch der über die Donau – lagen infolge der politischen und wirtschaftlichen Entwicklungen darnieder, man trat auf der Stelle, und auch der Glanz des Reichstags begann zu verblassen. Ein Tiefpunkt war 1771/72 erreicht. Bayern verlangte die Verlegung des Reichstags, die es mit Einfuhrsperren, Mautherhöhungen und Verbrauchersteuern durchzusetzen versuchte. »Theuerung und Brodmangel« waren die Folge. Mälzels Geburt fiel in ein Hungerjahr. Einmal zählte man 6000 Bettler. Da der alte Mälzel seine Instrumente für den Adel herstellte, nicht für die Stadt, war die Familie weniger betroffen. Gewiß produzierte er kaum etwas, das wohlfeil war. Unter welcher Gesandtschaft Schutz die Familie stand, ist nicht bekannt. Diese Beziehung muß aber für den Sohn als prägend und bestimmend angesehen werden. Daß der Pate eines früh verstorbenen Bruders (ebenfalls Johann Nepomuk, geboren 1768) ein Freiherr Johann Bernhard Bertram Joseph von Francken war, Sohn oder Enkel des kurpfälzischen Gesandten und Gesandten in Wien, zeigt, daß man sich in allen Schichten bewegt haben muß. Der junge Mälzel hat in seinem Elternhaus beizeiten angemessenes Verhalten gelernt. Er war wendig, geschliffen, selbstbewußt seines Wertes. Mälzel beherrschte mehrere Sprachen, wahrscheinlich schon damals, wenn er auch nie den harten Akzent seiner Gegend verlor.

Es gab unter Regensburgs Bürgern hervorragende Kunsthandwerker, wie die weltweit bekannten Klavierbauer Späth und Schmahl, deren Söhne in Mälzels Alter waren. Eher haben die Mälzels sich wohl – für eine Zeit – an die auswärtigen Künstler gehalten, die sich wegen eines interessanten und lukrativen Auftrags in der Stadt aufhielten. Wahrscheinlich setzte der Vater sie auch für die eigenen Arbeiten ein.

Gewiß haben sie hier gut zu leben gewußt – es ist nicht anzunehmen, daß das Geld in ihrer Tasche zu schwer wurde.

Welcher Schicht fühlten sich die Mälzels zugehörig? Die Künstlerfreunde wie auch die reichen Kunden kamen und gingen. Als schutzverwandte Familie befand man sich stets in einer Ausnahmesituation: Die Existenz war durch die Bedürfnisse des Adels, wie durch den Geschmack des Bürgers, der den Adel imitierte, bestimmt und gerechtfertigt – es galt also, diese Bedürfnisse zu erkennen, beziehungsweise zu wecken, zu befriedigen und zu erhalten.

Schon der junge Mälzel traf mit anspruchsvollen und herausgehobenen Menschen zusammen, deren Wohlgesonnenheit nur durch zufriedenstellende tadellose Bedienung zu erwerben und zu erhalten war. Auf Klang- und Formschönheit der Erzeugnisse kam es an, auf Genauigkeit, Raffinement, Exklusivität. Dafür war man bereit, einen hohen Preis zu zahlen. Entsprach das Produkt diesen Ansprüchen, oder übertraf es gar die Erwartungen, ohne den einmal vereinbarten Preis zu übersteigen, war nichts zu befürchten. Devotes Betragen hätte zwar der Abhängigkeit entsprechen können, war aber nicht opportun: von einem Künstler erwartete man eine gewisse selbstbewußte Originalität.

Wenn wir uns über Mälzels Selbstverständlichkeit im späteren Umgang mit den Größten jener Zeit, auch mit den Mächtigsten, wundern, werden wir uns diese Kindheit vor Augen halten. Mälzel war immer von ungewöhnlichen Menschen und makellosen, perfekten Gegenständen umgeben.

Erinnern wir uns an E. A. Poe. »Zufälligkeit kommt hier nicht in Betracht.« Dieser Satz steht nicht als Axiom, das des Beweises nicht bedarf, sondern als Konklusion, als Schluß, ist Resultat einer Beweisführung, die auf genauer Beobachtung basiert. »Zufall«, definiert ein Zeitgenosse, »ist das vereinzelte Faktum«. Machen wir uns diese Auffassung zu eigen, müssen wir versuchen, Fakten zu sammeln und zu betrachten – gründlich, nacheinander, nebeneinander. Vergleichen, kombinieren wir dann, wird die Vereinzelung der Fakten bald überbrückt, schließlich aufgehoben sein. Der Zufall ist ausgeschlossen. Es entsteht ein Bild, ein Bild, das nicht zufällig ist.

Wir haben das Glück, wenigstens *ein* Kunstwerk von Mälzel d. Ä. – wenn auch nur als farblose, flache Abbildung – besichtigen zu können. Über den Verbleib des Originals ist nichts bekannt. Der Paul de Wit'sche »Kathalog des Musikhistorischen Museums in Leipzig«, 1903, führt unter der Nummer 1038 ein »Hauskonzert mit mechanisch beweglichen Figuren, in Aquarell gemalt. Verfertigt von ›Johann Nepomuk Mälzel, Orgel- und Maschinmacher in Regensburg 1776‹. Eine Dame spielt ein zweimanualiges Clavicymbel, um welches sich vier männliche Figuren mit Gambe, Viola, Radleyer und Querflöte gruppieren, während eine zweite Dame mit dem Taktstock dirigiert.«

Tableau animé von J. N. Mälzel sen., Regensburg 1776

Der Maler ist möglicherweise ein gewisser Körner gewesen, dieser Name ist am rechten unteren Bildrand zu entziffern (»Körner à Dietrich«?). Durch Hecke und Schmiedeeisen abgeschlossen von der Außenwelt, auf einer Terrasse, probt hier – nehmen wir an – die Familie des Auftraggebers, vor höfischem Hintergrund, was sie zeigen will: Harmonie, Kunstsinn, Wohlstand. Ein harmloses, artiges Bild, 70 Zentimeter hoch, 57 Zentimeter breit. Nein, diese Darstellung entspricht gewiß nicht den hohen Erwartungen, die wir an Mälzels d. Ä. Könnerschaft haben. Aber das Bild hat es in sich: »Das ganze wird durch einen Mechanismus im Innern des Bildes in Bewegung gesetzt.«[12]

Der Vater nimmt einen schön geschmiedeten Schlüssel, steckt ihn in die vom dunklen Rahmen verborgene Öffnung. Paß auf, Bub! Mit bedeutsamer, konzentrierter Miene zieht er ein Uhrwerk auf, horcht dem Schnarren und Ticken nach. Ein zarter Dreiklang ertönt, verliert sich im Raum. Da springt mit einem Zack das Leben in die Figuren. Die Dame hebt den Taktstock – das Konzert hat begonnen, hin-her rucken die Arme der Streicher, hin-her, ab-auf, ab-auf der Taktstock, die Musikanten halten den Takt, nicken mit ihren schrägen Köpfchen, nicken mit ihren Köpfen den Takt, eins, zwei, drei, vier – eins, zwei, drei, vier. Ein modernes Spielstückchen nach dem Oberpfälzer Landsmann Christoph Willibald Gluck in G-Dur. Da schaust, gell? Der Vater hält sich im Hintergrund. So ein Werk, meint er, müsse allein laufen lernen, wie ein Kind. Es lerne aber, gut geführt, viel schneller. Und nur die Abwesenheit des Meisters mache diesen Alleingang deutlich und zeige die Kunst. Auf-ab, eins-zwei, hin-her. Der Junge klatscht, summt die Melodie. Sie findet wieder zu einem Anfang und dreht sich noch einmal.

Das Kind Mälzel war fasziniert, wenn auch nicht überwältigt. Zu vertraut war ihm ein Zusammenhang zwischen Ursache und Wirkung. Während es die Töne verfolgte, versuchte es, sich den Mechanismus zusammenzustellen. Da löst sich die Tonkette auf; zwei, drei Töne kullern hinterher, haben den Anschluß verloren, die Musikanten rucken recht hilflos, schaffen es nicht mehr, zucken noch einmal, sind nun wieder zum Bild erstarrt. Gell, da staunst? Brauchst nit staunen. Der »Voda« öffnet das Bild wie einen Schrein, entzaubert den Schein, erklärt dem Buben all die Federn und Rädchen... Ankergang und Stiftengang, Hemmung und Zungenschlag.

Siehst du, sagt der Vater, hier auf dem Bilde das Tüchlein über dem Taktarm der Dame? Und hier die Jabots unter den Köpfen? Ihre Eleganz verhüllt ein einfaches Scharnier. Merke dir: auf die Draperie kommt es oft genug an, sie ist es, die die Illusion erzeugt, welche jedes Leben erträglicher macht. Und – wer zahlen kann, erkauft sie sich von uns.

Unter den Schlußsteinen, Sonne, Mond, Stern.

Werkzeug, glattgegriffen, griffbereit, praktisch aufgehängt, von der groben Säge bis zur feinen silbernen Zange. Tiegel und Töpfe geordnet und ordentlich. Gerüche – Leim und scharfe Laugen, gegerbtes Leder für die Bälge, es riecht nach den Mitteln für die feinen Polituren, uralte, überlieferte und ganz neumoderne, Leinöl und Schachtelhalm, Blutstein und Englischrot. Safran macht einen vornehmen Rotton. Von Ochsenschenkeln sägt man feine Beinplättchen für die Tastenbeläge. »Sie kommen in einen Tontopf mit Wasser, das man 18 Tage lang täglich erneuert. Sie werden weiß wie Elfenbein.«[13] Und mit *ossa sebia* darf der Bub, mit etwas Olivenöl dazu, eine Kirschholzfläche sorgsam gegen die Jahre anschleifen.

Nicht hudeln! Die kleinste Schlamperei, Vergeßlichkeit, der geringste Fehler rächen sich, potenzieren sich zur Zerstörung des Werkes und deiner Person. Alte Häut' san's Flicken nit wert. Besser ist es, neu zu beginnen, von Grund auf.

»Sein Vater [...] Mechaniker und Orgelbauer [...] zog ihn frühzeitig zu seinem Geschäfte auf, damit er dereinst an ihm einen tüchtigen Gehülfen in demselben habe.«[14]

Der Knabe lernt den Bau von Flöten- und Zungenstimmen und hat so das Rechnen und das Nötigste Schreiben unter der Hand besser begriffen als in einer der dürftigen Volksschulen, der Wachtschule seines Stadtteils – der *Wittwanger Wacht* –, die er nebenbei besucht haben mag. Er kennt früh die feinen Hölzer, edlen Metalle; ihre Eigenschaften, wie ihren Preis. Er lernt das Stimmen und Mensurieren, kann Walzen zeichnen und bestecken, lernt die Wörter, und was sie bedeuten – Schneckentrieb, Becher oben, Becher unten, Becherlänge, Zungendicke, Zungenbreite. Auch versteht er sich bald auf die Spieluhrenmacherei.

»Dabei ließ er [der Vater] ihm auch Klavierunterricht ertheilen. M. machte ganz tüchtige Fortschritte und galt in seinem 14. Jahre für einen der fertigsten Clavierspieler in Regensburg.«[15]

Wir verlassen die Gasse unter den Schwibbögen. Gehen am Goliathhaus vorbei an die Donau zur Steinernen Brücke. Gegenüber liegt Stadtamhof. Wir sehen den jungen Mälzel in *seiner* Stadt. Sie schreibt ihm das Leben unter die Lider.

II. Keine Orgel für Altheim

Die Schlußsteine des Kreuzrippengewölbes in seinem Vaterhaus: Sonne, Mond, Stern in mattem Blattgold. David steckt die Zwille in die Tasche. »Hol mir die Sonne vom Himmel!« »Wenn's weiter nichts ist«, brummelt der Riese, nimmt den Arm vom Fensterrahmen. »Wie es beliebt«, grunzt er, »auch Mond und Stern?« Sonne, Mond, Stern klaubt Goliath aus dem Herbsthimmel, er sammelt sie in seinem großen roten Helm. David, wie der Wind, läuft nach Haus und tauscht ganz heimlich die Gestirne aus. »Nun setz mir unsere alten Steine in den Himmel, aber ordentlich, daß sie nicht abfallen!« Seit dieser Nacht wissen David und Goliath etwas, was du nicht weißt. Sonne, Mond und Sterne am Himmel leuchten nicht mehr wie früher. Und die Mutter wundert sich, warum am Schlußstein Sonne, Mond, Stern, anders glänzen als zuvor.
Da Bam haad si bog'n – Alls is dalog'n!

1777 produzierten sich in Mälzels Regensburg englische Kunstreiter, Hyam Stewart & Mlle. Masson auf der Reitschule bei St. Jakob.[1]
1778 trat der mechanische Künstler PHILADELPHIA im *Roten Hahn* mit seinen Kunstfertigkeiten auf.
Im Mai desselben Jahres führte Herr Maquis im *Blauen Hecht* chinesische mechanische Belustigungen vor.
1779 zeigten während der Emmeramsmesse nach dem Herbstquatember Seiltänzer ihre Künste.
1784 spielte der Nürnberger Mechaniker Brunner auf einer sprechenden Orgel.
Und eines Tages war der berühmte Schachautomat, der »Schachtürke«, des Baron von Kempelen da!
Wie aufgeregt all die vergangenen Schaustellungen den Knaben auch gemacht hatten – jetzt geriet er in ein Fieber, das ihn vielleicht erst verließ, als er – 1804 – Besitzer der

Mälzels Elternhaus, Regensburg, Unter den Schwibbögen 7

Maschine wurde. Vom ersten *Augenblick* an, war sie ein Teil seines Lebens geworden.

Dieser Regensburger Auftritt muß 1782 oder 1783 gewesen sein. Der Rector des Regensburger Gymnasiums, Professor Johann Philipp Ostertag berichtet.

»Neugierde und Wissbegierde, eitle Kennermiene und scharfsinnige Kenneraugen haben auch hier in Regensburg vor kurzem das grosse Werk der künstlichen Mechanik des berühmten von *Kempele* angestaunt, bewundert und die darinnen zum Grund gelegten Gesetze der Bewegung zu enträthseln sich vergebens bemühet. Alle gestehen, dass dieser mechanische Schachspieler ihre Erwartungen eben so sehr, als alle bisher so berühmt gewesene Automate eines *Archytas*, Albertus, Merbitius und Vaucansons*, weit übertroffen habe.«[2]

Der Knabe verschlingt alle Werke, die der Professor nennt. Für Monate gibt es kein anderes Thema. Eine Idee hat ihn infiziert und läßt ihn nicht mehr los.

Ostertag in seiner Fußnote: »*Der Pythagoräer *Archytas*, den uns Wieland so liebenswürdig im Agathon geschildert hat, lebte ungefähr 4000 Jahre vor Christi Geburt, zu Plato's und des jüngern Dionysius Zeiten in Tarent und machte sich durch seine politische Einsichten, nicht weniger, als durch seine grossen mathematischen und fisikalischen Kenntnisse und durch seine fliegenden hölzernen Tauben berühmt. *Albertus der Grosse*, ehemaliger Dominikaner, und Bischoff von Regensburg im 15ten Jahrhunderte, verfertigte innerhalb 30 Jahren ein gehendes und redendes Automat, das sein Schüler, Thomas von Aquino aus Versehen mit einem Stabe zerschlug. Joh. Valentin *Merbiz* war Konrector an der Kreuzschule zu Dresden und Lehrer der kursächsischen Prinzen zu Ende des vorigen Jahrhunderts, und verfertigte innerhalb 5 Jahren ein Automat von einem Kopfe, der auf alle in hebräischer, griechischer, lateinischer, französischer und andern Sprachen ihm vorgelegte Fragen in der Sprache, darin er gefragt wurde, antwortete, ja wo möglich, war weissagte. Der vor kurzem erst in Paris verstorbene *Vaucansons* ist, so wie sein Flötenspieler, jedem Kenner der Mechanik aus dem hamb. *Magazin* und *Wieglebs* natürlichen Magie bekannt.«

Die »filosofischen Grillen«, des Herrn Ostertag wie auch der meisten Zuschauer, daß nämlich der Baron von Kempelen eine selbstspielende vernunftbegabte Maschine haben oder aber »auch selbst [...] bey jedem Zug in die Maschine wirken« könnte, halten Mälzel, Vater und Sohn, für wirkliche Grillen. Sie wissen, was sie begierig beobachteten und in sich aufnahmen: Hier herrscht eine absolute Kunstfertigkeit der Konstruktion, wie der Funktion und Vorführung der Maschine, die hinter der Erscheinung eines lebensgroßen schönen ernsten schachspielenden Türken an einem offensichtlich leeren Spielpult verbirgt, daß sie mit bedacht für einen *natürlichen*, nicht einen *geistigen* übernatürlichen Antrieb konstruiert worden ist. *Wie* diese Täuschung funktioniert, das ist die Frage – eine Herausforderung, die Mälzel nicht zur Ruhe kommen läßt.

Was war gegen solche Künste, gegen solche Künstlichkeit, die allgemein beliebte blutige, stinkende Tierhatz im Holzhaus am Steinweg! 1784, bei dem furchtbaren Eisgang, hat es sich gezeigt, da sind all die Tiere ersoffen, elend krepiert...

Die Donau. Lastflöße, Schiffe. Ankommende Schiffe bringen Wein, bringen Fremde. Abgehende Schiffe: Auswanderer. Die Donau bestimmte das Leben. Abends fällt im Westen die Sonne in den Strom. Versinkt, wird mitgetragen und geht im Osten wieder auf. Die Donau kommt aus Schwaben und fließt ins Schwarze Meer... Wenn man mitrudern hilft, kostet die Fahrt bis Wien nur drei Gulden. Aber Rudern und Klavierspielen, das geht nicht zusammen, die sensiblen Hände. Wo die Naab in die Donau mündet, malt Mathias Schiffer ins Chorgewölbe der Wallfahrtskirche von Maria Ort eine Geschichte. Seltsam, daß der Pate Schiffer heißt. Als im Orient die Bilder vernichtet wurden, warfen Soldaten das steinerne Abbild der Mutter Gottes ins Meer. *Die schwere Statue versank jedoch nicht, sondern schwamm, auf einer Wacholderstaude stehend, donauaufwärts bis zur Naab...*

Die Figur steht knietief in der Naab. Drei Männer rudern herbei, sie zu retten. Im dunklen Hintergrund bleiben die Betenden, der bekannte Ort *Ort*. Auch das großartige Deckengemälde dieser Kirche malt der Pate. Schiffer erklärt dem Kind nicht die Himmelfahrt, sondern – ihre *Perspektive*, ihre *Präsentation*.

Mälzels Lebensschule.

Die Regensburger Deutsche Schauspielgesellschaft, unter Direktion des Herrn Schikaneder, führte im Freien das Trauerspiel »Graf Waldron« mit außerordentlichem Beifall und einer großen Volksmenge auf, und verschaffte sich dadurch eine große Einnahme. *Alles war zur Täuschung hergerichtet*.

1775 brachte der Fürstbischof einen gewissen Pater Gaßner mit sich, der in der Lage war, Teufel zu bannen. Bald strömte eine ungeheure Menge Kranker, Krüppel, und Lahmer hierher, welche alle von Gaßner geheilt werden wollten. Schon zählte man über 4000... Diese Faszination der *Täuschung*, der *Vor-* und *Verführung*, sie hat die Mälzel-Brüder beizeiten ergriffen und nie mehr losgelassen.

Der Bruder – »Im Jahre Christi 1783 den 27ten März ward zu Regensburg bey St. Ulrich nach katholischem Gebrauche getauft *Leonhard* Rupert des Herrn Johann Nepomuk Melzl, Orgelmachers, und Schutz-Verwandten dahier, und Catharina, dessen Ehefrau, eine geborene Verschtlin ehlich erzeugter Sohn. Tauf-Pathe ward der wohlehrwürdige Herr Leonhard Berkenhamer, Capellan zu Salern.«[3]

Am besten gefiel den beiden Knaben die Geschichte von einer Wette. Mälzels liebste Geschichte, hundertmal der Mutter abverlangt: Wer ist schneller? Was ist schneller fertig gebaut – der Dom oder die Steinerne Brücke? So hat einst der Dombaumeister mit dem Brückenbaumeister, seinem ehemaligen Lehrling, gewettet. Die Brücke wurde zuerst fertig. Warum? Der Teufel hat daran mitgebaut. Aber dann hat der Brückenbaumeister den Teufel mit einer List um seinen Lohn betrogen.

Und der Dombaumeister? Der hat nur zugeschaut und verloren. Hat sich scheffelüberkopf in die Tiefe gestürzt. Am Dom ist er zu sehen bis zum heutigen Tag. Als Mahnung, so die Mutter, sich nicht freventlich allzugroßen Könnens zu vermessen.

Während der bayerischen Erbfolgekriege ein Hin und Her der Soldaten. Trompetensignale, Trommeln, Pauken. Die prachtvolle Uniform der Kürassiere. Fremde – das war so – kamen und gingen. Der Soldat wie der Reisende – jeder, der von Ost nach West, von Westen nach Osten unterwegs war, kam durch diese Stadt. Selten verweilte (sich) jemand länger als nötig.

Wolfgang Amadeus Mozart, 1790, auf seiner letzten Durchreise, wenige Monate vor seinem Tod: »In Regensburg speisten wir prächtig zu Mittag, hatten eine göttliche Tafel – Musick, eine Englische Bewirthung und einen herrlichen Mosler-Wein.«[4] Das gesellschaftliche und künstlerische Leben Regensburgs wurde von der Macht und Pracht des Thurn- und Taxisschen Hofes bestimmt. Was hier Anklang fand, das klang auch beim Adel, klang bald überall.

Die *Musik am fürstlichen Hof* beschrieb Friedrich Christian Daniel Schubart auf seine eigene scharfzüngige Art:

»Dieser glänzende deutsche Hof hat auch in neueren Zeiten durch die Tonkunst Aufsehen erregt. Alles wurde hier musikalisch: die Prinzessinnen spielten wie Engel auf dem Clavikord; sonderlich trieb es Prinzessin Xaveria bis zur Meisterschaft. Ihre Geschwindigkeit ist unglaublich; nur verliert sie dagegen in der Delicatesse. – Regelmäßige Anordnung eines O r c h e s t e r s muß man von einem solchen Hofe nicht erwarten, wo das V e r g n ü g e n als letzter Endzweck betrachtet wird.

[...] alles, was girrt, schmachtet und vom Entzücken erlahmt, – gehört in den musikalischen Charakter dieses Hofes. Schon nach dieser Schilderung konnte kein großer Mann in dieser Region aufstehen. Doch zeichneten sich einige Köpfe aus, die nicht ganz unwürdig waren, Priester im Heiligthum der Liebe zu seyn.

Touchesmoulin machte viele Jahre daselbst gleichsam den Capellmeister. Sein Geschmack ist ganz französisch, weich und molligt. Er spielt die Violine zwar mit Kraft, doch in einer Manier, die nicht jedermann gefallen kann. Sein Sohn hat schon im zwölften Jahre große Talente für die Violine geäußert, indem er die schwersten Concerte mit fliegender Fertigkeit vortrug; allein die weichliche Erziehung seines Vaters war ihm nicht günstig.

Das Clavier wird an diesem Hofe ausnehmend geschätzt und cultivirt. Da es das Lieblingsinstrument aller Prinzessinnen ist, so kann man leicht erachten, daß es nicht an Virtuosen fehlen wird, die dieß herrliche Instrument mit Feuer treiben.«[5]

Ja, auch der junge Mälzel. »Er war unter andern schon in früher Jugend ein guter fertiger Klavierspieler, und gab hierinn auch Unterricht zu Regensburg mit glücklichem Erfolg«[6], wissen die alten Nachschlagewerke. Was er tat, tat er gründlich. Erste Schritte zur Unabhängigkeit. Schon 1788, 16jährig, war er imstande, sich selbst durch die Klavierspielkunst zu erhalten: »Sowohl durch sein Spiel als auch durch Clavierunterricht gründete er sich eine selbständige Existenz.«[7]

Gluck, Rameau, Mozart... Spielen Sie korrekt, Demoiselle! beachten, halten Sie den Takt; ich beliebe zu klopfen. Eins, zwei, drei, vier; eins, zwei... belieben Sie zu üben, beachten Sie das Pendel, zählen Sie mit...

1787 hatte Johann Nepomuk Mälzel der Ältere einen Voranschlag für eine neue Orgel in Altheim eingereicht, einem kleinen Städtchen bei Landshut. Wochenlang hat der Vater seinen Söhnen seine Pläne erklärt, die Zeichnungen, Berechnungen erläutert. Er arbeitete Tag und Nacht. Zeid gaid untar Füßan weg, ma woaiß nit wai. Das Talglicht unter Sonnemondstern verlöschte nie.

»*Manual*: Principal 8', Copel 8', Pordon 8', Octav 4', Flöte 4', Gamba 4', Quint 3', Mixtur 2fach.
Pedal: Subbaß 16', Octavbaß 8'.«[8]

Die Mälzels hörten den Klang, das brausende Wogen der Bässe; den Jubel der Flöten hatten sie im Ohr. Als der Voranschlag abgesandt war, mußten sie Wochen auf Antwort warten. Schließlich, ein Bote, ein Brief – die Ablehnung des Entwurfs: »da er für eine Landkirche zu groß und nicht nötig sei«.

»Indeß blieb die Mechanik Mälzels Hauptfach.«[9]

Aber – das merkte er sehr schnell – die mauerumringte Vaterstadt, das Vaterland, wurden ihm zu eng. Hier trat die Zeit auf der Stelle, andernorts raste sie davon. Und wer ihr nicht rechtzeitig nachlief, würde sie nie mehr einholen, gar überholen können; hoffnungslos würde er zurückbleiben. Nichts von den technischen Entwicklungen war hier zu sehen: den Dampfmaschinen aller Art, der Elektrizität, die, so berichteten die Reisenden, anderswo den Menschen zu befreien begannen. Und was die Musik betraf – welchen Grund gabe es, hierzubleiben? Schikaneder (Emanuel, der zwar nicht in Regensburg geboren war, sich aber als Regensburger sah), hatte die Stadt mit großem, ihm wie dem Fürsten angemessenen Krach verlassen, war nach Wien gegangen... Mälzel – »um sich zu vervollkommen, ging er im Jahre 1792 nach Wien«.

Wohin auch sonst. Der Weg, die Reise waren vorgezeichnet, seit er das erste Mal auf dem Weg ins Ausland, nach Stadtamhof, zu den Großeltern, von der Steinernen Brücke in die Donau gespuckt hatte. Über den Abschied wissen wir nichts.

»Er begab sich nach Wien«, schrieb 18 Jahre später das *Baierische Musiklexikon*, »weil er im Vaterlande sein Glück zu machen, keine frohe Aussicht hatte.«[10]

Beethoven reiste im selben Jahr in dieselbe Stadt.

III. EINE MASCHINE, WELCHE EIN ORCHESTER IN SICH VEREINIGT

Ein ganz normaler Auszug eines Zwanzigjährigen, der, begabt, neugierig, voller Wiß- und Lernbegierde, die vermeintliche oder wirkliche Enge des Vaterhauses verläßt. Noch dazu, wenn er mit einem gleichnamigen Vater im selben Fach konkurriert. Nach Georg Kinskys Katalog besaß das Kölner Heyer-Museum »ein Spielwerk von Johann Nepomuk Mälzel Regensburg (Wien?) 1796 mit 6 mechanischen beweglichen musizierenden Figuren«[1]. Regensburg? Wien? Vater oder Sohn? Wahrscheinlich war es der Vater. Ein ähnliches *tableau animé* ist uns ja bekannt.

Den Vater hat Mälzel vermutlich nicht wiedergesehen. Zu seinem Begräbnis wäre er gewiß zu spät gekommen. Der Orgelbauer, so ist den Kirchenbüchern von St. Ulrich in Regensburg zu entnehmen, starb am 19. Junius 1797 am Schlagflusse. So plötzlich starb der 56jährige, daß ihm die heiligen Sakramente nicht mehr zuteil werden konnten.[2]

Bei Regensburgs zentraler Lage wird Mälzel die Stadt noch manches Mal besucht haben, Belege finden sich nicht.

Die Mutter lebte bis 1824. Sie besaß ein Haus aus Familienbesitz im Vorort Kumpfmühl, das sie verkaufte[3] – sie war keine arme Frau. In den Zeitungen, sogar in den Lexika konnte sie von den Erfolgen ihres Johann lesen, auch von den Fortschritten ihres Leonhard, der dem Älteren um 1800 nach Wien gefolgt war.

In Wien verlieren sich für uns zunächst einmal die Spuren. Über acht Wiener Jahre hören wir – trotz aller Nachforschungen – fast nichts.

Allzu schlecht kann es ihm nicht gegangen sein. Im Subskribentenverzeichnis zu Beethovens 1795 erschienenem Trio op. 1 ist er als »Mr. Mentzl« mit »2 Ex.« genannt.[4] Er hat also Anschluß an die Musikerkreise der Stadt gefunden.

Doch kaum lesen wir, er hat es geschafft, hat 1800 vom Wiener Magistrat die Erlaubnis erhalten, vor seiner Wohnung, damals wohl in der Kärntnerstraße, eine Hinweistafel als musikalischer Kunstmaschinist aufzuhängen[5], kaum sehen wir ihn als erfolgreich, beinahe etabliert, freuen uns über den großen Bericht in der *Leipziger Allgemeinen Musikalischen Zeitung* im März 1800, der seine erste große Erfindung, ein selbstspielendes, automatisches Orchester, beschreibt, da stoßen wir am Schluß auf wenige Zeilen, die uns zu Denken geben: Er werde die »hinlängliche Aufmerksamkeit« im Auslande suchen, wenn er sie in Wien nicht finde.[6]

Warnung eines Berichterstatters, daß hier ein hervorragendes Talent, wieder einmal, dem Vaterland verloren gehe – wenn nicht...? Sicherlich. Gewiß aber hören wir hier schon Mälzels Stimme. Die Stimme eines begnadeten PR-Mannes, der sich zu vermarkten und verkaufen weiß, indem er die Psychologie des Marktes und der Käufer wahrnimmt und an der richtigen Stelle kitzelt. Wenn wir später seine lancierten Artikel lesen, werden wir uns daran erinnern. Und doch – hier bereits zeigt sich, was Mälzels Leben bestimmt: Irgendwann wird jeder Ort ausgereizt sein, er begibt sich *on the road*. Er spielt – spielt mit jedem Ort an jedem Ort. Das große Ratespiel. Ein Spieler? Er versucht, den Zufall auszuspielen, auszuschalten. Lange Jahre hindurch ist er der Gewinner.

Johann Nepomuk Mälzel. Immer auf der Höhe der Zeit. Am Puls der Zeit. Der Puls überschlägt sich, rennt sich selber nach. Die Dampfmaschinen geben den Rhythmus vor. Der Tag greift nach der Nacht. Man trägt nun die Zeit mit der Uhr herum. Das *andante* gerät ins Hetzen. Also wird Mälzel einen musikalischen Zeitgeber, Taktmesser finden, praktisch zu handhaben, er baut »den Metronom«. Mälzels Metronom. M. M. Es konserviert seinen Namen. Kaum ist er damit erfolgreich, wird er an seinen Verlag Breitkopf & Härtel, der das Gerät vertreibt, schreiben, er habe es »herzlich satt«, habe anderes im Kopf.

Er unterschrieb diesen wie alle Briefe: Mälzel. Jean Mälzel, zuweilen. Er schrieb *unter*. Die Briefe hat er schreiben lassen. Keine Handschrift, deren Deutung Eindeutiges über seine Person lieferte und Schlüsse bestätigen könnte. Mälzel verschließt sich – zunächst und immer wieder für eine Zeit – der Zugänglichkeit, wie er sich der Verfolgung und Beschreibung entzog. Er wird die Orte und die Weggefährten so geschwind wechseln wie die Walzen seiner Instrumente. Immer ist er schon weiter, hat sich selbst überholt und überboten und die letzte Erfindung bereits hinter sich gelassen; oft – aber nicht notwendig, mit hohem Gewinn. Seine subjektive Zeit muß er in Fuß und Meilen gemessen haben, die Entfernung, die Distanz wurde sein Maßstab, während er über einen objektiven Zeitmesser sann, für eine Zeit, die aus dem Takt geraten war. »Sogar die dürftigen Lichtpunkte seiner Biographie, die alles sind, was wir besitzen, zeigen ihn zu einer Zeit in Wien und Neapel; diese Erfindung datiert von Frankfurt und diese von Amsterdam; jetzt ist er in Paris und jetzt in London.«[7]

So klagt 20 Jahre nach Mälzels Tod George Allen, der für »The Book Of The First American Chess Congress« 1859 Augenzeugnisse über J. N. M. sammelte.

Es gibt keine Erben. Sein Besitz löste sich auf, wurde verhökert, verstreut, ging verloren. Kein Wunder, er hatte, wie Beethovens Biograph Thayer den Mangel an Wissen über Mälzel bedauert, keine Gemeinde von Schülern, in deren Interesse es gelegen hätte, sein Bild zu bewahren.[8]

Was wir über Mälzel wissen können, ist vor allem aus der vielfältigen Beschreibung seiner Instrumente, Apparate, Automate und Shows zu deduzieren. Seine »Schöpfungen« wurden als vollkommen, als perfekt dargestellt. Aber eben jene Perfektion war es, die jede genaue und kritische Beobachtung und Beurteilung ihres Urhebers erübrigte, wie sie auch seine Befragung und Beschreibung ausschloß und lange Jahre davon ablenkte, gerade dies als eines ihrer Ziele erkennen zu lassen. Kein anderer als E. A. Poe würde den Bann dieses Systems entzaubern.

Nordengland. Um 1830. Perlrosa, lindgrün, perlmuttweiß. Drei junge Damen gehen die Straße hinunter. Sie schreiten, so schnell es die Schicklichkeit gestattet – und die gestattet Schnelleres als noch vor kurzer Zeit. Sie halten die wippenden Hütchen, pfirsichrosa, erbsengrün, blütenweiß. »Die Grüne«, Signor Blitz ist ein Fremder, er kennt nicht eine, »Linderbsengrüne, die in der Mitte wird meine Frau«. Die Schleierchen wehen, und nach ein paar Wochen schon sind sie, durch Heirat verbunden, ein Paar.

Ja, das war Signor Antonio Blitz! Immer den rechten Blick im richtigen Moment. Signor Blitz, der berühmteste Zauberkünstler seiner Zeit, »King of the Conjurers«, Blitz, immer unterwegs, hatte nun ein Weib, hatte Kinderchen, ein Zuhause...

Was das soll? Der Frau und den Kindern erzählt man Geschichten. Mälzel hatte weder Frau noch Kinder. Ohne Blitz wüßten wir nicht den einen Mälzelschen Satz, der sein Leben bestimmt: »It must be correct« – und das ist schon fast das persönlichste, war wir über ihn erfahren.

Blitz wird alt werden, sich zurückziehen können und an einem kalten amerikanischen Wintertag, der dazu herausfordert, seine Memoiren zu schreiben beginnen... Es ist der Augenblick, auf den kommt es an.[9] Ja, damals, 1836, in Philadelphia, als der große Mälzel mich einlud, zusammen mit ihm aufzutreten! Wir stellen (uns) die Szene vor, um Mälzels Denken aufzuführen: *Carpe diem*! Fasse den Tag! Ach was, die Minute, greife jede Sekunde! rief Signor Antonio Blitz (ein gebürtiger Engländer, wie der Name nicht sagt). Und der, um den es hier geht, J. N. Mälzel, der väterliche Freund und Meister, wird seine große Hand schwer auf Blitz' Schulter legen. Aber nicht doch, lieber Blitz... nicht dieses Unmaß an Eile... nicht derart geräuschvoll, niemals maßlos! Die Minute zu fangen, die Sekunde zu greifen – ach was! Zeit und Stunde bindet man nicht mit dem Seil fest! Mälzel beugt sich vor, und indem er nun flüstert, zwingt er jeden zu hören (er sprach mit diesem harten deutschen Akzent): Er-fasse die

Zeit. Das ist es. Erfasse, be-greife die Zeit. Poe, der große Entzauberer, und Blitz, der Zauberer, bringen uns den Meister näher. Blitz wird auch der sein, der Mälzels letzte merkwürdige Lebenstage miterlebt. Signor Antonio Blitz ist uns so unentbehrlich wie E. A. Poe.

Doch zurück nach Europa. Für wenige Jahre an einen einzigen Ort.

Wien nach der Französischen Revolution. Eine alte Zeit war zerbrochen, die neue begann mit dem neuen Jahrhundert. Jeder – so kann man es zusammenfassen – wollte jetzt Klavierspielen. Ausdruck der Emanzipation des Bürgers. Der erschreckte Staat reagierte mit dem Ausbau von Bürokratie, Spitzelwesen, Kontrolle und Zensur. Während die Wissenschaft sich zurückzog, das Staatswesen erstarrte, blühten Theater und Musik, wenn auch – oder weil – dem Wiener Publikum, im Gegensatz zu dem von Prag, ein eher oberflächlicher Umgang mit den Künstlern und ihrer Kunst nachgesagt wird. Aus aller Herren Ländern zog es Musiker und Theaterleute in die Metropole. Doch begannen die großen Häuser der Esterházy, Kinsky, Schwarzenberg, Liechtenstein ihre Berufsorchester zu entlassen. Billigere Dilettanten waren gefragt. Hunderte von Musikern versuchten, auf irgendeine Art ein Auskommen zu finden. Tonschöpfungen waren kaum ertragreich und – einmal aufgeführt – bereits vergessen. Private Aufführungen bei wohlhabenden Gönnern wurden schlecht honoriert. Wer angestellt war, hatte sich kritiklos dem Diktat und Geschmack des Hauses zu beugen, Kompositionen wurden oft genug als die des adeligen Herrn ausgegeben, schließlich hatte der dafür gezahlt. Sogar zur Heirat brauchte man seine Erlaubnis. Also versuchten die Musiker, sich als private Musiklehrer durchzuschlagen. Einer von vielen war Johann Nepomuk Mälzel. Er, wie jeder, hatte sich mit faulen und unbegabten Schülern herumzuplagen. Geriet er dann doch einmal – auf eine Empfehlung hin – an einen Begabten, so hatte ein unfähiger Vorgänger dessen Technik im Spiel – das Spiel – gewiß schon verdorben. Mälzel ärgerte sich über kichernden Unernst, über Nachlässigkeit im Umgang mit Takt und Tempo. Es verletzte, schmerzte ihn, wenn über Noten und Zeichen arrogant hinwegbrilliert wurde. Jemand wie er wurde hier als Lakai angesehen oder fühlte sich entsprechend hochmütig behandelt – noch dazu von den falschen Menschen. Mälzel, bald mit den Musikern der Stadt bekannt, hatte schnell begriffen, daß er nie zu jenem Dutzend großer Namen gehören würde, die als Lehrer die großen Namen bedienten. Und auch in seiner Virtuosität als Klavierspieler, Solist, erkannte er rechtzeitig seine Grenzen, auch wenn Beethoven ihn schon 1795 als begabten Spieler gelobt, seine Fertigkeit erkannt hatte. Hier in Wien wirkten die größten Musiker der Zeit. Mälzel hatte einen sicheren und (selbst-)mitleidslosen Geschmack. Einer der »fertigsten« gewesen zu sein, in der Provinz, in Regensburg, bedeutete hier – nichts. Der erste der Pianisten würde er nie werden, auch zu den ersten nie gehören, und mit Beschränkung aufs Mittelmaß gaben sich weder sein Ehrgeiz noch sein Perfektionsdrang zufrieden. Was aber wäre, wenn er seine musikalische Begabung und sein Können im Bereich der Mechanik zusammenbrächte? Die Aufklärung hatte die menschliche Existenz als die eines Automaten definiert. Die neue Zeit befreite die Automaten – wie das Individuum – von der festgelegten Rolle. Sie hatten dem befreiten Menschen nun zur Illusion und Verzauberung, Erbauung zu dienen. Mechanische Musikwerke – das war seine Sache! Der Erfolg bestätigte seinen – vielleicht schmerzlichen Verzicht auf eine Virtuosenlaufbahn. Mälzels Name sollte bald in aller Munde sein; wenn auch als »Mätzl« verhärtet entstellt, was ärgerlich war, sich aber bald ändern würde.

Im März 1800 berichtet die *Leipziger Allgemeine Musikalische Zeitung*:

»Herr Mätzl, ein in Wien lebender junger Mechanikus, hat ein Instrument verfertiget, welches ein ziemlich vollständiges Orchester in sich vereiniget, und der Aufmerksamkeit des musikalischen Publikums bestimmt nicht unwürdig ist. Es giebt«, fährt der Korrespondent fort, der Mälzel aufsucht, um sich das Instrument erkären zu lassen, »schon ähnliche Orchesterinstrumente, aber keines, welches so vollstimmig wäre.«[10] Ähnliches wird man von seinen künftigen Apparaten sagen können. Mälzel hat es geschafft. Beginn einer großen Karriere, die wir hier verfolgen werden. Seine Sache war die absolute Perfektionierung einer Idee, die in der Luft lag, nicht zufällig war im Schachspiel das *Endspiel* seine Stärke. Der Korrespondent, das weiß Mälzel, ist kein Banause. Möglich, es war der Kapellmeister Ignaz Xaver Seyfried, tätig auch als Musikschriftsteller und zum Schickanederschen Kreis gehörend. Mälzel beeilt sich zu erwähnen: die Klarinetten ... sie würden natürlich noch fehlen, er werde sie bald ergänzen, ihr Ton sei nicht einfach zu treffen, doch wisse er schon, wie.

Die *Leipziger Allgemeine Musikalische Zeitung* (künftig mit AMZ abgekürzt) war zwei Jahre zuvor, 1798, im Oktober, zum ersten Mal herausgekommen. Bis 1848 ist sie »oft einziges Bollwerk für die Muse der Tonkunst«, lange Zeit »der alleinige Hort für die Tonkunst und ihre Jünger«[11]. Mit einer Auflage von 500–600 Exemplaren erreicht die im renommierten Verlag Breitkopf & Härtel in Leipzig erscheinende Zeitschrift jeden, der in der klassischen Musikwelt irgendeine Rolle spielt und mitspielen will. Wer hier erwähnt wird, wird als erwähnenswert begriffen, und die Öffentlichkeit wird sich ihm rasch und aufmerksam zuwenden. Die anerkanntesten Musiker gehören zu den Mitarbeitern – Carl Maria von Weber zum Beispiel; E. T. A. Hoffmann liefert über 100 Beiträge.

Wöchentlich wird die Zeitschrift mit Spannung erwartet; in jeder Ausgabe auch Berichte über neue mechanische Instrumente. Es war deutlich: Die Nüchternheit der Aufklärung hatte den *Glauben* an die Maschine mit sich gebracht, wie auch im nachhinein den Wunsch hinterlassen, sich ihrer auch zu bedienen; der Reiz lag in ihrer Perfektion beziehungsweise Perfektionierung.

Die Nachfrage war – trotz hoher Preise – groß und nahm

zu. Kaum ein Komponist, der nicht für solche Instrumente einige Werke schuf. Die Neuheit des Klangs war ebenso faszinierend wie der Gedanke an beliebige Reproduzierbarkeit eines Stückes.

Mechanische Instrumente aller Art gab es schon seit dem Altertum. Alle funktionieren auf komplizierte Weise nach dem gleichen einfachen Prinzip. Programmträger ist eine mit Stiften und Klammern besetzte Walze (Stifte für kurze, Klammern für lange Noten), die in einem bestimmten gleichmäßigen Tempo um eine Achse rotiert. Die Stifte und Klammern setzen durch Anheben oder Niederdrücken entsprechend der Tonlänge bestimmte Hebel, Hebelwerke, Züge in Bewegung, die entweder die Ventile der Flöten- und Zungeninstrumente öffnen und so den gewünschten Klang erzeugen, oder auch Saiten, Glocken, Trommeln etc. zum Klingen, Tönen, Lärmen bringen. Die Walze wird durch Gewichte (Federn, Wasser u. ä.) angetrieben, die auch für das Windwerk bewegende Kraft sind.

Ein Instrument, das ein ganzes Orchester ersetzen soll und all diese technischen Möglichkeiten nutzt, war relativ neu. Eines der ersten von 1795 wird dem Komponisten und Musiktheoretiker Abbé Vogler (1749–1814) zugeschrieben; es wurde jedoch noch von Hand betrieben. Mälzel gilt heute, auch wenn um eben die Zeit zahlreiche ähnliche Instrumente entstanden, als der Erfinder des ersten wirklichen Orchestrions.

Die Bewunderung war ungeheuer groß. Jeder konnte sich vorstellen, daß es gewiß einfacher wäre, völlig neuartige fremde Töne zu erzeugen als die altbekannten ohne direkten Einfluß eines Menschen erklingen zu lassen. Und Mälzels Maschine klang, wie ein Orchester klingen mußte. »Besonders merkwürdig sind die Trompetenstöße, welche durch gewöhnliche Trompetenmundstücke mit einer Kraft angegeben werden, die kein Trompeter übertreffen kann.«

»Ich hörte«, berichtet der Korrespondent, »mehrere Haydnsche Kompositionen, eine Ouvertüre von Mozart, und eine Arie von Crescentini mit der größten Präcision abspielen, und wer das Instrument nicht vor Augen hat, wird standhaft behaupten, daß eine Gesellschaft von sechs bis acht Musikern an dem Konzert Antheil nehme.«[12]

Das alles ohne Nebengeräusche, ohne Eingriff des Meisters. Von Geisterhand oder Engelskraft oder Teufelsmacht betrieben. Ein Traum? Mälzel erklärt: er habe versucht, die verschiedenen Musikinstrumente durch spezielle Orgelpfeifen zu ersetzen.

Wolfgang von Kempelen, bekannt vor allem als Erfinder des »Schachtürken«, des automatischen Schachspielers, habe den Weg geebnet: Der habe versucht, durch eine außergewöhnliche Kombination von Blasebalg, Ventil, Becher, Kehle, Zunge, Flöte, die menschliche Stimme nachzuahmen.[13] Und das sei um Einiges schwieriger als jede Imitation von Instrumentenklängen. Er habe sich die Kempelenschen Erfahrungen zu eigen gemacht; wichtig seien die freischwebenden, nicht aufschlagenden Zungen.

»Oben stehen vier wirkliche Trompeten, Flötenpfeifen, nebst einem doppelten Blasbalge, ein Triangel, und Hämmer, welche auf metallene Saiten anschlagen. Unten sind ein Paar Becken und eine große Trommel angebracht, worauf außer dem gedämpften Schalle der Trommel noch der Wirbel der Pauken durch besondere Schlägel bewirkt wird. Das Ganze ist ohngefähr acht Schuh lang, gegen fünfe breit, und zehn Schuh hoch. Zur Rechten steht aber noch ein einfaches hölzernes Gerüste, etwa vierzehn Schuh hoch, über welches sich ein mit dem Hauptcylinder in Verbindung stehendes Gewicht allmählig herabsenkt. Auf diesem Cylinder sind, wie in denen der tragbaren mechanischen Orgeln, kleine Stifte von Metall befestigt, welche die jedesmal anzugebende Note bestimmen, indem sie ein stählernes Stäbchen aufheben, welches bald mit dem Triangel, bald mit den Flöten, bald mit der Pauke u.s.w. korrespondirt. Ist der Cylinder in Bewegung, so spielt das Stück von selbst, ohne daß man nöthig hat, die Maschine auch nur mit einem Finger zu berühren. Die Hauptstimme haben gewöhnlich die Flöten. Das Stoccato wird besonders gut ausgedrückt.«[14]

Mälzel war klug und geschickt genug, im Besuch des Korrespondenten der AMZ seine Chance zu erkennen und zu nutzen. Leider werde das Instrument als zu teuer angesehen. Und so habe sich noch kein hiesiger Kaufinteressent gefunden. Aus dem Auslande allerdings, das wolle er nicht verschweigen, gebe es dagegen einige nicht uninteressante Nachfragen und Angebote. Dabei müsse doch auch hier jeder den Wert des Instruments erkennen – den, der durch die Arbeit und Überlegungen des Konstrukteurs darin enthalten sei, wie auch jenen, der in seinem Nutzen liege: So eine Musikmaschine statt eines ganzen Orchesters zu halten, habe schließlich seine deutlichen Vorteile: Das Instrument sei nicht auf Lohn aus und auch nicht auf Applaus, verlange nicht eine Pension, saufe und hure nicht, fange kein Techtelmechtel mit der Gattin an, kränkele nicht und sei alterslos. Wenn ein guter Mechanikus (!) zur Hand wäre, sei die Erhaltung weder schwierig noch teuer. Der Korrespondent stimmt zu und hat angebissen:

»Herr M ä t z l verbindet vielleicht noch in der Folge Klarinetten damit. Da die Maschine nur wenig Raum einnimmt, so wäre sie z. B. auf gesellschaftlichen Theatern, um die Pausen zwischen den Akten durch Musik auszufüllen, sehr zweckmäßig. Findet Herr M ä t z l 's Talent keine hinlängliche Aufmunterung auf deutschem Boden, so wird er sie im Auslande suchen.«[15]

IV. HÖLZERNE SPIELER

»Der Mechanicus Mälzl« – man hatte inzwischen also den rechten Klang seines Namens im Ohr – »hat seine Maschine, welche ein Orchester in sich vereiniget, an einen Ungarischen Edelmann für 3000 Gulden verkauft«, berichtet die AMZ im August 1800.[1]

Zum Vergleich: Für seine Klaviersonate op. 22 (1801) verlangte Ludwig von Beethoven 90 Gulden, eine, wie er meinte, zu hohe Forderung, die er seinem Bruder so erklärte: »Diese Sonate hat sich gewaschen.« Ein bürgerlicher Mann von Stand brauchte 1804 für seine Lebenshaltungskosten ca. 967 Gulden im Jahr.[2]

Der Gewinn ist jedoch bei weitem nicht so hoch, wie er uns, nicht Mälzel, erscheint. Er hat die hohen Investitionskosten, wie Mietzins, Arbeitslohn, Materialaufwendung im Kopf. Doch hat er mit der Maschine genug verdient um nicht locker lassen zu müssen: »Er studiert nun darauf, künftig auch Geigeninstrumente damit zu verbinden.«[3]

Mälzel experimentiert mit rotierenden, kreisförmigen Geigenbögen – erzeugt auf diese Art aber nichts als ein Heulen und Jammern. Also kehrt er zunächst zu den imitierenden Orgelpfeifen zurück, verbessert ihren Klang, baut ein neues Orchestrion, eines der ersten einer nicht feststellbaren Zahl berühmterer Nachgänger, in denen er schließlich doch die Originalinstrumente zu bespielen weiß. Das neue Instrument bietet auf 12 Walzen »19 der auserwähltesten Stücke von den berühmtesten Meistern, z.B. eines Haydn, Mozart, Cimarosa, Paesiello, Weigl, Wranitzky, Süßmeier usw.«[4]

Viele dieser Stücke sind Originaltonsätze. Eine Auszeichnung durch die Tondichter, eine hohe Anerkennung.

Das Problem mit den Klarinetten ist inzwischen gelöst. Das Instrument spielt nahezu perfekt, die Zuhörer sind begeistert, die Ästimation ist groß. Nun gibt es Anfragen und Aufträge genug; die Zukunft zeigt sich gesichert.

Mälzel hört es sich immer wieder an, sein Instrument. Er könnte zufrieden sein. Haydns Militärsymphonie. Sehr schön, sehr echt, die türkische Musik. Aufs blankeste poliert, spielt die Maschine vor sich hin, was sie kann. Eine andere Piece. Auch schön, nahezu echt, alles stimmt. Erlaubt sich Mälzel, ein Gefühl der Langeweile einzugestehen, das ihn besetzt und nicht mehr verläßt? Er muß es sich erlauben, wenn er das Resultat mit *seinen* Erwartungen und Ansprüchen vergleicht – nicht mit denen der Bewunderer. Unzufriedenheit? Ist das Kirschbaumholz nicht von makellosem Glanz? Ist nicht alles vom Feinsten? Die vorhangartige Draperie – keine Falte zuviel, keine zuwenig – sie verhüllt die desillusionierende Mechanik. Die plumpen Walzen sind verborgen, die Einzelinstrumente dem Auge harmonisch dargestellt. Das Stück klingt aus, der Klang verhallt. Nein, diese Maschine ist perfekt. Da ist nichts zu verbessern.

Es ist wohl dieses Instrument, das 1801 angeboten wird: »Karl Mechetti k.k. priv. Kunst- und Alabasterhandler am Burgerspitalplatze, dem fürstl. Lobkowitzschen Pallaste gegenüber, hat die Ehre einem hohen Adel und verehrungswürdigen Publikum die Anzeige von einem sich bei ihm befindlichen ganz neuen großen harmonischen Instrumente zu machen.«[5]

Mälzel beobachtet seinen klavierspielenden jungen Bruder. Der ist mit Eifer dabei, ein Repertoire von 100 auswendig zu spielenden Stücken »klassischer Werke der berühmtesten Tondichter« einzuüben.[6]

Was ist es, das ihn stundenlang zuhören lassen könnte? Zuhören? Mälzel springt auf. Zuschauen! Leonhards gerötete Wangen, das eifrige Mienenspiel, die Jagd der Finger...

Unser Auge! Es braucht seinen Reiz!

Mälzel enthüllt seine Maschine, zieht das Spielwerk auf; mit Freude und Stolz sieht er, wie exakt die Zungen, Hebel, Rädchen Zungen, Hebel und Rädchen in Bewegung sezten.

Ja, das allerdings hat seinen Reiz – für den Mechaniker. Nein, auch das kann es nicht sein.

Der Schachspieler! Kempelens Schachautomat! Sooft er ihn auch sah, nach diesem einen ersten Mal in Regensburg – immer wieder hatte ihn ein Nervenschauer überfallen. Was war das, was mocht es sein, daß die Sinne bis zum äußersten anspannte, eine Konzentration verlangte, die fast schmerzhaft und doch voller Lust war, obwohl die handwerkliche Perfektion – das war ihm klar – bei weitem nicht an seine Werke heranreicht, und er meint, das Geheimnis zu kennen?

Der Schachtürke an seinem Spielpult aus Ahornholz. Leonhard am Klavier. Sollte das der Punkt sein? Mälzel stellt sich ein selbstspielendes Klavier vor. Dann dieses Spielpult – ohne die augenrollende, nickende Figur des mächtigen künstlichen Türken, dessen Linke die Züge ausführt. (Wie allein diese eine Tatsache fesselt, daß und warum der Spieler ein Linkshänder ist!)

Der Anblick des einsamen, menschenverlassenen Klaviers, überlegt Mälzel, würde jeden bald ermüden. Die Beobachtung eines Schachspiels mit selbsttätig agierenden Schachfiguren – das könnte ihm wie jedem Schachspieler reizvoll erscheinen, allerdings die Wahrnehmungskraft erschöpfen – es sei denn, die Figuren wären von menschenähnlicher Gestalt und würden als fadenlose Marionetten gegeneinander kämpfen. Jedoch, vergäße man bei einem solchen Spektakulum nicht, mit der nötigen Aufmerksamkeit allen Zügen nachzufolgen? Was wäre denn, fällt Mälzel da ein, die heimatliche Wallfahrtskirche von Maria Ort, deren Wandmalerei sein Pate schuf, ohne die angeschwemmte Figur der Mutter Gottes? Die Illusion braucht die Menschen! Nein, *einen* Menschen! Nein, sie braucht ein menschliches Abbild, das die Aufmerksamkeit auf sich konzentriert, wie ein Brennspiegel sammelt und bündelt und danach verlangt, daß ein Meister diese Aufmerksamkeit dorthin richtet und lenkt, wohin sie gehört, dorthin, wo sie die größte Wirkung erzielt.

Der automatische Schachspieler wird zum Symbol dieser

Annahme, zum Mittelpunkt aller Überlegungen. Er läßt Mälzel nicht wieder los. Vor das nächste Panharmonicon, an dem er nun arbeitet, wird er einen hölzernen Trompeter stellen, der, die Trompete an- und absetzend, so tut als ob. Als ob er es sei, der die Fanfaren hervorbringt. Bei allem Reiz der Künstlichkeit ist nun die Phantasie in Bewegung gesetzt.

Eines Tages sucht Mälzel den Hofkammerrat Baron von Kempelen auf. Ein schmaler, hochgewachsener alter Herr mit klaren, immer noch energischen Zügen: Nein, bei aller Sympathie und Hochschätzung, die er – als Erfinder mechanischer Maschinen wie auch als Mensch – dem jungen musikalischen Maschinisten entgegenbringt – nein, sein Schachautomat ist und bleibt unverkäuflich, das ist sein letztes Wort. Der Automat ist von seinem Leben nicht mehr zu trennen. Er hat ihn konstruiert – wann war das? 1769, er war fünfunddreißig, k.k. Hofsekretär in der Siebenbürgischen Hofkanzlei, ein junger begabter Mann.

Wie alt sind Sie, Mälzel? Wo sind Sie zu Hause? Das Leben liegt vor Ihnen wie ein Meer – es lädt ein, das erste beste Schiff zu besteigen. Nicht immer ist das erste das beste! Ach, Mälzel kommt aus Regensburg? Dann kennt er sicherlich die »filosofischen Grillen« des Professor Ostertag, Rector des dortigen Gymnasiums, die jener im Anschluß an den Auftritt der Maschine in Regensburg... ja, 1783, verfaßt hat. Sie müssen ja damals noch ein Kind gewesen sein. Zu philosophisch, im Übrigen.

Ja, sagt Mälzel, natürlich habe er sämtliche Abhandlungen gelesen, die erreichbar seien, auch die französischen.

Kempelen: Ich baute die Maschine, weil mich die läppischen magnetischen Zaubereien des französischen Mathematikers Pelletier ärgerten und die plumpe Art ihrer Darbietung... Nun gut, er nutzte die Gunst der Stunde. Mehr als das verdroß mich die naive Begeisterung der hohen Zuschauer. Magnetismus ist doch kein Wunder, nicht wahr? Also bot ich an, ›erheischte‹ mich, wie man mir vorwarf, Pelletiers Kunst um ein Vielfaches zu übertreffen. Unsere Kaiserin, Maria Theresia, befahl mir, zu dem vermessenen Vorschlag stehen zu müssen. Ich zog mich in meine Heimatstadt Preßburg zurück – die Donau, junger Mann, verbindet uns – und fertigte in nur halbjähriger Arbeit, in völliger Abgeschiedenheit, dieses mein Kunstwerk, welches seitdem die Welt verblüfft und in Atem hält.

Ob er ihm, fragt Mälzel ganz einfach, das Geheimnis nicht vorführen könne. Kempelen lacht. Da gibt es kein Geheimnis zu zeigen. Der Apparat lagert, in Kisten verpackt, im Schlosse Schönbrunn. Nicht einmal sein Sohn weiß ihn zusammenzusetzen. Schließlich will er seinen Erben nicht als vagabundierenden Schausteller sehen: Der Schachspieler verlangt – unersättlich – nach immer neuen Spielpartnern und bringt seinen Herrn endlich dazu, heimatlos von Stadt zu Stadt, von Land zu Land zu ziehen. Kempelen steckt eine lange Tonpfeife an. Pafft.

Erstens – denkt sich Mälzel, und er sagt es nicht, würde ich, anders als der Sohn, es schaffen, die Maschine zusammenzusetzen. Zweitens – *ich* habe keine Güter, die meine Abwesenheit entbehren würden... Ich muß, überlegt er, dem Baron beweisen, ihn überzeugen, daß ich – nur ich! – es wert bin, den Automaten zu kennen wie er. Ich kenne ihn ja schon: Eigentlich ist das Spielpult ja nichts als ein Zaubertisch von der Art, wie er auf jedem Jahrmarkt herhalten muß, um eine Jungfrau zersägen zu helfen. Reflexe von Spiegeln und Licht, täuschende Perspektive. Blendwerk. Mir macht man nichts vor. Wenn ich ihm nun sage, ich vermutete eine natürliche Kraft, wird er schmunzelnd antworten, das habe er nie abgestritten; auf seinen Reisen durch die europäischen Metropolen und Höfe habe er diese Annahme hunderte Male vernommen, und doch habe keiner das Rätsel endgültig zu lösen vermocht.

Nicht daß es eine wirkliche, natürliche Erklärung für die Spielkraft des Holztürken gebe, sagt Mälzel nun, sei die Frage, sondern wo sie sich befinde, und wie sie funktioniere und vor allem, wie der Meister dergestalt von all dem ablenke, daß jeder Zuschauer – auch wider besseres Vorhaben und Wissen – verzaubert an nichts als an eine denkende Maschine im Kopf des Kunstspielers glaube und diese in Philosophien umsetze; und so der Holzmann ins Leben geholt sei. Ihn, Mälzel, interessiere, ehrlich gesagt, die Täuschung und ihre Herstellung mehr als jede Philosophie dazu.

Kempelen zieht die Augenbrauen hoch. Die Philosophie ist die Suche nach Wahrheit. Der Rauch seiner Pfeife zieht Spiralen.

Nun, sagt Mälzel, es sei hier nicht wichtig darzustellen, was er wisse und gelesen habe, sondern, was er sehe: Kein Wort, keine Gebärde des Vorführers – ob es nun der Baron oder sein Assistent, Herr Anton gewesen sei – unterlägen der Willkür, dem Zufall, obwohl sie zunächst völlig willkürlich erscheinen würden.

Beweise, lieber Mälzel. Wie meinen Sie das?

Nun, er sei dieser anscheinenden Willkür auf der Spur geblieben. Wenn zum Beispiel der Baron die Türen und die Schublade des Spieltisches öffne, um Ein- und Durchblick und Menschenleere zu demonstrieren, so geschähe dies durchaus nicht zufällig, sondern stets in exakt derselben Reihenfolge. Und da nie, niemals, alle Türen gleichzeitig geöffnet seien, und nie während des Spiels und mehr Raum vorhanden sei, als Blendwerk vermuten lasse, so sei klar, daß ein in einem jeweiligen Teil der Kiste verborgener gelenkiger Mensch... Der Baron erhebt sich. Rasch fügt Mälzel hinzu, worauf er hinauswollte: Wenn die Türen nun geschlossen sind, was genau geschieht dann?

Genug! Solange ich bin, gehört das Geheimnis nur dem Türken und mir! Sie lieber Mälzel, Sie sind ein Hazardspieler: Sie beobachten den Gegenüber und meinen das Spiel. Läge Ihnen mehr am Gewinn als am Spiel, hätten Sie das Zeug zu einem Betrüger. Wäre ich jünger, ich schlüge Ihnen ein gemeinsames Spiel vor. Von den Spielern aus Holz aber lassen Sie besser ab; die lassen sonst Sie nie mehr los. Nun aber, bevor Sie mich verlassen, und ich mich wieder meinen dramatischen und meinen bildnerischen Spielereien zuwende, darf ich Ihnen noch die Verbesserungen meiner Sprachmaschine, wie die neuesten Versuche zu einer Schreibmaschine vorführen, die ich für das blinde Fräulein Paradies, die Sängerin, entwickelt habe...

Nein, nicht zurück zu den leblosen, wenn auch pneumatischen, Instrumenten, Die Bewegung bleibt wichtig. Der Mensch. Das Abbild. Der Raum, den und der die Größe des Menschen zeigt.
    1793 oder 1794 hat in England ein Mann namens Barker das erste Panorama geschaffen. Ein Rundgemälde, das den Bilderrahmen sprengt und einen weiten Horizont vortäuscht. 1800 reiste er damit durch Europa. *Illusion complête, illusion totale.*
    Nach den ersten Aufführungen der schnell populär gewordenen »Jahreszeiten« von Haydn, 1801: »In der Kärntnerstraße mech.-optische Aufführung der Jahreszeiten. Die Szene, durch Figuren belebt, verwandelt sich viermal, beim Sommer gab es Donner Blitz und wirklichen Regen, im Winter schneite es, und in der Perspektive verschlang eine Lawine eine Alpenhütte. Der verbindende Text wurde gesprochen, die Klavierbegleitung folgte der Originalmusik.«[7]
    Leonhard am Klavier.
Ach, das Ungewitter naht!
O, wie der Donner rollt!
O, wie die Winde toben!
    Joseph Haydn: Das erste Gebot der Kunst – Du sollst Dich ganz der Kunst weihen!

Pan-horama – Pan-harmonium: mit halben Sachen gibt Mälzel sich nicht ab. An dem Panharmonicon oder Panharmonium arbeitete er vier Jahre. Er hat das Register erweitert und ließ die Saiten weg, die sich allzu leicht verstimmten und »durch ihr Springen alles verdarben«.

Der vorangestellte uniformierte »martialische« Trompeter bläst den österreichischen Kürassiermarsch – die Zeiten sind danach. Österreich befindet sich seit Jahren im Krieg gegen Napoleon. Aber was die Zeitungen darüber berichten, sind merkwürdig begrenzte vereinzelte bunte Guckkastenbilder ohne erkennbaren Zusammenhang, seltsam schauererregend und weit weit weg: Sieger wie Besiegte, auch die Gefallenen, scheinen nach jeder blutigen Schlacht gemeinsam an den Friedenstisch und wenig später, nach dem guten Mahl, einem belebenden Tropfen, einer Umarmung, einer Bandage, einem Federstrich, einer Unterschrift, zur nächsten Schlacht zu eilen. Die jeweiligen Regimentstrompeter ziehen voran – das sind die Zeiten.

Das öffentliche und das private Bewußtsein will sich den Krieg fernhalten, solange er nicht mitten hineintrifft.

Mälzels Trompeter aber trifft exakt den Geschmack dieser Zeit. Er besetzt den Platz, den die Verdrängung noch freihalten kann.

1804 also, Fertigstellung dieses ungewöhnlich großen Panharmoniums. Von Frauen ist bei Mälzel, beiläufig erwähnt, nie die Rede. Trevithick baut in England die erste Lokomotive für die Schiene. Ludwig von Beethoven beendet seine *Sinfonia Eroica*, »komponiert, um die Erinnerung an einen großen Menschen zu feiern«. Er hatte sie dem Vorkämpfer für Freiheit, Gleichheit, Brüderlichkeit, Napoleon Bonaparte gewidmet und nimmt die Widmung zurück (ohne das Denkmal zu vernichten), als der sich in Notre Dame selbst zum Kaiser krönte, nachdem ein Papst ihn von Gottes Gnaden gesalbt hat...

Im *coniunctivus irrealis*, der Grenzen überschreitet und jede Freiheit und Frechheit gestattet (dem Modus der Hofnarren), äußert Beethoven, wer in Wahrheit der Erste zu sein hat: »Schade, daß ich die Kriegskunst nicht so verstehe wie die Tonkunst, ich würde Napoleon doch besiegen.«[8]

Am 26. März 1804 stirbt der Baron von Kempelen. Noch in

diesem Jahr kauft Johann Nepomuk Mälzel von dessen Sohn die Schachmaschine. Für 10 000 Francs, sagt man.

Fünf Jahre später – die Franzosen halten Wien zum zweiten Mal besetzt – schlägt der Kempelensche Schachtürke unter Direktion von Beethovens Freund Mälzel den Kaiser von eigenen Gnaden zweimal im Schlosse Schönbrunn.

V. Der Mechanische Schachspieler des von Kempelen

»Ein Kunstwerk, so der berühmten Maschine des Flötenspielers, vom Vaucanson an die Seite gesetzt zu werden verdient. Ich beschreibe sie nach dem Leipziger Magazine, und zwar blos nach dem Aeußerlichen, in so weit sich ihre Wirkungen dem Auge der Zuschauer blos stellen.

Die Figur, der Schachspieler, ist von mittler Menschengröße, als ein Türk gekleidet, sitzt auf einem Stuhle, hinter einer, viertehalb Fuß langen, zwey Fuß breiten, und drittehalb Fuß hohen Kommode. Den rechten Arm streckt sie gerade vor sich hin, auf die Kommode; der linke ruht auf einem Küssen, welches ihm zur Unterstützung untergelegt wird. Vor der Figur liegt das Schachbrett in eben derselben Ebene, mit der Oberfläche der Kommode.

Ehe das Spiel angeht, wird das Innere der Kommode, die auf Walzen ruht und sich mit Leichtigkeit drehen und wenden läßt, bey geöfneten Vorder- und Hinterthüren, von einem Gehülfen des von Kempelen, den Zuschauern in den Schranken gezeigt. Eine Zwischenwand von oben nach unten, theilt die Kommode in zween ungleiche Theile. Der kleinere Raum unter der rechten Hand der Figur ist ganz mit Rollen, Rädern, Getrieben, Walzen, Hebeln und Federn angefüllt. Der größere enthält außer einigen Rollen, einem Federgehäuse und zween Liniälen, die um ihre Mittelpuncte, über horizontalen Unterlagen, wie Quadranten gefaltet, beweglich, und mit Fäden versehen sind, noch das Küssen für den linken Arm, eine Buchstaben= und Ziffertafel, und ein verschloßnes Kästgen, das uneröfnet seitwärts rechter Hand hinter der Figur, in einer Entfernung von etwa vier bis fünf Fuß auf einen Tisch, neben ein Licht gesetzt wird. Das Werk, im Rücken der Figur, das ebenfals gezeigt wird, ist von dem in der Kommode ganz verschieden. Man sehe die Briefe des von **Windisch** über den Schachspieler des von **Kempelen**, nebst dessen drey Kupfern,

Basel 1783 nach. Wenn alle Thüren wieder verschlossen worden, wird die Kommode dicht an die Schranken angerückt, und das Werk in der Kommode aufgezogen.

Die Figur hat den Auszug mit den weissen Steinen. Sie sieht sehr aufmerksam vor sich hin, und kaum stellt sich der Gegenspieler an die Schranken, so hört man ein schwirrendes Geräusch in dem Innern der Kommode, etwa wie bey dem Schlagewerke einer Stutz= oder Wanduhr. Der Kopf dreht sich nach den beyden Seiten, und richtet sich wieder in die Mitte, gleichsam als ob die Figur beym Anfange das Ganze und in der Folge die einzelne Stellungen des Spiels übersähe. Der linke Arm, denn die Figur spielt mit der linken Hand, erhebt sich allmählig vom Küssen, und führt die Hand nach der Gegend des Schachsbretts über den Stein, der gezogen werden soll; die Hand sinkt, greift mit den Fingern nach dem Steine, erhebt ihn etwas über das Feld, worauf er steht, und setzt ihn da nieder, wo er hinkommen soll. Zuletzt wird der Arm, mit eben dem Anstande, mit welchem er die Bewegung anfing, wieder zurück, auf das Küssen, in Ruhe gebracht.

Alles dieses beobachtet man auch, bey jedem einzelnen Zuge; und nun, das Besondere, gewisser besondern Züge.

Um einen Stein des Gegners zu schlagen, nimmt die Figur denselben und setzt ihn neben das Brett zur linken Seite. Darauf thut sie ihren Zug und bringt den schlagenden Stein auf die Stelle des geschlagenen. Giebt sie dem Könige Schach, so nickt sie dreymal; der Königin nur zweymal mit dem Kopfe. Bey einem falschen Zuge des Gegenspielers schüttelt sie den Kopf, setzt seinen Stein wieder an die vorige Stelle, und zieht sogleich ihren eignen Zug; wobey also der Gegner das Recht Eines Zuges verliehrt. Eben so schüttelt sie den Kopf, wenn das Schachmatt von einer oder der andern Seite gegeben worden, und man noch weiter einen Zug versuchen will. Die Maschine gewinnt nicht immer; es ist schon genug, wenn sie allezeit nach der Regel spielt. Bey der so künstlichen Wendung des Arms bemerkt man eine Bewegung aufwärts von dem Küssen, vorwärts nach dem Gegenspieler hin; seit=

wärts nach dem Schachbrette, eine Diagonale, und eine Winkelbewegung um den Ellbogen herum, als einem festen Punkte, nach dem Steine zu. Welche zusammengesetzte, verwickelte Wendungen, den Arm hoch genug zu heben, ihn zu verkürzen, seitwärts zu ziehen.

Während des Spiels steht der einzige Gehülfe, innerhalb den Schranken, zwischen der Kommode, und dem Kästgen auf dem Tische, näher bey jener, als bey diesem. Er sieht mit unverwandten Augen auf das Spiel, sonderlich auf das Spiel des Gegners, und er geht dann und wann, die Hand in der linken Rocktasche, etwas vor, oder rückwärts, und nur selten hinter seine Figur, oder auf die andre Seite. Er berührt niemals die Kommode, oder Figur, im geringsten, außer wenn er das Werk in der Kommode, bey manchen Spielen, doch nicht bey allen, von neuem aufzieht, mit dem Vorgeben, es gehe zu langsam. Die geschlagne Steine nimmt er sorgfältig von der Kommode, und in zweifelhaften Stellen scheint ihm das Kästgen auf dem Tische, dessen Thüre, wenn es geöfnet wird, um hinein zu sehen, von den Zuschauern abgewandt ist, statt eines Orakels zu dienen. Der Erfinder von Kempelen stehet außer den Schranken, unter den Zuschauern, und sieht dem Spiele zu. Eine Communication zwischen beyden, durch mancherley versteckte, oder bedeutende Zeichen, Anfragen von der einen, und Rath von der andern Seite, lassen sich wahrnehmen. Dahin gehören einzelne Buchstaben a. b. z. Die Zuschauer stehen ganz nahe, an der Vorderseite der Kommode, neben dem Gegenspieler.

Nach aufgehobnem Schachspiele erlaubt man einem der Zuschauer, Einen Springer, auf ein ihm beliebiges Feld des Schachbretts zu setzen. Man zieht das Werk auf, und der Springer durchläuft alle Felder, ohne mehr als einmal das nämliche zu treffen; daher belegt man jedes durchwanderte Feld sogleich mit einer Marke. Auf solche Art führt die Puppe den Springer alle Felder durch; zuletzt zieht sie die Hand aufs Küssen zurücke.

Zuletzt wird eine Tafel mit goldnen Buchstaben und Ziffern aufs Schachbrett gelegt, vermittelst welcher die Figur eine ihr willkürlich aufgegebne Frage dadurch beantwortet, daß sie die Buchstaben einzeln mit den Fingern zeigt, welche zusammengenommen die Antwort ausmachen. Vor dem Antwortgeben zieht man die Maschine auf.

Von dem Flötenspieler des Vaucanson, der zwölf Stücke auf der Querflöte blies, und von Holz fünf und einen halben Fuß hoch, und nach dem Coysevauschen Faunus von Marmor gearbeitet war, lese man le mecanisme du fluteur automate par Vaucanson, Paris. 1738. 4. Die künstliche Ente von eben diesem Meister verschlang Hanfkörner, und trank Wasser. Sie verdaute, was sie zu sich genommen, und gab es durch den Hintern von sich. Sie bewegte den Schnabel, streckte den Hals aus, schlug mit den Flügeln, und machte noch andre Bewegungen. Die neuste und nützlichste Erfindung des Vaucansons ist seine Spinnmaschine, von der ohnlängst eine umständliche Beschreibung heraus kam.

Vielleicht ist die unten in der Kommode des Schachspielers angebrachte horizontal liegende Walze, das Hauptsück seiner Bewegung. Wenn diese Walze vermittelst des Räderwerkes umgetrieben wird, so setzen die an der Oberfläche der Walze hier und da befindliche Erhöhungen, die angrenzende Hebel ins Spiel; vielleicht um den Arm aufwärts, vorwärts, seitwärts, und nach der Querlinie zu bewegen. Die centrische Winkelbewegung des Arms mag durch die Liniäle über den horizontalen Unterlagen in der andern Abtheilung der Kommode bewerkstelligt werden.

Der von **Kempelen** soll sich geäußert haben, daß bey dem ganzen Vorgange der Sache eine Illusion zum Grunde liege. Der Verfasser des Aufsatzes in dem Leipziger Magazine stellt sich in der Maschine zwey Hauptwerke vor, ein Gehwerk für jeden einzelnen Zug, und ein Schlagewerk, zum Schlagen der Steine. Auf beyde wird von außen durch einen Magnet gewirkt, den vielleicht der Gehülfe in der Rocktasche hält. Aber wie kann eine leblose Figur gegen einen denkenden Gegenspieler eine bestimmte Uhr auf veränderliche, freywillige

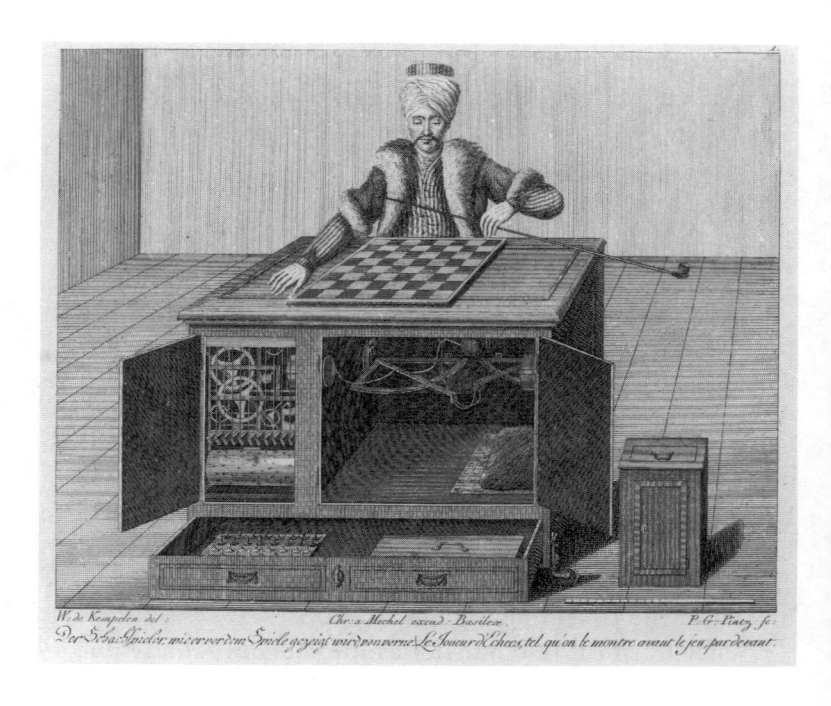

Vorderansicht des Schachautomaten des Baron von Kempelen; an seinem Äußeren veränderte Mälzel fast nichts. Kupferstich von P. G. Pink

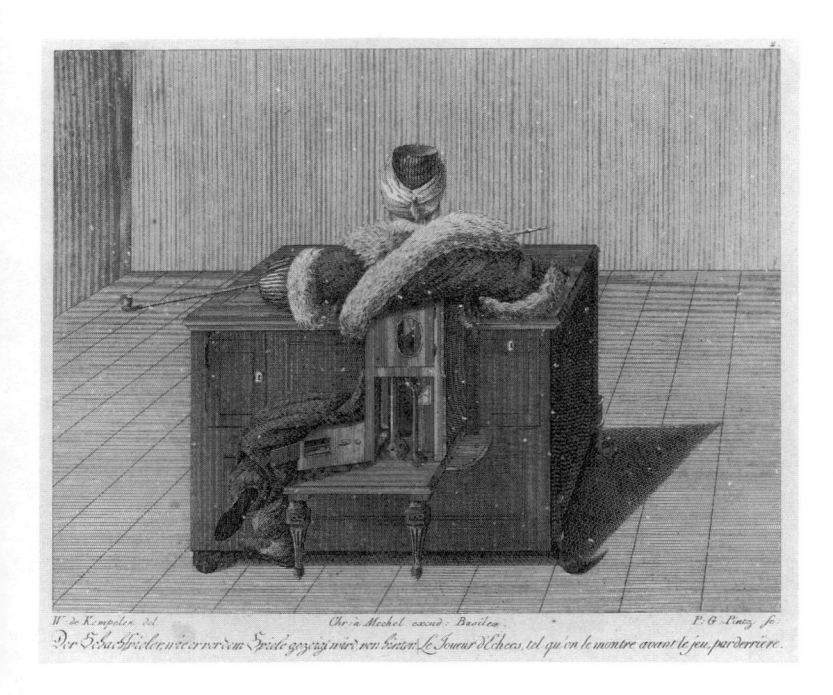

Rückansicht

Züge antworten? Blößen geben, Blößen schlagen. Bisweilen sagt der Erfinder Züge voraus: die Figur wird dem Könige Schach bieten; sie wird den Springer nehmen; vielleicht giebt er dadurch dem Gehülfen einen Wink zur Aufmerksamkeit. Es scheinen also, außer der starken Uebung im Schachspiele, und den geheimen Verabredungen, noch wechselweise Hülfen Statt zu finden. Wer weis ob nicht eine dritte versteckte Person mit wirket, und zuweilen ist der Gehülfe bey Schachmatt zerstreuet, und die Figur vergist also auch ihr Kopfnikken. Selbst der Einwurf, der Gegenspieler werde durch den hitzigen Angrif der Figur fast allemal bestimmt, sich nach ihr zu richten, hat seine Ausflüchte, denn man kann Einem Angriffe mehr als auf Einem Wege ausparieren. Die künstliche Bewegungen, die Pelletier, Guyot und Comus, durch versteckte Magnete hervorbringen, sind für diesen Türken zu schwach.«[1]

Johann Samuel Halle, Professor an der Preußischen Kadettenanstalt, hat in dieser Beschreibung – sein Versuch einer Erklärung folgt in einer späteren Schrift – jene vielumrätselte Schublade vergessen, die sich unter der größeren Abteilung des Kastens befand. Gerade sie gab jahrzehntelang zu immer neuen Spekulationen Anlaß. So beschreibt Johann Caspar Lavater in seiner »Reise nach Kopenhagen im Sommer 1793«, was er bei einem Aufenthalt in Bayreuth vom Hörensagen erfuhr. Es mag von der heute wohl unbegreiflichen Faszination der Maschine eine Ahnung geben:

»So viel weiß ich nur noch bestimmt, daß Alles auf einer ›künstlichen Schublade‹ beruhte, die ausgezogen so groß schien, als ungefähr der Kasten mit welchem der Schachspieler in Verbindung stand, mithin allen Verdacht, daß ein Mensch, wenn er noch so klein wäre, drin seyn könnte, benahm – Diese Schublade soll aber so fein gemacht gewesen seyn, daß sie sich im Einschieben zu einem bloß dicken doppelten Brete unmerkbar zusammenschob, und allso doch einem Menschen, der das Spiel treiben sollte, noch hinlänglichen Raum ließ. Dieß unentdeckbare Geheimniß ahnte Wetzel [ein Bayreuther Erfinder], und fragte – ›Darf ich eine Köllnische Tabackspfeife in diese Schublade legen?‹ – Da diese Alles entscheidende Frage unbeantwortet blieb, und den Künstler vertrieb, und diese Entdeckung dennoch unzähligen Widerspruch fand, so machte Wetzel selbst den Versuch, machte eine ähnliche, noch viel vollkommnere Maschiene von derselben Art, welche, wenn ich mich nicht sehr irre, nicht nur Schachspielen, sondern auch alle vorgelegten Exempel sollte rechnen können. Der Mann machte sich dadurch arm – und da Er seine Schulden, die Er deßwegen machen mußte, nicht bezahlen konnte, so verlohr Er den Verstand und soll sich nun in einem Tollhause und die nicht ganz vollendete Maschine sich noch in Bayreuth befinden.«[2]

Die Maschine hatte den allzu Neugierigen gegriffen und gebannt. Auch der Baron von Kempelen konnte über jene Geister, die er gerufen hatte, nicht lange besonders froh sein. Nicht nur, daß sie ihn, wie im obigen Fall, von Ort zu Ort trieben. Es war wie beim Zauberlehrling: der Automat richtete sich auf die ihm eingehauchte Art gegen seinen Schöpfer. Eine Konsequenz, die viele Automatengeschichten entwickkeln. Andere Beispiele aufzuführen, ist hier kein Raum. Man denke nur an E. T. A. Hoffmann, Čapek... Automatengeschichten gehen selten gut aus.[3] »Die allgemeine Bewunderung«, von Kempelen durchaus angestrebt, rannte ihm bald das Haus ein, ließ ihn weder zu sich, noch zu seinen neuen Arbeiten kommen und brandmarkte ihn unter Fachkollegen entgegen seinem alten seriösen Ruf zum Scharlatan und Taschenspieler:

»Alles drängte sich hinzu, den Türken zu sehen. Eine Weile fügte sich K. in die Rolle, die er sich selbst aufgebürdet, endlich aber, da er bei Tag und Nacht keine Ruhe hatte, beschloß er, sich dieselbe wieder zu verschaffen. Eines schönen Tages erfuhr die erstaunte Welt, der Automat sei vernichtet, die Räder seien gebrochen und er nicht mehr im Stande zu spielen. So wurde K. frei und sein Schachtürke vergessen. Einige Jahre später, als der Großfürst Paul von Rußland mit seiner Gemalin unter dem Namen eines Grafen von Nord Wien besuchte, wünschte Kaiser Joseph, daß Kempelen seine Schachfigur vorzeige. Kempelen gehorchte. Schon in kurzer Zeit war er im Stande anzuzeigen, daß sein Türke vollkommen hergestellt und bereit sei, die Schachpartie aufzunehmen. Der Erfolg war glänzend. K. wurde fürstlich belohnt und da sich mittlerweile seine Verhältnisse eben nicht zum Besseren verändert hatten, befolgte er den Rath seiner Freunde, erbat sich von Kaiser Joseph einen zweijährigen Urlaub und begann seine Wanderung durch Deutschland, Frankreich und England. Im Jahre 1783 kam K. mit seinem Automaten nach Paris und der Erfolg ließ nichts zu wünschen übrig. Er begab sich nun über den Canal nach London, wo es ihm nicht schlechter erging. Friedrich II., ein leidenschaftlicher Schachspieler, der mit Voltaire durch Correspondenz Schach spielte, ließ K. kommen..."[4]

Hier nun gleitet Wurzbachs Biographie des Kempelen und seiner Erfindung in eine Geschichte, die bis heute hartnäckig kolportiert wird: Die Maschine habe Friedrich II., den Großen, geschlagen; der habe sie daraufhin dem Baron für eine hohe Summe abgekauft, um das Geheimnis zu besitzen und zu bewahren.

Es gab keinen Großen der Zeit, der nicht mit dieser Maschine zusammengebracht worden wäre. Daß sie die Mächtigen schlug, war eine ebenso große, mit Triumph und Schadenfreude verbundene, die Gerechtigkeit des noch Mächtigeren vorführende, Beruhigung, wie die Tatsache, daß die großen Schachspieler der Zeit im Blindspiel den Automaten in seine Grenzen verwiesen.

Im Potsdamer Palast nun habe der mechanische Schachspieler danach dreißig Jahre lang verschmäht verstauben und sich wie die Schande verbergen müssen, um schließlich aufzuerstehen, und glänzend den bis dahin (auf dem Schlachtfeld) unbesiegten Napoleon Bonaparte zu schlagen, – unter der Regie »des berühmten Mechanikers Mälzl – der in der Zwischenzeit in den Besitz – wie, ist dem Herausgeber nicht bekannt – gelangt war«[5]. Eine anregende Anekdote. Wir wissen, daß es so nicht war: Als Kempelen genug hatte, demontierte er den Türken ein weiteres Mal und ließ ihn in Schönbrunn verstauben. Er baute die wichtigere Sprachmaschine, die die Stimme eines vierjährigen Kindes in vielen Sprachen imitieren konnte, und schrieb sein anerkanntes Werk »Über den Mechanismus der menschlichen Sprache«. Er entwarf die Wasserspiele für den Park von Schönbrunn und eine Kanalbaumaschine. Kempelen hatte immer zu tun, schrieb Dramen und Gedichte, betätigte sich als Kupferstecher.

Der Türke geriet in Vergessenheit und wäre darin versunken, wenn nicht irgendwann Johann Nepomuk Mälzel, damals zweiunddreißig Jahre alt, den fünfunddreißigjährigen Türken entstaubt und reanimiert hätte.

Die wohl genaueste Bibliographie zum mechanischen Schachspieler, umfaßt ca. 280 Titel.[6] Sie vermerkt Bücher, die sich ausschließlich oder größtenteils mit dem Schachautomaten beschäftigen (26 Titel), Werke, die ihn u. a. zum Inhalt haben (88 Titel), Referenzen, Bibliographien, Manuskripte, aber auch Romane, Dramen, Poesie, Filme. Seitdem sind weitere Werke zum Thema erschienen. Sie alle dokumentieren die Faszination, die – immer noch – von der Maschine ausgeht (und übergehen dabei den Vorführer).

Etliche Dutzend der angeführten Schriften sind zu »Leb«-Zeiten des schachspielenden Apparates geschrieben worden. Wie rasch sie Verbreitung fanden, zeigen jene »Briefe über den Schachspieler des Hrn. von Kempelen« – 1783, rechtzeitig zur Europatournee erschienen –, die Kempelens Freund Karl Gottlieb von Windisch verfaßte. Ihre Kupfertafeln sind nach Kempelens Zeichnungen gestochen. Er war es wohl auch, der das Werk ins Leben gerufen, wenn nicht gesponsert hatte. Die geschickte Form einer gewünschten und gelenkten Öffentlichkeit, die uns auch bei Mälzel noch öfter begegnen wird:

»Als ich zum erstenmal sah, wie der Erfinder sein Werk aus einer Alkove hervorschob, und ich den großen Kasten, an den er sizt, erblickte: so dachte ich gleich, wie vielleicht alle, die ihn mit mir zum erstenmal sahen: groß genug, einen Knaben darinnen zu verbergen: und ich gab allen, welche ziemlich laut behaupteten, daß ein Kind in diesem Kasten stecke, in meinem Herzen um soviel mehr Beifall, als es nach meinem Augenmaße, auch wohl ein Bube von zehn und mehr Jahren sein konnte. – Als der Herr von Kempelen aber gleich darauf die Thüren dieses Kastens öffnete, die Schublade herauszog, und sogar die Kleider der Figur am Rücken hinaufschlug – als er den Kasten, der auf vier Walzen steht, herumdrehte, und der ganzen Gesellschaft erlaubt, alles von vorne und von hinten zu besehen –, und ich, wie Sie leicht denken können, keinen Winkel unbesehen ließ, doch aber keinen verborgenen Ort fand, der auch nur einen Hut beherbergen könnte: so stand ich ganz verwirrt und beschämt da, ja, es schmerzte mich nicht wenig, daß meine Hauptentdekkung, die ich gleich beim Eintritte so glücklich gemacht zu haben glaubte, auf einmal wie ein Rauch verflog!«[7]

Alle diese schriftlichen Überlegungen enthalten vier Hauptfragen, die sie – einerseits durch eitle Spekulationen, andererseits durch vorurteilsfreie, naturwissenschaftliche Beobachtung und entsprechende logische Schlußfolgerung – zu beantworten suchen:

1. Ist der mechanische Schachspieler eine wirkliche Maschine, also ein Automat, oder wird er von einem Menschen gelenkt?

2. Wer könnte ihn lenken – der Vorführer oder ein irgendwo verborgener Spieler?

3. Wo und wie könnte dieser Schachspieler versteckt sein?

4. Auf welche Weise könnte ein darin versteckter Spieler die Mechanik des Spiels und die Bewegungen des schachspielenden und buchstabierenden Türken dirigieren?

Nachdem und obwohl die ersten drei Fragen nach und nach mit nur einer Antwort als geklärt akzeptiert wurden (nämlich, daß sich im Innern der Maschine ein Spieler verbirgt), erfuhr die letzte Frage so viele widersprüchliche Beantwortungen, daß wir eher durch ein Kaleido- als durch ein Teleskop zurückzublicken den Eindruck haben. Die Bilder sind bunt und isoliert. Da bleibt ein Geheimnis. Entsprechend hat das Phänomen die Menschen irritiert und die Phantasie in Bewegung gebracht. Wie schnell waren doch die sozialen Gefüge und alten Gesetze und Normen auf den Kopf gestellt worden. Hatte man nicht zusehen können, wie technische Entwicklungen die Gewohnheiten des Denkens aufgescheucht hatten? War irgend etwas unmöglich? An Magie glaubte wohl kaum jemand mehr; warum aber sollte es einem tüchtigen und seriösen Erfinder wie dem Baron von Kempelen nicht gelungen sein, eine selbständig denkende agierende Maschine zu entwickeln? Einen Automaten, der auf eine bestimmte berechenbare Anforderung angemessen reagiert? Ja, sagten manche, eine Spinnmaschine...! Aber ein Schachautomat? Sie versuchten, die Unzahl aller möglichen Schachzüge aus- und vorzurechnen. Nie und nimmer, schloß man, könne der Baron in nur einem halben Jahr den Automaten auf alle Möglichkeiten vorbereitet haben. Und wie sollte er gar die Fragen voraussehen, die in Vielzahl und Vielsprachigkeit dem Türken gestellt wurden, und die dieser, meistens in der jeweiligen Sprache, ohne Zögern zu beantworten in der Lage war?

»Wie alt bist du?
192 Monate.
Bist du verheyrathet?
Ich habe viele Weiber.
Was ist dort in dem Kästchen?
Ein Theil des Geheimnisses.
Wie hat der Herr gespielt?
So gut wie Philidor.
Muselmann, wie gefallen dir die Damen in Leipzig?
Sie sind wunderschön.«

Warum duzte man eigentlich den »Muselmann« in diesen Herren-Fragen? Weil er ein Muselman war. Warum war dieser künstliche Schachspieler ein Muselman?

Nach den russisch-türkischen Kriegen (1768–74; 1787–92), die die Türkei verlor, gestattete man sich, sich der Faszination hinzugeben, die das benachbarte Morgenland eigentlich schon immer ausgeübt hatte. Alles, was man für türkisch hielt, galt nun als modern: Hausmantel, Pantoffeln, Musik *alla turca*, Janitscharenmusik, die Entführung aus dem Serail. Besonders luxuriös war es, sich einen oder mehrere Mamelucken zu halten; je klüger, je hübscher die waren, um so größer der Glanz.

»Türke, wie und wodurch wird auf die Maschine von Außen eingewirkt?«

»Haben Sie das nicht gesehen?«[8]

Der Narr fragt, und fragend bewahrt der Narr Distanz.

Merkwürdig, die menschenähnlichen Automaten dieser und früherer Zeit trugen keine Eigennamen. Sogar die bezaubernden unübertroffenen Androiden Jaquet-Droz (heute noch in Neuchâtel in Aktion zu bestaunen), waren ausschließlich nach ihrer Funktion bezeichnet: der Schriftsteller, der Zeichner, die Musikerin. Es war ihr Schicksal, ohne Funktion, l'art pour l'art, keine Anerkennung zu finden. Schönheit und ihre Verführungskraft durch diese makellose Schönheit wurden nur in Verbindung mit Leistung geschätzt. Die Leistung verbot jeden intimen Gedanken und Zugriff. Hautnähe und Vertraulichkeit erlaubte man sich und den Androiden nicht, hielt auf Distanz – für alle Fälle. Furcht vor Inzest oder die Angst sich mit den Göttern oder bösen Geistern einzulassen? Erst ab Mitte des 19. Jahrhunderts begann man, diese Tabus zu durchbrechen (durch Münzeinwurf war jedermanns direkte Verfügung möglich geworden) und machte sich die Automaten durch Namengebung zu eigen und untertan – Zeichen ihrer endgültigen Entmystifizierung.

Wenn Mälzel in späteren Jahren mit dem Schachautomaten reiste, so verpackte er dessen Einzelteile nicht separat und wohlgeordnet in die entsprechenden Transportkisten, sondern mischte sie scheinbar willkürlich mit den komplizierten

Bauteilen seiner Ritterspielmaschine, des »Caroussels«. Das läßt den Schluß zu, daß es ihm als geschicktem Mechaniker damals, 1804, nach Kempelens Tod, nicht allzu schwer gewesen sein muß, den demontierten Schachautomaten zusammenzusetzen (wenn er ihn dann auch viele Jahre hindurch nicht öffentlich vorführen würde). Als Hinweis und Hilfe gab es ja die Tafeln von Kempelen/Windisch, die allerdings nur den Automaten, nicht seine Funktionen zeigten; sowie vor allem die Kupfertafeln des Freiherrn von Racknitz; der hatte versucht, die Maschine nachzubauen, und seine Schlüsse 1889 bei Breitkopf & Härtel veröffentlicht.

Wir sehen Mälzel, umgeben von den vielen aufgeschlagenen Büchern. Die Tür ist versperrt, die Vorhänge sind geschlossen. Im Kerzenschein versucht er, die Splitter, die der Kaleidoskopblick ihm zeigt, nicht nur zu einem sinnvollen Bild, sondern zu einem funktionierenden Mechanismus zu fügen. Den Ahornkasten zusammenzusetzen und auf Rollen zu stellen, das ist nicht schwierig. Das Spielwerk nun einzufügen, ist das Problem. Mechanische Teile ohne physikalische Funktion, so scheint es. An eine Vorführung in absehbarer Zeit ist wohl nicht zu denken.

   Und der Türke? Ein stummer schöner Torso, er ist außerordentlich sinnreich konstruiert. Seine Mechanik entspricht exakt der Absicht. Und doch sitzt da nichts als eine tote große stumme Puppe. Ich werde mich, denkt Mälzel, mit Anatomie beschäftigen, mit Chirurgie, Orthopädie. Was unterscheidet den Türken und uns. Was zeigt, daß wir Menschen sind, daß wir Lebende sind? *Das sichtbare Handeln an jenem Ort, dem unsere Funktionen entsprechen.* Der Mechaniker montiert den Türken an das Spielpult, wohin und wie er gehört. Schon fliegt ihn Leben an. Also war er nicht tot. Tote sind nicht durch Zurechtrücken zu erwecken. Er ordnet die Arme, wie sie immer zu liegen hatten, den linken auf ein seidenes Kissen; dem rechten aber kann er nicht die lange Tabakspfeife in die mechanische Hand drücken. Die Pfeife ist nicht zu finden.

Arme ohne Hände hat Mälzel gesehen. Nutzlose Armstümpfe, leere Uniformärmel der heimkehrenden Soldaten. Es ist Krieg in Europa.

Und hier so feine Hände. Funktionierende Automatenhände... *Bewegung*! Er verschiebt einen Hebel im Rücken des Türken. Der Türke hebt den linken Arm, schiebt ihn vorwärts, öffnet die Hand, greift ins Leere; er läßt den Arm sinken, hebt ihn erneut, greift wieder in die Luft. Was macht uns zu Lebenden? *Bewegung. Ein Ziel. Das Licht, welches auf uns fällt und uns so erhellt, daß andere uns in diesem Licht sehen.* Mälzel richtet den Kerzenschein auf die Gestalt.

Nur wenige Jahre zuvor hätte man ihn für einen mit dem Teufel verbundenen Alchimisten gehalten und entsprechend verurteilt.

Der Türke nickt.

Türke, wie baue ich diese Maschine richtig zusammen?

Ruckend buchstabiert der ausgestreckte Zeigefinger die Antwort: K-o-r-r-e-k-t.

Ich werde ihm eine Sprachmaschine einpflanzen, denkt der Meister.

Korrekt! Als die Schachmaschine fertig ist, rauft Mälzel sich die Haare. Korrekt? Georg Christoph Lichtenberg mit seinen kritischen Beobachtungen hat vollkommen recht: Alle Räder, Walzen, Federn, Hebel, Lineale, Quadranten spielen nicht nur ein falsches, sondern gar kein Zusammenspiel: »Die große Welle mit ihren Druckzapfen und den vorliegenden 16 Hebeln ist durchaus das Werkzeug nicht, das die stete Bewegung des Arms bewirken...« Das Aufziehen der Schnecke geschieht am falschen Ort unter falschen Geräuschen usw. usf. etc. Alles ist absolut korrekt und blank und so vollkommen falsch zugeordnet, daß es »zu sehr die unmittelbare Einwirkung eines frey handelnden Wesens in den Arm der Figur verräth«[9].

Warum hat von Kempelen sich so offensichtlich als Betrüger gezeigt oder zeigen wollen? Er konnte doch anders!

Mälzel verbessert, perfektioniert, montiert das Räderwerk so, daß es wie ein wirkliches Spielwerk wird. Ein Blendewerk, das ins Nichts spielt. Er steckt den Bruder als lebendigen Antrieb in die Maschine. Der will damit nichts zu tun haben. Aber die Brüder Mechaniker simulieren alle Möglichkeiten. Schließlich dann die erste geheime Vorführung –, eine unendlich langweilende Demonstration der technischen Korrektheit. Mälzel begreift: das ist nicht genug. Ein hölzerner Spieler und Gewinner, – auch das ist nicht alles. Jahrelang hat er auf diese Maschine warten müssen. Jetzt wartet sie. Wartet auf den perfekten Vorführer, Verführer, der sie wie auch ihre Wirkung beherrscht. Er, Mälzel, ist für seine Maschine nicht perfekt genug.

Noch nicht.

Er muß sich erst mit anderen Werken einen Namen machen. Der Baron hatte seinen Namen, und daß er ihn nicht zu verlieren geneigt gewesen war, ist anzunehmen. Neben dem Blendwerk blendeten seine richtigen wichtigen Werke. Sie türkten über den Türken hinweg.

»Herr von Kempele«, schrieb der scharfäugige Lichtenberg, »handelte hiebey, wie ein Mann von seiner Denkungsart handeln muß, um künftigen Vorwürfen schon jetzt, mit aller Aufrichtigkeit zu begegnen.« Kempelen tat als ob: Er hat einen Türken gebaut. Wie wichtig der (in) seiner Zeit war, zeigt diese Redensart: einen Türken bauen. Er rief sie hervor. Sie setzt ihm bei entsprechendem Anlaß ein adäquates Denkmal – bis zum heutigen Tag.

VI. INVENTÉ/ ET EXÉCUTÉ PAR/ MAELZEL
Panharmonium – kunstvolle Spielereien – künstlicher Trompeter – Demoiselle Barensfeld

Hans H. Josten in seinem Museumsführer »Württembergisches Landesgewerbemuseum/Die Sammlung der Musikinstrumente«, Stuttgart 1928:

»Ihre erste Verwendung fand die freischwingende Zunge in Europa [...] unter anderem in [...] dem Panharmonicon des Musikers und Mechanikers [...] Maelzel, das, als dauernde Leihgabe der Herzoglichen Familie von Urach in Stuttgart, eine Hauptzierde unserer Instrumentensammlung bildet und ein besonders interessantes Beispiel des Empirestils ist. Seine grünen Seidendraperien verhüllen insgesamt 259 Einzelinstrumente. Den Kern bilden offene Labialpfeifen aus Holz, und zwar ein Register von 16 im 8'-Ton sowie zwei Register von je 45 im 4'-Ton. Auf die Begleitregister verteilen sich 37 Wiener Flöten 4', 13 seitlich angeblasene Querflöten mit Messingzügen 4' und 12 Pikkoloflöten ½'. Den tiefsten Baß liefert ein Register von 16 Fagotts mit aufschlagenden Zungen. In 16'-Ton mit den neuen durchschlagenden Zungen sind die beiden weiteren Register von 38 Klarinetten 4' und 36 Oboen 4' ausgestattet, von denen zur Verbesserung der Tonqualität und Nuancierung der Klangfarbe das erstere mit Zinn-, das andere mit Holzschallbechern als Aufsätzen versehen ist. Durchlagende Zungen besitzen aber auch die außerdem eingebauten Messingblasinstrumente, 8 Trompeten und 3 Waldhörner.

Dieses stattliche Blasorchester vervollständigen schließlich eine große Trommel mit 2 Schlegeln, 2 Becken und ein Triangel sowie 2 an der Schauseite sichtbare Pauken mit Kupferkesseln und eine Rührtrommel mit 3 Schlegeln. Ein Gewichtsaufzug setzt das unten eingebaute Gebläse in Tätigkeit, nach Auslösung eines Bremshebels auch die vorn, unter dem Porzellanschild mit der Inschrift ›Inventé/ et exécuté par/ Maelzel‹ horizontal angeordnete Spielwalze.«[1]

Mit diesem »kolossalischen« Instrument ist Mälzel sozusagen über das Vaterhaus in der engen Regensburger Gasse Unter den Schwibbögen hinausgewachsen. 259 Einzelinstrumente. Vier Jahre Arbeitszeit erscheinen da eher kurz. Abwägen und Abmessen, Verwerfen, Korrigieren, Vergleichen. Balancieren auf hohen Gerüsten mit schweren Gewichten, an, um, über einem monumentalen Rohbau.

Nun aber können es einige Blätter nicht abwarten, das fertige Instrument mit seinem Herrn auf die Reise zu schicken – nach Deutschland, Holland, Frankreich... Aber Mälzel hat es nicht eilig. Er läßt die Musikmaschine bis 1807 öffentlich sehen und hören, beobachtet die Reaktionen, hört gelassen Lob und Tadel, läßt sich feiern, kritisieren, inspirieren, sammelt Vorschläge, Ideen, versammelt das Staunen vor dem mechanischen Orchester, »in welchem er auf glückliche Weise den Ton mehrerer Instrumente, deren Nachahmung ihm gut gelungen war, vereinigte, und zwar jenen der Trompete, Clarinette, der Viola und des Violoncells. Überdieß besaß das Instrument eine große Mächtigkeit des Klanges und gab alle Nuancen des Piano und Forte vortrefflich wieder«[2].

Es sind besonders diese dynamischen Effekte, die Bewunderung erregen; sie hatten bei den herkömmlichen Flötenuhren gefehlt und wurden bei Mälzel durch verschiedene Register und Schwellwerke erreicht.

Nach Auskunft der *Zeitung für die elegante Welt* vom Juli 1806 sollen die ersten Walzen »Haydn's große Militär-Sinfonie, Mozarts Phantasie aus C-moll und Cherubini's Ouvertüre aus Medea« gespielt haben.

Besonders der 2. Satz aus Haydns 12. Londoner (der Militär-) Sinfonie erregt die Gemüter. Die türkische Musik läßt die Vielfalt der Maschine erklingen, setzt mit Tschingderassabumm Pauken, die große Trommel, Becken und Triangel in Bewegung.

Der Krieg und die napoleonischen Truppen rücken näher. In Ulm wird am 16. Oktober 1805 das Österreichische Heer vernichtend geschlagen. Sein Oberbefehlshaber Mack – wird hinter vorgehaltener Hand geflüstert – sei der List von Napoleons Meisterspion, dem Elsässer Carl Ludwig Schulmeister, aufgesessen. Da kommt die Janitscharenmusik recht, deren kriegerischer Charakter, wie Friedrich Schubarth in seinen »Ideen zu einer Ästhetik der Tonkunst« schreibt, »auch feigen Seelen den Busen hebt«.

Gewiß vermag eben diese Musik auf dieser gewaltigen Maschine dem gebeutelten Nationalstolz ein wenig die Ehre wiederherzustellen. Sie wirkt direkter als der ferne Sieg eines Nelson bei Trafalgar. Die Erhabenheit des Klanges läßt für kurze Zeit die Schmach der Wiener vergessen: daß sich am 13. November 1805 ihre durch hohe Kriegslasten und respondierende Arbeiter- und Hungerunruhen geschwächte Stadt den Franzosen kampflos übergeben hat –. Und der Kaiser und der Hof hatten schon vorher die Stadt verlassen. Dazu regnet es seit Wochen; der dichte, kalte Nebel hebt sich nicht aus den Gassen. Mälzels Maschine aber täuscht klare Verhältnisse vor. Die Einigkeit eines gewaltigen harmonischen Orchesters: Einigkeit macht stark. Und die Haydnschen Trompetenfanfaren scheinen dem vorangestellten Trompeter auf den Leib geschrieben (man sieht ihm nicht an, daß er so tut als ob): er »verfehlte nicht, in seiner Art beim Publikum Reclame zu machen«[3].

Der großartige Sieg Kaiser Napoleons über Kaiser und Kaiser, Franz II. und Alexander I. am 2. Dezember 1805 bei Austerlitz, macht aus den Franzosen gelassene, wenn auch teure Besatzer. Daß nun kein Mensch Sinn hat für Beethovens uraufgeführte Oper »Fidelio«, verwundert nicht. Sie riecht den Besatzern irgendwie nach Protest, Widerstand und Moral, und überhaupt ist sie zu anstrengend. Auch sagt man, die Madame Milder sei für die Hosenrolle entschieden zu dick. Die einquartierten Offiziere (die gemeinen Soldaten hat man in den Vorstädten untergebracht) bieten den Damen aufs charmanteste den Hof. Für ihre Damen in Frankreich aber erwerben sie die elegantesten Souvenirs: *inventé par Maelzel.* Mälzel läßt zwar das Riesenorchestrion weiterhin Reklame spielen, doch verläßt er diese Dimensionen fürs erste. Er verlegt sich aufs Transportable, ersinnt und baut »zusammenklappbare und andere nützliche Dinge, kunstvolle Spielereien«[4].

Es ist die Zeit der Spazier- und Tascheninstrumente. *En vogue* sind Spazierstockviolinen, Spazierstockquer- und -blockflöten, winzige Taschenhörner und -trompeten, Tafelklaviere in Kofferausgabe. Warum nicht das Künstliche mit dem Nützlichen verbinden? Klaviernähkästchen und -tische, Klaviere mit Wäschefächern und Fächer mit Walzen... Auch der Schatullen- und Schubladenwut des aufkommenden Biedermeier kommt Monsieur Maelzel mit »sinnreichen Maschinen« entgegen. Er produziert für Zeitgenossen, die genug haben, was sie nicht zeigen wollen, kunstvolle Versteckspielereien, die demonstrieren sollen, daß sie genug haben, was sie nicht zeigen wollen.

»Der berühmte Mechaniker Melzel in Wien verfertigte einen Schreibtisch, in welchem kein Ungeweihter die darin befindliche Schatulle aufmachen konnte. Schon beym bloßen Angreifen wurde ein solcher in großes Schrecken gesetzt. Wenn nämlich ein Ungeweihter, der das Geheimnis nicht kennt, die Schatulle angreift, so bläßt eine Lärmtrompete, und je mehr jener sich bemüht, sie aufzumachen, desto lauter schmettert die Trompete.«[5]

Kaum kann Mälzel der Nachfrage gerecht werden; denn was den Franzosen nicht zu teuer ist, muß dem Adel billig sein. Man parliert französisch. *Honi soit qui mal y pense* – ein Schelm, der übel dabei denkt. Es gelingt Mälzel, so weiß das *Bayerische Industrie- und Gewerbeblatt* 1818 zu berichten, die »Gunst und den Schutz des Herzogs von Sachsen-Teschen, des allerverehrten Gönners und Freundes der Wissenschaft und Künste«[6] zu erwerben. Diese Gunst des allseits hochgeschätzten »humanen und kunstsinnigen« Mannes hat

Mälzel nie verlassen und scheint ihm in allen Kreisen viele Türen geöffnet zu haben.

Albert von Sachsen-Teschen war als Sohn Augusts III. von Sachsen und Schwiegersohn Maria Theresias Preußischer Reichsfeldmarschall, gleichzeitig General seiner Frau, der Erzherzogin Christine Marie, Inhaber des k.k. Kürassierregiments. Zuzeiten standen seine eigenen Truppen einander als Feinde gegenüber. Uns ist er eher als Kunstsammler und Begründer der »Albertina« ein Begriff – mit ihr hat er sich ein würdiges Denkmal gesetzt. »Seine Freunde rühmten seine Gewissenhaftigkeit, seinen Freimuth. In seinen Schriften erkennt man eine gereifte, tüchtige Gesinnung, eine strenge Wahrhaftigkeit und die stete Rücksicht auf das Gemeinwohl.«[7] Wahrhaftigkeit und Rücksicht zählen nicht gerade zu den Tugenden, die Mälzel nachgesagt werden. Die »Gunst«, die dieser geschätzte Adelige dem häufig als skrupellosen Geschäftemacher angesehenen Mälzel entgegenbringt, mag nicht allein für Mälzels Kunstwerke, sondern auch für Mälzel selbst sprechen. Und der scheint sie entsprechend und unwidersprochen als Kreditkarte benutzt zu haben, wie in dem oben erwähnten, von ihm lancierten Artikel im *Industrie- und Gewerbeblatt* 1818, der die Leser von der Qualität und Unentbehrlichkeit seines Metronoms zu überzeugen sucht.

Natürlich besitzt der Herzog ein Spielwerk von ihm.

Der Kapellmeister und Komponist Johann Friedrich Reichardt über einen Besuch bei Mälzel in einem Brief vom 4.1.1809: »Herr Mälzel verlangte von mir den großen Triumphmarsch aus meiner Oper Benno für seine vollständige militärische Musik, die ich von seinem schönen Uhrwerk im Palast des Herzogs Albert mit vielem Genuß gehört habe, und ich habe ihm die Partitur der Oper dort gelassen.«[8]

Mälzel nutzt die Gunst des Herzogs wie die der Stunde. Er ist ein gefragter und bald auch das, was man einen gemachten Mann nennt. Er ist, schreiben die *Vaterländischen Blätter für den österreichischen Kaiserstaat* am 24.6.1808, bekannt mit den »größten Männern in der Ton und Singkunst. Haydn, Salieri und Cherubini erfreuten ihn durch freundschaftliche Verhältnisse und schrieben für seine mechanischen Kunstwerke manche musikalische Piece«.

In der Saison 1805/06 besucht Cherubini Wien und natürlich auch Mälzel und überläßt ihm ein Stück für eine »kleine Walzenorgel«[9]. Wohl jene »Maschine mit dem Gemälde des Vesuvs, welche ein doppeltes Echo gab«, die Reichardt in oben genanntem Brief ebenfalls beschreibt. Sie war im Besitz des begüterten Leiters der Hofoper, Freiherrn von Braun. Für dieses Instrument komponiert auch Salieri »Fantasien«.

Neben der Herstellung neuer Kunstwerke also immer die Suche nach geeigneten Stücken für die alten und neuen Walzeninstrumente. Originalkompositionen sind natürlich besonders willkommen. Sie heben nicht nur durch den Namen der jeweiligen Tonsetzer das Renomee des Instrumentes und damit seines Herstellers, sondern erlauben auch, die Qualität des Spielwerks zu erkennen und anzuerkennen, weil die Komponisten von Anfang an die in Frage kommende Tonscala und alle musikalischen Möglichkeiten im Ohr gehabt haben. Haydn, Salieri, Pleyel, Cherubini, Dussek, Steibelt, Weigl, Elberl, Beethoven schreiben für Mälzel und seine Instrumente Originaltonstücke und Bearbeitungen. Daß sie es tun, zeugt von der sicheren Qualität der Kompositionswiedergabe. Vor allem das für derartige Instrumente übliche üble Verstimmen hat Mälzel mit Überlegung und großer Geschicklichkeit bald überwunden. Vorhandene Tonstücke weiß er zu jedermanns Zufriedenheit für Walzenwerke zu arrangieren. Wenn Mälzel zu seinen Lebzeiten als der »erfolgreichste und berühmteste Hersteller mechanischer Orgelwerke und Orchestrions sowie aller möglicher Automaten, zunächst in Wien, dann in ganz Europa und zuletzt auch in Amerika« angesehen wurde[10], so sind sowohl die Erstklassigkeit seiner Instrumente als auch der damit verbundenen Namen Ursache dieser Ein- und Hochschätzung. Und Johann Nepomuk Mälzel war nicht nur Pianist, Erfinder, Mechaniker, sondern auch Komposi-

Mälzels großes Panharmonicon (mit seinem Restaurator Herold), im Zweiten Weltkrieg zerstört

teur. Für eine der großen Walzen des neuen Panharmoniums schrieb er »Maelzel, Walzes«[11].

259 Einzelinstrumente – jede Stimme vertrat ihren dispensierten Instrumentalisten. Und der Dirigent? Den ersetzte die Walze. Eine exakt besteckte Walze war das Zentrum und die Voraussetzung für ein perfektes Spielwerk. Beim Walzenzeichnen, das dem Stecken vorausging, konnte man auf verschiedene Weise vorgehen: Die übliche Form war, auf Papier (dessen Größe dem Umfang des Walzenmantels entsprach – einem Rechteck bei kreis-, einem Rhombus bei schraubenförmiger Drehung der Walze für längere Spieldauer), die Signale vorzuzeichnen. Parallele horizontale Linien gaben Takt- und Taktzeichen an, die Vertikalen die vorkommenden Töne des Stückes. In dieses System wurden die Noten je nach Notendauer durch Punkte oder Striche verschiedener Länge markiert und endlich auf die Walze übertragen. Wurden aber die Zeichen direkt auf die papierüberspannte, oder mit einer Kreide-Leimfarbe überstrichene Walze markiert, dann steckte man, als Mittel, den Takt anzugeben, auf die Achse einen Zeiger, der über eine »Taktscheibe« strich, die auch METRONOM genannt wurde.[12] Wann dieser Begriff in diesen Bereich eingeführt wurde, wäre in unserem Zusammenhang nicht uninteressant zu wissen. Mälzel, der, wie wir noch lesen werden, unbestritten zumindest als der Erfinder dieser *Bezeichnung* gilt, hat wohl um diese Zeit mit seinen Versuchen zur Verbesserung der herkömmlichen Taktmesser begonnen...

Wenn auch die beteiligten Handwerker das arbeitsteilige Orchester im Orchestrion aufhoben, so machten sie doch oder gerade deshalb in der Kompliziertheit seiner äußeren Pracht und des Klanges ihre eigene Arbeitsteilung deutlich, um sie sogleich wieder aufzuheben: Beteiligt waren je nach Umfang und vorgesehenem Verkaufspreis neben dem Mechaniker und Maschinisten Kunstschreiner und -schlosser, Schmiede, Drechsler, besonders Walzendrechsler, Uhrmacher, Schneider, Gerber, Blas- und Saiteninstrumentenmacher,

Siebmacher, die für die Schlaginstrumente zuständig waren, Klavier- und Orgelbauer, Walzenzeichner, Walzenstecher und -stecherinnen in Heimarbeit... Wer die wichtigsten Arbeiten leistete, war kaum zu bestimmen. Das fertige Ganze zählte und schmetterte ein Loblied auf die dichte, fugen- und nahtlose, wenn auch gewiß nicht immer reibungslose Zusammenarbeit. Es richtete sich an den, der die Idee gehabt hatte, das Risiko und nicht zuletzt die Finanzstärke, alle Forderungen der Beteiligten rechtzeitig zu befriedigen. Sicher bedurfte es eines nicht geringen Organisationstalents und eines geschickten Führungs- und Delegationsvermögens, jede Zufälligkeit in den Griff zu bekommen, die notwendigen Zuliefer- und Hauptarbeiten zu koordinieren, ausführen zu lassen und pünktlich durchzuführen. In diesen Jahren waren die Handwerker in Wien nicht auf Mälzel angewiesen. (Um 1800 hat es an die 50 Werkstätten für den Bau mechanischer Musikinstrumente in Wien gegeben.)

Wir wissen nicht – merkwürdig bei seinem Bekanntenkreis, Bekanntheitsgrad, wo und unter welchen Bedingungen Mälzel zu dieser Zeit arbeitete. Hatte er seine Werkstatt noch in der Kärntnerstraße oder schon in »Stein's Pianofortefabrik am Glacis zwischen der Karlskirche und dem Gasthause zum ›Mondschein‹«[13]? Wer waren seine Mitarbeiter? Es müssen die besten gewesen sein. Es waren die besten: Die Pianofortefabrik gehörte dem großen Klavierbauer Andreas Stein, Sohn der berühmten Augsburger Klavierfabrikanten, Bruder von Nanette Streicher – jener, heißt es, selbstlosen Freundin und Beraterin Beethovens, die mit ihrem Gatten Andreas (einem Jugendfreund Schillers, mit dem zusammen er von der Karlsschule floh) die bekannte »Streichersche Pianoforte Fabrik« betrieb (wie auch einen berühmten Musiksalon unterhielt). Diesen Andreas Streicher schmerzte es, seine Klaviere, wie allgemein üblich, mit Spielwerken der populären Türkischen Musik ausrüsten zu müssen: »bloße Spielereyen, weil das Publikum sie verlangt«[14]

»Die Erfindung greift übrigens sichtlich ein in die Weise

der jetzigen Welt: man braucht keine Menschen, nur gute Maschinen wofür dann jene anders verbraucht werden können; nichts gelingt besser als was schmettert und trommelt; das Schönste ersetzt man durch Surrogate – und dergleichen mehr.«[15]

Wir können uns die Diskussionen der Experten vorstellen, die in der Mälzelschen Werkstatt zusammenkamen.

Es war wohl Mälzel, den im Sommer 1806 der schon gebrechliche Joseph Haydn besuchte. Der Landschaftsmaler Albert Christoph Dies erinnert sich: »den 18. Juni 1806 [...] Gestern luden ihn einige Freunde ein, in ihrer Gesellschaft zu einem berühmten Instrumentenmacher zu fahren, um ein neu erfundenes musikalisches Instrument mit Orgelwerk zu besehen. Haydn ließ sich leicht dazu bereden, obgleich die Wohnung des Künstlers von Gumpendorf entfernt liegt. Als die Kutsche still hielt, sprangen die jüngeren Männer schnell heraus, machten Haydn das Heraussteigen bequem und trugen ihn darauf einige Treppen hoch in die Wohnung des Künstlers. Das Orgelwerk spielte auch eine Haydnsche Komposition. Haydn hörte mit Vergnügen zu, und dieses Vergnügen gab seinen Lebensgeistern neue Kräfte.«[16]

Kurz darauf, am 21.8.1806, wußte die *Zeitung für die elegante Welt* über Mälzels Orchestrion zu berichten: »Haydn's große Militär-Sinfonie, Mozarts Phantasie aus C-moll und Cherubini's Ouverture aus Medea lassen dem feinsten Musikkenner nichts zu wünschen übrig, und Haydn selbst versicherte, seine Sinfonie nie mit solcher Präzision aufgeführt gehört zu haben.«

Was sich zwischen dem Besuch des großen greisen Komponisten und der Zeitungsnotiz ereignet hatte, nämlich der Untergang des Heiligen Römischen Reiches Deutscher Nation (symbolisiert durch die Niederlegung der Kaiserwürde des deutschen Kaisers Franz II., Kaisers Franz I. von Österreich, am 6. August 1806), hatte diese Welt nicht aus den Angeln heben können.

E. T. A. Hoffmann beschreibt in seinem Tagebuch am Tag

der Schlacht von Dresden (26. August 1813), wie einem »westphälischen« Soldaten, der zum Brunnen, Pumpen ging (wer hat ihn geschickt, hatte man keinen Wein?) eine Granate den Kopf zerriß; sah zeitsynchron sich mit einem vollen Weinglas in der ruhigen Hand dem Kriegsgeschehen zuschauen: Wie einem Sodaten, der zum Brunnen ging, eine Granate... Keinen Tropfen habe er von dem Wein verloren.

Man schaute zu und überlebte. Manche verloren das Leben, manche den Kopf, manche beides. Einige verloren ihr Vermögen, andere gewannen es.

Daß Mälzel zu den Gewinnern gehörte, überrascht nicht.

Und was bekam des Soldaten Weib...?

Ob Napoleon sich schon 1805, im kalten Herbst, als er in Schönbrunn residierte, die Mälzelschen Spielwerke vorführen ließ, ist nicht sicher. Gewiß hat er über sie Phantastisches gehört. Verehrten seine Offiziere ihren Frauen kostbare kleine Mälzelsche Spielereien, so konnte es bei Napoleon natürlich etwas Kleines nicht sein. Napoleon griff zum Größten.

Ab 1806 sieht Mälzel seine Reise nach Paris vor und macht diese bekannt. Ist von Anfang an geplant, das größte Instrument, das *Panharmonicon*, dort der französischen Kaiserin zu übergeben? Hat Mälzel sich seine vorherige Schaustellung ausbedungen? Fast kann man das annehmen: Einen ähnlichen Nutzungsvertrag wird er später mit Napoleons Stiefsohn über den Schachautomaten abschließen. Das Geld erhält er bei der Übergabe. Für 60 000 Francs überläßt er 1807 sein Panharmonium der Kaiserin von Frankreich (oder dem kaiserlichen Hof).[17]

Vor der Reise aber gibt es noch genügend zu verbessern. Nur nicht hudeln. Es muß korrekt sein.

»Der hiesige Instrumentenmacher Mälzel hat ein grosses musikalisches Spielwerk verfertigt, womit er eine Reise nach Paris zu unternehmen gedenkt. Es spielt eine ganze Orchestermusik und unterscheidet sich von dem bekannten Strasserschen Werke in Petersburg dadurch, dass es nicht Orgelpfeifen sind, die nur Oboen- Flöten- und Trompeten-ähnliche Töne hervorbringen, sondern dass diese Töne hier durch die genannten Instrumente selbst entstehen. Die Trompeten sind von ganz ungemeiner Stärke, auch die Flöten hat M., mit grosser Kunst behandelt, nur die Oboen und Klarinetten sind nicht so sehr gelungen. Der Effekt ist ganz ausserordentlich, besonders überraschend bei sehr kräftigen und lärmenden Stücken der Haydnschen Militärsinfonie z.B. Auch die Ouverture aus Cherubini's Medea hat M. trotz der schweren Tonart (F moll) sehr gut seinem Instrumente angepasst, doch bleibt dabei noch der Mangel der kräftigen Bässe und Violinen sichtbar.«[18]

Den vorangestellten Trompeter läßt Mälzel weg. Ihm eine französische Uniform anzuziehen – geht das nicht zu weit? Und auch dieses Blasen als ob. Das ist dem Mechaniker nicht mehr gut genug. Nicht spielen »als ob«, sollen seine Werke, auch nicht »so gut wie«, sondern »besser als«!

Besser als wer? Als alle, als alles! Die Vaucanconsche Ente – dieses unglaublich diffizile und feinste Kunstwerk, sie pickte Körner und – verdaute! Ihm, Mälzel, verdirbt sie damit alles. Wer fähig ist, einen solchen Automaten zu ersinnen und zu bauen, der muß ihn nicht konstruieren, *als ob* er natürlich sei und *wie* die Natur, der kann, *muß* sich über jede Natur erheben, ein vollkommeneres, makelloses, absolutes, reines Kunstwerk schaffen! Der sollte nicht das grünliche Ergebnis einer künstlichen Verdauung auf einem Silberteller präsentieren! Und erst dieser greuliche hölzerne, fellüberzogene Mops, der »Moperhund« des alten Gallmayer in München, den dieses mechanische Genie unter anderen Automaten für den Kurfürsten Max Joseph gearbeitet hatte und dafür den Titel und die Arbeit eines »Supernumerari-Trabanten« erhielt... (»mich des Holzes zur Bewegung zu bedienen, das nicht, wie das Metal mit Oel einzuschmieren braucht«) – o Gott, wir sehen den k. k. Hofkammermaschinisten die Nase rümpfen:

»...ein Moperhund der auf ein Pfiff aus seinem Häusgen herausspaziert, wie ein lebender Hund bellt und solang fortgeht, bis er endlich Wasser machen muß; wenn er fertig ist, geht er wieder fort, bis ihn endlich die Hauptnothdurft angreift: alsdann hockt er nieder auf die hintern 2 Füsse und macht etliche drockne, weiße Pölleln von Stopselholz, die man wieder zusammenklauben und dem Hund eingeben muß.«[19]

Nein! Diese Art vulgärer nachgemachter Natur, das soll Mälzels Sache nicht sein. *Als ob*, das riecht nach Holz»pölleln« und Jahrmarkt. Es paßt zu diesem allzu menschlichen Schachspieler. Immer wieder bemüht sich Mälzel, auch dessen »als ob« aufzuheben. Aber wo findet er einen Spieler, der besser Schach spielt als alle potentiellen Gegner und sich auf derartige Spiele einläßt? Also bleibt der Automat auch weiterhin, wenn auch wiederhergestellt, so doch eine tote Puppe, die allein durch ihr Dasitzen so tut, als ob sie das Spiel beherrsche, vor dem sie sitzt. Apropos Puppe. Erinnern Sie sich an jenen Wetzel in Bayreuth, der am Schachautomaten verrückt wurde, der nicht lassen konnte, ihn zu dekuvrieren? Was er machte, löst bei Mälzel, der immer wieder alle greifbaren Nachrichten über den Automaten liest, Empörung und Zorn aus: *Haude-Spenersche Zeitung*, Nr. 56, Berlin 1789. »Bayreuth, den 25sten April. Herr Wetzel zeigt eine Sprech-, Sing-, Schreib- und Schachspielmaschine mit einer Rechenuhr und anderen künstlichen Einrichtungen. Sie spricht, singt Arien, gibt Echos, beantwortet Rätsel und Fragen, löst mathematische Probleme auf, schwebt im Rauch als Schatten, leitet einen sichtbaren magnetischen Strom hervor, erregt Zuckungen bei den Zuschauern und bewirkt Veränderungen an den aufgehängten Wettergläsern. Zuletzt zieht er aber eine versteckte Person hervor, welche alles das benannte verursachte, die aber auch bei der genauesten Untersuchung von andern nicht zu finden ist.«[20] So nicht, so ganz sicher nicht! Apropos Puppe, apropos künstlicher Mensch: In dieser Zeit muß Mälzel damit begonnen haben, einen perfekten, wirklich künstlichen Trompeter zu entwickeln, auch eine künstliche Sängerin will er bauen! Makellose Schönheit der Körper und der Stimmen, höchste Vollkommenheit schweben ihm vor. Dem Irdischen entrückt, keinem Zufall preisgegeben – und doch keine Engel. Rein und unbeschmutzt von Fleischestrieb und Begierde, Ausscheidung, monatlicher Besudelung. Gott – Göttin? Wirkliche Androiden. Mälzels Geschöpfe.

Paris 1807. Irgendwann, Anfang des Jahres, sehen wir einen Volksauflauf auf dem Champs de Mars. Nicht zu überhören – ein Mordsgetöse: Das allumfassende mechanische selbstspielende Orchester dieses germanischen Maschinisten. (Soll er nicht ein Günstling des Kaisers sein?) – Der Deutsche? Monsieur Maelzel? Egal – man muß das gesehen haben! Gesehen? Egal, gehört, gesehen... Was hat Rabelais über den Gaffer von Paris gesagt? »Er ist so läppisch, so albern von Natur, daß ein Taschenspieler, ein Ablaßkrämer, ein Maultier mit seinen Cymbeln, ein Leiermann auf den Gassen viel Leut um sich her versammelt.« Wann sagte er das? Vor drei Jahrhunderten? Egal.
»Jede Art von Kunst ist gut, mit Ausnahme der langweiligen«, das hat auch der große Voltaire gesagt.
Am 8. März eröffnet die Vorstellung im Hotel de Montmorency, Rue du Mont Blanc, Chaussée d'Antin. Zweimal täglich, um zwei Uhr nachmittags und um acht Uhr abends, ist Mälzels Panharmonicon zu hören. Er ist wahrscheinlich mit fünf Walzen nach Paris gekommen, die folgende Stücke tragen: das Menuett aus Mozarts »Hochzeit des Figaro«, Méhuls Ouverture zu »Henri IV.«, natürlich Haydns Militärsinfonie, ein Andante Haydns und auch ein Walzer von Mälzel selbst. Luigi Cherubinis »Air pour le Panharmonium«, das er für Mälzels Instrument 1806 komponierte, ist noch nicht dabei.
Eine neue Vorstellung eröffnet am 12. Dezember im Cour des Fontainnes, Nummer 1, mit einem neuen Stück von Daniel Steibelt, das die vier Wendepunkte des Tages schildert.
Ganz Paris, die ganze Welt und Halbwelt ist auf den Beinen. Um der Nachfrage gerecht zu werden, gibt Mälzel ab

Juli auf allgemeinen Wunsch »für Musikfreunde und Kenner« je zwei »Concerts d'harmonie« bei jeder Vorführung. Eintritt: drei Francs für eine Show, sechs für zwei.

Paris! Die Welthauptstadt! Das Conservatoire, l'Opéra, das Palais Royal! Das Conservatoire des Arts et Metiers! Man reißt sich um den göttlichen, undeutsch-gewandten kurzweiligen Mechaniker; der läßt keinen Besuch, keinen Salon, keine musikalische oder technische Vorführung, nichts, aus. Was ist Wien gegen Paris! Und dann dieses Café Régence, das berühmteste Schachcafé der Welt; da schaut er durch dicken Tabakrauch jeder Schachgröße auf die Finger und die Figur.

Gehen wir zu Maelzel, Maelzel's Exposition? Maelzel? Der ist nicht mehr hier. Seit wann? Seit gestern.

Ende 1807, so liest man – dieses Datum ist das am häufigsten genannte – hat Mälzel also sein Panharmonicon für 60 000 Francs verkauft: der französischen Kaiserin, dem französischen Hof – Napoleon also.

Daß Bradley Ewart[21], dem wir viele Informationen über diese Jahre verdanken, nun sagt, die Show (»well under way«) sei unter einem Manager bis Ende 1808 weitergelaufen, Mälzel sei in diesem Jahr mit dem Panharmonicon noch einmal aufgetreten, muß kein Widerspruch sein: Was problemlos lief, hat Mälzel später häufiger in die Obhut eines Vorführers gegeben, bzw. verkauft. Überdruß? Neues hat er im Kopf, Sensationelleres anzubieten!

Durch Napoleons Stief- und Adoptivsohn, Vicekönig von Italien, Eugène Beauharnais (ein Mann – ein Name, der die Wege Johann Nepomuk Mälzels in den nächsten achtzehn Jahren vielfach kreuzen und bestimmen wird) gelangte das Panharmonium über dessen Nachfahren in die Familie der Württemberg-Urach und schließlich samt zwanzig Walzen (spiralförmig für sieben Umdrehungen bestiftet) zur Ausstellung in das Stuttgarter Württembergische Landesgewerbemuseum. Mehr als zwanzig Jahre lang verrottete es, wie 1905 die *Zeitung für Instrumenten-Bau* berichtet, »in Kisten verpackt im Keller der Gewerbehalle und wurde zum neuesten wieder in seinen ursprünglichen Zustand versetzt, nachdem es vorher durch Feuchtigkeit und durch ungeschickte Mechaniker total verdorben war«[22]. Das hätte, wie man so sagt, seinen Erbauer im Grabe umdrehen müssen – aber Mälzel hat kein Grab.

Die Fotos im Katalog des Museums lassen vermuten, daß das große »Panmelodicon« schließlich in dem Restaurator Herold (den man für die Aufnahmen wohl als Größenmaßstab neben Walzen und Maschine postierte), einen verständnisvollen, gelassenen Betreuer fand. Noch kurz vor dem Zweiten Weltkrieg gelang es, mehrere Stücke vorzuführen. Wenig später ging das Instrument in einem Bombenangriff auf Stuttgart unter – mit Pauken und Trompeten und Schlachtenmusik. Geblieben sind ein paar Fotos, eine Beschreibung, die wir am Anfang dieses Kapitels lasen, und zwölf der zwanzig großen Walzen, darunter auch: Maelzel, Walzes.

Im Herbst 1808 ist Mälzel zurück in Paris. Kommt directement aus Wien. Die Neugier, die er mit allerlei Andeutungen geweckt hatte, sie wird nun voll befriedigt, alle Erwartungen werden übertroffen – die Sensation ist perfekt! Kein Wunder, daß dieser Monsieur Maelzel nun den Titel eines k. k. Hofkammermaschinisten trägt, wenn auch aufs Angenehmste nicht vor sich herträgt. Ein unfaßbares, ein unvergleichliches Werk hat er inzwischen geschaffen ... erschaffen!

Ein Automat ist die Sensation, der Trompeterautomat! Ein hölzerner Trompeter so gut wie – o nein! besser, unvergleichlich besser, eleganter, erhabener als jeder menschliche Trompeter! Besser als jeder Bläser von Fleisch und Blut (an Fleisch, Blut denkt man hier nicht), dessen feuchter Atem mit der Zeit die Reinheit eines Klanges belegen, ja, zerstören wird, dessen sich rötende Wangen jede Anstrengung verraten! »Ein Automat, welcher womöglich noch mehr Vergnügungen und Verwunderung erregte, als seine vorigen Erfindungen.«[23] Die Begeisterung der verwöhnten Pariser kennt keine Grenzen!

Der Automat kennt keine Grenzen: bläst den französischen *und* den österreichischen Kavalleriemarsch wie die jeweiligen Manöversignale – in den adäquaten nationalen Uniformen! Vive la France! Vive L'Austriche!

Nichts ist zufällig. Daß der hölzerne Trompeter mit etwa fünf Schuh Höhe an die Körpergröße eines wirklichen Regimentstrompeters nicht heranreicht, erhöht nur den Reiz der Künstlichkeit, Kunst! Und wer dann noch die Finger vor die Trompete hält, spürt wirklichen Atem, Odem; analog des Spiels senkt und hebt sich die Brust des Trompeters. Zweimal zieht Mälzel ihn während jeder Vorstellung auf, ansonsten hält er sich dem Automaten fern. Nach Trompeterart hat der Spieler das rechte, das Spielbein, leicht vorgeschoben, steht fest auf dem linken, den linken Arm in die Seite gestützt; hebt nun den rechten, setzt an, spielt – spielt wirklich: Stücke von Pleyel, von Dussek, von Weigl, mit oder ohne Orchester, mit oder ohne Mälzels Klavierbegleitung.

»Wenn man (urtheilte darüber ein Pariser=Blatt) das Panharmonikon des Hrn. M ä l z e l, welches eine Zusammensetzung vieler Instrumente ist, und eine Menge angenehmer Kompositionen spielt, mit Vergnügen hörte, so ist dessen neue Erfindung, der Trompeter, nicht minder sinnreich, obgleich einfacher. Dieses Instrument vereinigt Alles, was nur immer die sinnreichste Mechanik im musikalischen Fache aufzuweisen hat. Die Präcision, mit welcher dieses Automat die schwersten Passagen eines ohnehin schwierigen Instrumentes mit doppelter Zunge spielt, der volle runde Ton, den in diesem Grade und mit dieser Gleichheit der Mund und die Brust eines Menschen nie erreichen, belebte bey jeder Vorstellung die Zuhörer mit neuem Enthusiasmus. Auch das gefällige Aeussere dieses Automats erweckt die vollkommenste Täuschung. Das Leben des an sich schon brillanten Instrumentes scheint während des Spieles in die schöne männliche Figur überzugehen, welche das Automat vorstellt.«[24]

Paris tobt. Die Begeisterung schlägt Wellen, »La réputation de l'habile artiste s'étendait progressivement«[25] – der Ruf des

Künstlers breitet sich aus, ist nicht mehr aufzuhalten, wogt über alle Grenzen.

Über Mälzels Monate in Wien bis Herbst 1808 ist wenig bekannt. Daß ihm für den Trompeter der Titel »k.k. (Hof-) Kammermaschinist« verliehen wurde, wird in aller, auch der älteren Literatur angegeben. Leider kann die Verleihung »in den Akten der Hofverwaltungsbehörden nicht festgestellt werden«; die seines Bruders 1827 (1821?) ist protokoliert[26]. Nun, wie weit »höchste Gunst« hier auch einen Ausgleich schuf für mangelnde Zahlkraft infolge der politischen Entwicklungen — wir wissen es nicht. Wie schnell das Geld in diesen Jahren an Wert verlor, ist aus Beethovens Klagen bekannt. Das schon erwähnte *Baierische Industrie- und Gewerbeblatt* schreibt 1818: »Das allgemein anerkannte Verdienst mehrerer seiner mechanischer Kunst=Werke verschafften ihm nachhin die Stelle eines k.k. Kunst=Maschinisten und Wiens Bürger=Recht.« Eine Hofanstellung und eine Werkstatt bei Hofe sind mit der Auszeichnung jedoch nicht verbunden.[27] Wichtiger ist, daß Mälzel nun nationalisierter Österreicher ist — mit sechsunddreißig Jahren endlich Bürger einer Stadt.

Sein Wunder-Kunstwerk, den Trompeter, scheint er in diesem Jahr, 1808, in Wien nicht vorgeführt zu haben. Wahrscheinlich feilt und mensuriert er bis zum Tag der Abreise nach Paris. Die Zeitnot zerstört uns die Erhabenheit seines Schaffens. Ihm auch? Wie konnte es überhaupt möglich sein, in dieser kurzen Zeit ein solches Wunder zustande zu bringen?

1810 wird Friedrich Kaufmann, Sohn der berühmten und angesehenen Dresdener Automatenbauerfamilie, zusammen mit seinem Vater seinen Trompeterautomaten vorstellen, der dem Mälzelschen Einiges voraushat. Wie Carl Maria von Weber beschreibt, war der in der Lage, auf verschiedenen Trompeten Doppeltöne hervorzubringen, auch »muntere Aufzüge in Octaven, Terzen und Quinten sowie einen sehr schönen Doppeltriller f/d«[28]. (Nach Weber soll dieser Trompeter seinem Schöpfer ein Auge blind geschlagen haben...)

Daß Friedrich Kaufmann bei Mälzel gearbeitet hat, scheint sicher. In welchem Zeitraum, ist nicht festzustellen. War Mälzels Automat Kaufmanns Prototyp? Nun, der Wiener Trompeter entstand nach Mälzels Entwurf, vorwiegend unter Mälzels Hand und Mälzels Regie – natürlich hatte er Helfer; wer assistierte, ist nicht mehr zu sagen. Er war »Mälzels Trompeter« – ein Markenzeichen – und verließ Mälzels Leben nicht; blieb ein Begleiter Namenlos durch alle Jahre, reiste mit Kutschen und Eisenbahnen, Segel- und Dampfschiffen mit Mälzel durch seine Zeit... Vollkommener ist dieser Trompeter als jeder fleischliche Fanfarenbläser – dem nämlich gehen auch Flausen, Zoten, Sorgen, Ehrgeiz, Parteilichkeit durch den Sinn in die Trompete, während er so tut, als ob er wirklich hingegeben musiziert.

Während Mälzels Trompeter in Amerika verschollen ist, können wir den verstummten Kaufmannschen im Deutschen Museum in München bestaunen. Der steht da, mal in der Musik-, mal in der Informatikabteilung, fest in seinen braunen Stulpenstiefeln und der blau-roten Uniform. Ein wenig leberkrank und sehr haarlos glatt demonstriert er unerschütterlich seine freigelegte tote Mechanik, scheint – jeden Besucher fixierend – herauszublasen, was er und seinesgleichen einst gewesen sein sollten: Symbole der Allmacht des Menschen, Traum einer reicheren Zukunft.

Der erhaltene künstliche Trompeter verstellt uns den Blick auf den verlorenen. Der war zierlicher, mag von knabenhafterer Wirkung gewesen sein. Nichts ist bekannt über die sexuellen Beziehungen, erotischen Wünsche Mälzels. Auch das hält ihn uns fern. Er hätte heiraten können, wenigstens zum Schein, es mangelte für die Erlaubnis nicht, wie bei vielen Musikern, am Geld. Erfüllen sich seine Wünsche wirklich in seinen Schöpfungen? Soll niemand zwischen sie und ihn treten? Niemand zwischen ihnen stehen? Ist er zu unstet? Aus seinen Versuchen, oft angekündigt, eine künstliche Sängerin zu schaffen, scheint nichts geworden zu sein. Scheute er die Herstellung, das Modulieren eines weiblichen Körpers, fand er kein Gesicht? Später schuf er weibliche Abbilder, Wesen: winzige Automate, eine, die erste! sprechende Puppe... Die gewichtigen Wiener Sängerinnen scheinen – zumindest als Automatenvorbild – seinem Ideal nicht entsprochen zu haben.

Was, oder wen, führt er nun vor, bei seinem Debüt in München zur Faschingszeit 1809 auf der Rückreise nach seinem zweiten Pariser Aufenthalt? Den künstlichen Trompeter und – eine Sängerin. Ein Kind noch, elfjährig, eine Elfe, ein Nymphchen... Seine Liebe? Seine Liebe zur Publizität?

Das *Journal des Luxus und der Moden*, April 1809, gibt uns ein Bild, wie diese Vorstellungen abliefen. Wir geben sie in aller Ausführlickeit wieder. Modefarben dieses Jahres sind: Schwarz, Dunkelblau, Scharlachrot, Pistazie, Grasgrün. Das Jojo war *en vogue*. Spencer waren modern, bequemere Beinkleider, kurze Taille ohne Schnürung, die Kleider knöchelfrei! Die Zöpfe sind gefallen.

»Miszellen aus München, –

München den 15. Februar 1809

Der diesjährige Carneval. Herrn Mechanicus Mälzel's Trompeter. Mlle. Barensfeld die elfjährige Sängerin. Theater.

In der vergangenen Woche hat das außerordentliche Kunstgenie des Herrn Mechanicus *Mälzel* dem Publikum einen Genuß verschafft, den es vielleicht noch nie gehabt hat. Herr *Mälzel*, ein geborner Regensburger, Verfertiger des berühmten und aus den französischen Blättern längst bekannten Panharmonikon, welches er in Paris für 100 000 Franken verkauft hat, produzirt jetzt einen Trompeter als Automat, der nächst jenem Kunstwerke Alles übertrifft, was er jemals erfunden hat, und deshalb so wie hier, gewiß an allen Orten die größte Bewunderung und Beifall erzielen wird. Nachdem er dieses, ohne Zweifel, einzige Automat, erst am königl. Hofe und in zwei Concerten hatte hören lassen, zeigte er solches auch am 10ten dieses im Hoftheater.

Aus einem sehr hübschen Zelte führte Herr M. eine *überaus schöne* männliche martialische Gestalt auf die Vorderbühne, und schon der Anblick derselben setzte eben drum auch sogleich alle Hände zum lautesten Beifall in Bewegung. Diese angenehme Gestalt erschien in der Trompeteruniform des k. k. österreichischen KürassierRegiments Herzog *Albert* mit der Trompete am Munde. Nachdem Herr M. einen kleinen Druck auf den Ressort auf dessen Schulter gemacht, bließ dieser wunderbare Trompeter nicht nur den österreichischen Cavalleriemarsch nebst allen Signalen des Cavallerie=Manövres dieser Armee, sondern auch einen Marsch und Allegro von *Weigel* mit Begleitung des ganzen Orchesters. Im zweiten Theile wurde die Kleidung desselben innerhalb des Zeltes changiert und er erschien als Trompeter der k.k. französischen Dragonergarde; als solcher bließ er den franz. Cavallerie=Marsch nebst allen Signalen der Cavallerie=Manövres und zuletzt einen Marsch von *Dussek* und ein Allegro von *Pleyel*, wieder mit Begleitung des ganzen Orchesters. Der Ton dieser Trompete ist so rein und angenehm klingend, wie ihn auch der geschickteste Tonkünstler auf diesem Instrumente nicht hervorzubringen vermag, weil der menschliche Hauch nach wenigen Tacten Feuchtigkeiten in demselben sammelt, die der vollkommenen Reinheit der Töne stets nachteilig sind. Sichtbar hat Herr M. sein Automat nur zwei Mal aufgezogen, und dies geschah an der linken Hälfte.

Aber hiermit war der Genuß an diesem Abend noch nicht geendigt, sondern Herr M. regalierte uns auch noch mit einem lebendigen Phänomene. Demoiselle Barensfeld, erst 11 Jahre alt, eine Schülerin des Capellmeisters *Sterkel*, sang eine Arie aus den Horaziern von *Cimarosa* und ein Recitativ von *Martin* aus dem Baum der Diana mit einer Kunstfertigkeit und einer biegsamen Silberstimme, die, wenn ihr nicht die allzufrühen und allzu häufigen Anstrengungen schädlich werden, wie man allgemein befürchtet, uns vielleicht eine zweite Todi oder Mara in ihr erwarten läßt. Schon seit mehreren Jahren besitzen auch des Königs Majestät von diesem Künstler ein seltenes Möbel, welches in einem sehr inventiösen Secretaire besteht, worin sich eine Chatoulle befindet, die nur der Besitzer und Verfertiger zu öffnen verstehen, jeder andere, der dieses Wagestück untenimmt, wird plötzlich von zwei hervorspringenden Haiden festgehalten, während im Innern dieses Kunstwerks Lärm geblasen wird.

Die eine Nachricht, daß Herr M. das von den Besitzern in Paris jetzt verdorbene Panharmonikon wieder an sich kaufen, reparieren und nach Deutschland bringen werde, kann seinen Landsleuten nicht anders als höchst erfreulich seyn; die andere aber, daß derselbe mit Hülfe eines Automaten an einer Sängerin arbeite, scheint auf einen Mißverstand gegründet zu seyn, denn auch die höchste Kunst hat in der Schöpfung ihr Ziel. Herr M. hat hier übrigens alles in vollem Maaße genossen, was selbst ein so seltener Künstler nur verlangen kann.«[29]

Was ist mit dem, von den Besitzern in Paris inzwischen »verdorbenen« Panharmonium? Zerstörte Josefine, deren Stern im Sinken war, das Instrument in einem Anfall von Eifersucht? Für genug Geschichten bieten sich Mälzels Kunstwerke an. Der Münchener Korrespondent der *Allgemeinen Musikalischen Zeitung* hatte vor, dem Erfinder einige Fragen zu stellen. Der ist im *Schwarzen Adler* in der Kaufingergasse abgestiegen, wie vor ihm Winckelmann, Goethe, Haydn, Mozart, Beethoven. Im Saal des *Schwarzen Adler* darf der Trompeter besichtigt werden. Diese Gewohnheit, mit seinen »Kunstsachen« zusammen zu logieren, wird Mälzel nie aufgeben. »Hr. Mälzel, Mechaniker und Mad. Stumpf mit Mad. Tochter von Regensburg«, so sagt der *Königlich Baierische Polizey=Anzeiger* vom 11. Februar 1809 in seiner »Fremden= Anzeige«; und die *Baierische Nationalzeitung* meldet für Freitag, den 3. Februar: »Hr. Mälzel, Mechaniker und Mad. Rumpf von Paris«. Wer ist Mad. Stumpf/Rumpf aus Regensburg oder Paris? Die Frauen gehen der Geschichte verloren. War sie die »Managerin«, Agentin, der kleinen Barensfeld, die – als ein Kind – namentlich nicht gemeldet werden mußte? Eine Musikerfamilie Stumpf in Regensburg ist bekannt, auch der Name Barensfeld taucht auf. Von einem in Paris lebenden Musiker, Johann Andreas Stumpff, werden wir noch erfahren... Der Korrespondent hat Fragen/Amüsement/Spott/ Wut/Ängste genug angesammelt: Er hat ein Anrecht darauf, den Erfinder zu allem zu befragen! »Schon um 5 Uhr konnten mehrere 100 Personen keinen Platz mehr bekommen und eine Wiederholung des Concerts wurde allgemein gewünscht, aber Herr Mälzel ist gestern schon nach Wien gereist.«[30] Und die kleine begnadete Sängerin? Lisette Barensfeld? »besonders bemerkenswerth findet man an diesem Kinde seine Besonnenheit, sein seltenes Portamento, und« – wie bei Mälzels Trompeterautomaten – »seine vollkommen reine Intonation«. Sie soll ja die *Stief*tochter des Regensburger Kommissairs Rumpf sein[31]! Auch sie – abgereist, zusammen mit der Frau »Mama«... Also schreibt der Korrespondent der AMZ im März 1809 – und kann die Akteure dazu nicht mehr fragen:

»Lange nicht mehr war das Theater so gedrängt voll, und selten wurde ein verdienstvoller Künstler mit einem so über alles gehenden Beyfalls-Klatschen aufgenommen! Sollte Hr. Melzel seine vorhabende Maschine, von der man vieles sprach und die singen wird, vollenden, so dürfte es manchem Sänger und mancher Sängerin bange ums Herz werden. Denn wird die Maschine diesem Trompeter ähnlich: so wird sie weder falsch, noch ausser Takt, ja, sie wird sogar ohne ungeziemende Variationen singen, und Worte aussprechen, welches neue Wunder allein die Liebhaber der Musik haufenweis in die Theater ziehen wird! Und dann die Leichtigkeit für die Direktionen, sich so einen Sänger und so eine Sängerin anzuschaffen! Es ist nur zu besorgen, Hr. Melzel möchte nicht alle einlaufenden Bestellungen befriedigen können! Theaterspiel, Mimik, Bewegung braucht es wol dann nicht mehr. Wir gewöhnen uns an Automaten! Eine schöne Stimme, ein schönes Gesicht, ein schönes Kleid: dafür wird Hr. Melzel wol sorgen. Dem. Barensfeld, eine elfjährige Schülerin von Sterkel, sang dabey nach Crescentini's Methode, so sagte die Affiche, eine grosse Scene aus gli Horazj, und jene bekannte, gewaltige Bravourarie aus l'Arbore di Diana.

Etwas seltsam ist es allerdings, eine junge Künstlerin mit einem Automat abwechselnd auftreten zu sehen. Grosse Schwierigkeiten hat sie wol, diese talentvolle Schülerin, überwunden, und Bewunderung muss überall eine Anstrengung erwecken, die so sehr vor der Zeit kömmt. Möchte nur nicht ein zu rauher Sturm Blüthen zerstören, die eine zu frühe Sonne entfaltet!«[32]

Von Demoiselle Lisette Barensfeld berichtet die *Allgemeine Musikalische Zeitung* nur noch wenige Male. Auftritte in Karlsruhe, Frankfurt. Dann ist sie verloren gegangen. Der Trompeter aber widersteht dem rauhen Wind:

»Mälzel – geadelt und verewigt ist deine
     Trompete:
Fama hat selbe gewählt, feiernd der
     Künste Triumph!«[33]

VII. Zusammenklappbare und andere nützliche Dinge

Es sind Dutzende von Zeitungen, die Mälzel ihre Reverenz erweisen. Mutter Mälzel in Regensburg kann stolz sein auf ihren Sohn. Sie wird ihren Ältesten in diesen Artikeln gesehen haben, wie sie ihn kannte. Uns sagen sie über Mälzels Person allzu wenig. Daß er ein großer Erfinder war, daß er für die Großen seiner Zeit Exklusives produzierte. Wer Mälzel ist, muß nun niemandem mehr erklärt werden: Hr. Mälzel. Seltsam flach sind diese Berichte, ohne Konturen, ohne Perspektive und Hintergrund; aber sie sagen eines: Er hat nun einen Namen. Nichts spricht dafür, daß er auf der Rückreise von Paris über München nach Wien in seiner Vaterstadt diesen Namen vorführt. Wir können nur ahnen, warum. Ein neuer österreichisch-französischer Krieg steht vor der Tür. Österreich will die Vormacht Napoleons brechen, besinnt sich seiner nationalen Ehre, sucht Verbündete und macht mobil. Die Gelegenheit scheint günstig; Napoleon ist durch die Aufstände in Spanien abgelenkt. Aber die Verbündeten bleiben aus. Nur Tirol steht auf, unter Andreas Hofer, das hilft keinem; Napoleon rückt im Eilmarsch an, die französischen Truppen ziehen sich an der Donau zusammen, Erzherzog Karl versäumt, sie zu schlagen, solange sie noch vereinzelt und ohne ihren obersten Feldherrn sind. Will Mälzel überhaupt noch einen Weg nach Wien finden, so muß er vor Napoleons Heer dort sein. Das Reisen mit Kisten und Kasten voll mit empfindlichem Gut ist nicht unbeschwerlich und geht Mälzel gewiß nie geschwind genug. (Das Unangenehme all der Zollvisitationen allerdings mag oft durch höhere Gunst abgewendet gewesen sein.) Regensburg verbarrikadiert sich in Kriegsangst. Schlechte Zeiten für einen Künstler; kein Sinn für kostbare Spielereien ist zu erwarten. Aber auch in ruhigeren Tagen läßt nicht ein einziger Hinweis darauf schließen, daß Mälzel je in seiner Vaterstadt öffentlich aufgetreten ist; zigmal muß er die Donaustadt auf seinen Reisen besucht oder passiert haben, dem Goliath zugewunken – man kannte sich schließlich gut und hatte einander Einiges zu berichten.

Waren ihm seine Werke noch immer nicht vollkommen genug? Fürchtete er den kritischen neidischen Blick der alten Neider? Wollte er nicht der verlorene Sohn sein, dessen Niewiederabreisen von jedermann erwartet würde? Die alte Freie Reichsstadt existierte nicht mehr. War ihm das neue Fürstentum Regensburg, von Napoleon ausgerufen, zu gering, zu provinziell? Vielleicht aber konnte Mälzel es ganz einfach nicht erwarten, nach Wien, in seine Werkstadt zurückzukehren, um die neuen Ideen, die er unterwegs in seinem Kopf bewegt hatte, endlich in Werke umzusetzen?

Was er sich nun, Anfang 1809, vorgenommen hat, um seine Rückkunft den Wienern zu melden, erfahren wir bald darauf als »der Winter angefangen hat, dem Frühling einen Platz zu machen«, aus den »Eipeldauer Briefen«:

»O je, Herr Vetter, lebendige Trumpeter habn wir in Theater schon gnug ghört; aber die Täg hat sich der hölzerne Trumpeter, den unser inländischer Künstler, der Herr Melzel verfertigt hat, aufn Theater an der Wien hörn lassen. Da war ein völligs Lager aufgschlagn, und da ist der Trumpeter in der Uniform von des Herzog Albert sein Karbinirregiment vor ein Zelt gstanden, und hat z' blasen angfangen.

Da hat er nicht bloß alles gmacht, was ein Feldtrumpeter wissen muß, sondern hat auch andre Stuck blasen und da hat ihm's ganze Orchester akompagnirt. Drauf ist er in der Uniform von unserm burgerlichen Kavalerieregiment wieder zum Vorschein kommen, und hat wieder seine Kunststuck hörn lassen, und da hat er ein solchen Aplausi gfunden, den in sein Leben noch kein lebendiger Trumpeter erhalten hat, und da ist nur Schad, daß sich der hölzerne Trumpeter nicht selber dafür hat bedanken können.«[1]

Wien hatte seine Sensation. Da hat dieser Herr Mälzel aber mal was gemacht, das auch das gemeine Volk anspricht. Aber war nicht in anderen, auswärtigen Blättern etwas von französicher Gardeuniform, von Franzmanns Musikmärschen gestanden?

»Wir haben jetzt Leut z' Wien, die auf einmal anfangen, den guten Patrioten z' spieln. Da ist einer gewissen gnädigen Frau das ganze Jahr kein deutschs Wort ausn Mund kommen, und wenn's mit ihrn Töchtern auf der Promenad war, so hätt ichs ja keiner raten wolln, nur ein deutschs Wörtl z' verlieren. Aber seit ein paar Täg her redt S' nicht nur ihr deutsche Muttersprach, sondern hat's ihr Töchtern auch bey Straf verbothen ein französischs Wort hörn z'lassen.

Wie's aber die Täg in einer Gesellschaft mit ihrn Patriotismi z' prahln hat angfangen, so sagt ein alter Herr zu ihr: meine liebe gnädige Frau, Sprach macht den Patrioten nicht aus. – Man kann deutsch reden und doch anders denken.«[2]

Und Mälzel bläst mit seinem Trompeter in eben dieses patriotische Horn. Napoleon ist schon in Bayern. Der Adel packt, um Wien zu verlassen; es scheint Ernst zu werden. Dem Bürger schmeichelt man; ein sicheres Zeichen, daß er bald gebraucht wird: Land- und Bürgerwehren werden in Eile zusammengetrommelt. Ein Volksaufstand zur Rettung der alten Adelsprivilegien gegenüber eben diesem Volk wird mit patriotischen Aufrufen von oben herab organisiert. Schließlich –, will nicht jeder seinen geliebten Kaffee wiederhaben, dessen Genuß Napoleons Kontinentalsperre *verunmöglicht?*

In diesen unruhigen Tagen besucht Johann Friedrich Reichardt Wien. Reichardt fürchtet Napoleon nicht, er ist Hofkapellmeister in Kassel bei König Jerôme von Westfalen, Napoleons Bruder, der seinen Staat entsprechend der Ideale Freiheit und Gleichheit mit einer konstitutionellen Regierungsform und moderner Verwaltung führen will. Eines von Reichardts Anliegen hier in Wien ist, Beethoven das verlokkende und herausfordernde Angebot seines Königs »Lustik« zu unterbreiten, für ein Jahresgehalt von 600 Golddukaten als königlicher Kapellmeister nach Kassel zu kommen. Dieses

Angebot führt zu jenem Vertrag der Wiener Mäzene vom 1. März 1809, der Beethoven durch ähnlich gute Bedingungen zum Bleiben bewegt. Reichardt berichtet am 1. April 1809:

»Den sehr geschickten Mechaniker Mälzel hab' ich letzt auch besucht und manche seiner überaus künstlichen Werke mit Bewunderung gesehen. Manches Werk war nur nicht eben imstande. Doch war ein sehr künstlicher Trompeter in Lebensgröße eben wieder in Ordnung und vollen Platz gekommen, der alle Märsche mit großer Kraft, Reinheit und Bestimmtheit blies.«[3] Im Tempel der Nacht in Schönau hatte Reichardt zuvor, so schreibt er, eines Abends eine Mälzelsche Maschine besucht, »welche den gestirnten Himmel vorstellend, mit ergreifenden Geistertönen der Harmonika durch Fantasien von Salieris Komposition entzückt«.[4] Kaiserin Maria Theresia, so will er wissen und vergißt dabei, daß diese schon 1780 starb, als Mälzel noch ein Kind war, »Maria Theresia hatte von Mälzel eine kleine Panharmonika mit einem Flötenecho, welches aus einer gegenüberstehenden Optik, die eine Schweizergegend darstellte, in einer Entfernung von 40 Schuh hervorging«.[5] (Stammte dieses Instrument wirklich von einem der Mälzels, dann von J. N. Mälzel sen.)

Für Albert von Sachsen-Teschen, wissen wir, überläßt Reichardt Johann Nepomuk Mälzel jun. bei diesem Besuch eine Partitur. Am meisten aber scheint er beeindruckt zu sein von Mälzels neuestem Werk.

Mälzel weiß einmal mehr, was die Stunde geschlagen hat: »Jetzt beschäftigt er sich mit der Erfindung und Ausführung künstlicher menschlicher Beine und Füße, die durch vielfache Gelenke im Knie und am Unterfuß den natürlichen Beinen und Füßen so nahekommen sollen, daß jeder, der ihrer benötigt ist, sich derer mit Leichtigkeit ohne Stock und Krücke, wird bedienen können.«[6] *C'est la guerre!*

Dadurch – durch die Anfertigung dieser Prothesen also, äußern sich wenige Monate später die Zeitungen – hat er »seiner am würdigsten, den Vorwurf gewisser Journale widerlegt, welche sagen, daß er sein Talent nur fürs Angenehme aber nicht fürs Nützliche verwende«.[7] Nun, solche Prothesen kommen Freund wie Feind zugute – wenn er nur zahlen kann.

Nach verlustreichen Gefechten in Bayern hat sich der Erzherzog Karl mit seinen Truppen in das mit Napoleon verbündete Regensburg zurückgezogen, um von dort in die böhmischen Wälder zu retirieren. Franzosen und verbündete Bayern beschießen am 23. April 1809 die ehemalige Freie Reichsstadt, erstürmen sie am Abend. Die südliche Stadt und Stadtamhof gehen in Flammen auf. Stadtamhof ist völlig zerstört. Napoleon wird (an der Ferse) verletzt. Die einzige Verwundung in all seinen Schlachten widerfährt ihm in Mälzels Vaterstadt.

Mehrere Tage lang plündern und brandschatzen die Franzosen die »befreundete« Stadt. Bonaparte läßt ihnen das Vergnügen: *C'est la guerre*, soll er dem Stadtverwalter, Graf Thurn, gesagt haben, ohne sein Mahl zu unterbrechen. (Der Stadtherr, Fürstprimas Dalberg, Erzkanzler, weilte während dieser Geschehen nicht in seiner Stadt.)

Wenige Tage später, am 10. Mai, trifft Napoleon vor Wien ein. Am nächsten Tag kapituliert die Stadt nach heftiger Beschießung. Allzu laienhaft agierte die Landwehr. Die Franzosen ziehen – wieder einmal – in die Kaiserstadt ein, die – wieder einmal – von Kaiser, Hof und Adel verlassen ist. Zehn Tage darauf siegen die Österreicher unter Erzherzog Karl verlustreich bei Aspern; sie wissen diese erste Niederlage Napoleons nicht zu nutzen. Eugène Beauharnais hält die nachrückenden österreichischen Hilfstruppen auf und gibt dem Stiefvater Gelegenheit, seine Truppen auf der anderen Donauseite zu sammeln. Am 5. und 6. Juli dann die Schlacht von Wagram. Die Wiener schauen von den Dächern und Türmen aus zu. Österreich wird geschlagen, muß um Waffenstillstand bitten. Der Krieg, dieser Krieg, ist so gut wie vorbei. Tausende sind tot, Tausende verwundet. Wien gleicht einem Lazarett. »Welch zerstörendes, wüstes Leben um mich her«, klagt Beethoven, »nichts als Trommeln, Kanonen, Menschenelend, aller Art«.[8] Dieses Mal sind Mälzels Prothesen die kunstvollen exklusiven Souvenirs.

Im Mai, am 31., stirbt in Gumpendorf der weltberühmte Komponist Josef Haydn. Drei Tage vor seinem Tod klopfte ein französischer Offizier an, um den verehrten Meister kennenzulernen. Der Franzose soll ihm die Arie »mit Wind und Hoheit angetan« vorgesungen haben – so schön, daß der Greis Freudentränen weinte. Einmal noch soll er zum Klavier gegangen sein und gespielt haben: Gott erhalte Franz den Kaiser.

Haydns Tod
»Die Sonne gieng unter.
Jetzt streiten die Sterne
Um den Vorzug.«[9]

»Haydn starb und kaum hörte man hin. Der Mechaniker *Mälzel*, der seinen Trompeter auf dem Balkon des Schönbrunner Schlosses hatte blasen lassen und mit dessen Schachspieler der Universalkaiser sich auf einen Zweikampf eingelassen, überragte jetzt alle Tonsetzer des neuen, alle Magier des mittleren Zeitalters.«[10]

Wir täuschen uns sicher nicht, wenn wir wahrnehmen, daß in den Berichten zunehmend kritische Töne über Mälzel zu hören sind. Mißgunst? Neid? Moralische oder patriotische Entrüstung, daß er in dieser Zeit sich nicht scheut, Profite (mit dem Feind) zu machen, während das vaterländische Geld verfällt. Beethoven klagt: »Wir haben nicht einmal mehr gutes genießbares Brot.«

Herrn Mälzel geht es blendend. Einer seiner besten Kunden ist Napoleons Stiefsohn.

»Bei den Geschäftsleuten machte sich der Vicekönig durch seine Einkünfte besonders beliebt. Damals spielte auch der Erfinder Mälzel mit seinen mechanischen Figuren und Apparaten eine große Rolle in Wien. [...] Neben Prothesen an Stelle der Stelzfüße, zusammenklappbaren und anderen nützlichen Dingen baute er kunstvolle Spielereien. So stand im Zimmer des neuen Fürsten von Wagram in Schönbrunn ein Maschinen-Schachspieler. Auch Napoleon spielte mit ihm, und wenn er mogelte, schüttelte der Maschinenmensch den Kopf, statt wie gewöhnlich sich zu verneigen. Eugen kaufte dieses Kunstwerk unter vielen anderen Erzeugnissen Mälzels.«[11]

Der Schachautomat! Auferstanden! Endlich hat Mälzel ihn restauriert, hat ihm die holländische Pfeife in die Hand gedrückt und offensichtlich jemanden gefunden, der bereit und fähig war, sich in dessen Inneres stecken zu lassen und von da aus das Spiel souverän zu dirigieren.

Doch stellen wir vorläufig unsere Neugier zurück und bleiben bei den Geschäften. Auf 80 000 Francs hat Baron Dornay, Beauharnais' Sekretär, Mälzels Einnahmen in diesem Sommer 1809 berechnet.[12] (Gemeint sind nur die durch Beauharnais, der übrigens im Palast des Albert von Sachsen-Teschen an der Bastei residierte.)

Wir erinnern uns: Das *Journal des Luxus und der Moden* hatte 1809 anläßlich Mälzels Münchenaufenthalts berichtet, er plane, das, inzwischen durch die neuen Besitzer ruinierte, Panharmonium zurückzukaufen und zu reparieren. Hätte Mälzel es Beauharnais nun, in Wien, generalüberholt, zurückverkauft, so hätte es wohl kaum den alten Preis, nämlich 60 000 Francs, unterschritten. Aber auch ein neu gebautes – Mälzel arbeitete in diesen Monaten an einem neuen – kann er Beauharnais nicht überlassen haben, wie die Zeitungen wissen wollen; es wäre kaum billiger als das alte gewesen. Für die 20 000, die dann noch von den 80 000 Francs übrig wären, hätte der Vicekönig allerdings nicht das erwerben können, was er nun von Mälzel erwarb: all die unnützen Spielereien verlangten ihren Preis. Allein der Schachspieler kostete Eugène Beauharnais 30 000 Francs.[13] Gewiß hat Mälzel das erste Panharmonicon gegen teures Geld wiederhergestellt, vielleicht verbessert, aber ein Rückkauf ist ausgeschlossen.

Das patriotische Vaterland schmückt sich mit seinem Sohn, dem es gelingt, das Entzücken der Franzosen zu erregen: *Baierische Nationalzeitung*, Mittwoch, den 11. Oktober 1809: »Unter jenen, die teutscher Kunst und teutschem Erfindungs=Geist Ehr machen, verdient vorzüglich auch unser Mälzel genannt zu werden. [...] Von Seite der französischen Regierung wurden ihm [...] Säle in der kaiserlichen Burg angewiesen, wo er täglich zahlreiche Besuche, und besonders von Gliedern jener Nation empfängt, die fremder Kunst ebenso bereitwillig den verdienten Ruhm zugesteht, als sie selbst für letztere empfindlich ist. Wodurch sich aber Herr Mälzel nicht allein Beifall, sondern auch Ansprüche auf öffentlichen Dank erworbern hat, das sind die von ihm erfundenen künstlichen Füsse. Er wußte durch eine äußerst einfache, leichte und doch dauerhafte Mechanik ein Leben in die Füsse zu bringen, welches von Kunstverständigen und Anatomen bewundert wird, und wodurch diese künstlichen Füsse beinahe von natürlichen nicht zu unterscheiden sind. Die siebenfache Biegung des Knies und die dreifache des Vorderfusses erlauben, daß man damit ganz bequem auf Treppen und zu Pferde steigen kann. Hr. Mälzel hat bereits mehrerer solcher Füsse zur vollen Zufriedenheit der Besteller geliefert, und dadurch, seiner am würdigsten, den Vorwurf gewisser Journale widerlegt, welche sagten, daß er sein Talent nur fürs Angenehme, aber nicht fürs Nützliche verwende.«

Inzwischen mag Mälzel schlaflose Nächte gehabt haben. Der Schachautomat! Mälzel, der ja nun seine Werkstatt auf höchste Anordnung im Schloß Schönbrunn eingerichtet hat, muß stündlich mit dem Besuch Napoleons rechnen. Alexander Berthier, Generalstabschef Napoleons und dessen Freund (1815 lief er zu den Bourbonen über, nach der Rückkehr Napoleons von Elba beendete er sein Leben durch einen Fenstersturz in Bamberg), Fürst von Neuchâtel, seit wenigen Wochen Fürst von Wagram, hat hier im Schloß den Schachtürken in seinen Gemächern aufstellen lassen und einige Male mit Vergnügen gegen ihn gespielt. Gönnt er Bonaparte den Spaß oder – eine Niederlage? Er schlägt ihm ein Spiel vor.

Mälzel erkundigt sich, wo er nur kann: Napoleon, so heißt es übereinstimmend, sei zwar ein begeisterter, aber höchst mittelmäßiger Schachspieler. Nicht, daß er zu gut spielen möge, zur Blamage des Automaten, bereitet Mälzel nun Kopfzerbrechen, sondern daß der Kaiser miserabel spielen könnte und ein schlechter Verlierer wäre.

Beschwor Mälzel nun den Kriegsverpflegungskommissär Johann Allgeyer, Wiens besten Schachspieler, der das Leben in die Maschine bringen sollte (mußte?), den Usurpator um Gottes Willen siegen zu lassen? Andererseits – es ist zweifellos nicht ohne Reiz und Delikatesse, diesen größten Feldherrn zu schlagen! Mälzels Sieg über Napoleon Bonaparte!

Natürlich verliert der Korse. Unzählige Anekdoten gibt es zu diesem berühmten Wettkampf, der natürlich hinter verschlossenen Türen im kleinsten Kreis der Vertrauten stattfand. Wir geben das Spiel hier nach den Memoiren de Constants wieder:

»M. Maelzel hatte auch einen Automaten hergestellt, der in ganz Europa unter dem Namen des ›Schachspielers‹ bekannt war. Er hatte ihn nach Schönbrunn gebracht, um ihn Seiner Majestät zu zeigen und hatte ihn in das Gemach des Prinzen von Neuchâtel geschafft. Der Kaiser begab sich zum Prinzen; ich folgte ihm mit einigen anderen. Der Automat saß vor einem Tisch, auf dem das Schachspiel stand. Seine Majestät nahm einen Stuhl und setzte sich gegenüber dem Automaten und sagte lachend: ›Allons! mon camarade, auf uns zwei.‹ Der Automat nickte und machte dem Kaiser ein Handzeichen, als ob er ihm anzufangen bedeuten wollte. Nach der Eröffnung der Partie macht der Kaiser zwei oder drei Züge und setzt vorsätzlich eine Figur falsch. Der Automat nickt, nimmt die Figur wieder auf und setzt sie an ihren Platz zurück. Seine Majestät mogelt ein zweites Mal; der Automat nickt wieder, aber er konfisziert die Schachfigur. ›Das ist recht‹, sagt seine Majestät und, zum dritten Mal, setzt er bewußt falsch. Nun schüttelt der Automat den Kopf und, indem er mit der Hand über das Schachbrett fährt, wirft er das ganze Spiel um. Der Kaiser machte dem Mechaniker große Komplimente.«[14]

Eugène Beauharnais läßt der phänomenale Besieger seines Stiefvaters keine Ruhe. Er ist so begierig, das Geheimnis kennenzulernen, daß er, ohne eine Wimper zu zucken, die 30000 Francs bezahlt, die der k.k. Hofkammermaschinist dafür verlangt. Als es in Gestalt eines kleinen Wiener Beamten aus der Kiste krabbelt, verzieht der Vicekönig keine Miene (doch, eine Augenbraue soll er *etwas* hochgezogen haben): Ein bißchen teuer, der Spaß.

Daß die Öffentlichkeit nichts über den Verlauf des kaiserlichen Spiels erfuhr, sehen wir aus folgendem Bericht, den die *Baierische Nationalzeitung* vom 24. Oktober 1809 in ihren Miszellen von der *Wiener Zeitung* übernimmt. Mälzel kommt natürlich nicht um seine Reklame:

»Hr. Mälzel, der seine musikalisch-mechanischen Instrumente bereits Sr. kaiserl. Hoheit dem Vicekönig und mehreren der ersten Generale in seinen Kunstsälen in der Burg zu zeigen, die Ehre hatte, erhielt am 9. Oktober den Auftrag, die vorzüglichsten derselben Seiner Majestät dem Kaiser selbst in Schönbrunn vorstellen zu dürfen. Der große Schäzer der Wissenschaften und Künste, der einst in Italien sagte: ›*Die schönsten Eroberungen, und die einzigen, die keine Thränen kosten, sind jene, die man im Gebiete der Wissenschaften macht*‹, hat auch hier gezeigt, daß er auch selbst in dem Brennpunkte der Angelegenheiten Europa's Zeit findet, seine vorzüglichste Neigung, *die* zur Wissenschaft und Kunst zu befriedigen. Se. Maj. geruhten, die Arbeiten des Künstlers genau zu prüfen, und ihnen volle Aufmerksamkeit und Aufmunterung zu gewähren. Auch ließen Höchste durch den Großmarschall des Pallastes dem Künstler ein Geschenk von 150 Napoleonsd'or übermachen.«

Was sind 150 Napoleonsd'or? Frau Milder, die gewichtige Sängerin, hat einen Brillantschmuck *und* 1000 Stück Napoleonsd'or erhalten. Doch war es wohl weniger ihre gewaltige

Stimme (»eine Stimme wie ein Haus«, hatte Haydn gesagt), was den Kaiser so freigebig machte – sie »gefiel ihm besonders ihrer schönen Gestalt wegen«. Dagegen freilich kamen weder Mälzel, noch der schöne Türke, noch der knabenhafte Trompeter an. Und Johann Allgeyer? Er hat seinen Triumph, der sich bei seinen Schachfreunden im Schachcafé auf dem Graben auf die Dauer nicht verheimlichen läßt. Fünf Tage nach dieser Niederlage diktiert der Sieger der Kriege im Schlosse Schönbrunn den Österreichern die schmerzhaften Bedingungen für einen Frieden.

Gedenken wir seines Bezwingers:

»Johann Allgeyer (auch Allgayer), geboren 19. 6. 1763 zu Schussenried (Schafsried?) in Schwaben, starb am 3. Jänner 1823 verheiratet, aber ohne Kinder zu St. Ulrich Nr. 16 in der grünen Weintraube, als k. k. pensionierter Oberleutnant-Rechnungsführer in den ärmlichsten Umständen. Sein gesammter Nachlaß machte nur 21 Gulden 6 Kreuzer aus. Als Schachkünstler war er eine Capacität. [...]. A. schrieb auch Fachliches zu seiner Kunst, so: ›Neue theoretisch praktische Anweisung zum Schachspieler.‹«[15]

Um den Friedenspakt perfekt zu machen, um Napoleons Herrschaft und Österreichs Niederlage eine Gestalt zu geben, opfert Österreich nun seines Kaisers Tochter, Marie-Louise, dem inzwischen geschiedenen Kaiser der Franzosen, Napoleon Bonaparte als Gattin zur neuen Kaiserin.

Anfang März 1810 – die Franzosen sind abgerückt, der Adel zurückgekehrt – nimmt ganz Wien tränenreich in einem Jubelfest Abschied. Aus den Eipeldauer Briefen: »[...] und da hat man fast so viel Baurnleut als Stadtleut z' Wien gsehn; denn was nur Füß ghabt hat, ist von Land in d' Stadt herein grennt, um wenigstens die schöne Illumination z' sehn.

Da hat uns aber ein abscheulicher Sturmwind d' größte Freud verdorbn. [...] Da hats fast in allen Gassen Dekorazionen und Inschriften gebn, und da hat ein jeder nach seiner Art bald in hochen Stylum, und bald in Knittelversen, aber immer aus aufrichtigen Herzen über die glückliche Begebnheit sein Freud an Tag glegt. Da müßt ich aber statt ein Brief ein halbs Buch schreibn, wenn ich die schön Gedanken, die ich glesen hab, hersetzen wollt; und einige davon würd der Herr Vetter, als ein deutscher Michl, so wenig verstehn, als wie ich, weil s' lateinisch warn. Aber den größten Zulauf hat beyn *rothen Thurn* der mechanische Künstler Herr Mälzel ghabt; denn dort war durch ein Hohlspiegel, als wenns ein Zauberey wär, das ganze Bildniß von der jetzigen Kaiserin von Frankreich wie ein Luftgstalt z' sehn. Da hat ein große Orgel, die aber ein Nam hat, der mir nicht einfallt, inwendig in sein Zimmern wunderschöne Stückl aufgspielt: da kann sich der Herr Vetter also das Gedräng vorstelln, das dort in der Gassen war. Gegn Mitternacht ist dann der allerhöchste Hof selber durch alle Hauptstraßen der Stadt gfahrn, und da ist er überall, bis wieder in die kaiserl. Burg zruck mit den lautesten Jubelruf begleit worden.«[16]

Am Rotenturm war das berühmte k. k. private Müllersche Kunstkabinett des Grafen Deym (nach dessen Tod von Beethovens angebeteter Josephine Brunsvik verwaltet), ein Palast, der neben seinen »feenhaften« Prunkgemächern auch achtzig monatlich zu vermietende Räume enthielt.

Möglich, daß Mälzel von hier aus seine Huldigung vorführte:

taCe, MVnDVsConCors![17]

war da als ein sinniges Chronogramm zu lesen: Schweige, die Welt ist einig! Wie das nun auch zu verstehen gewesen sein mag und ist, es zeigt dem, der die römischen Zahlen addiert, die Jahreszahl des großen Tages: 1810. [100 + (1 000 + 5) + (500 + 5) + 100 + 100 = 1810]

Andere Berichte schreiben, das Ereignis habe in Mälzels Haus stattgefunden, es sei ein »Durchscheinbild«, sei der Trompeter gewesen – egal, es war ein großartiger, unvergeßlicher Eindruck.

Fortsetzung der Illumination. 1811 erscheint am Himmel unter Millionen und Abermillionen winzigen Sternen die

Feuerrute eines riesigen Kometen. Ein bedenkliches Omen, das weiß ein jeder. Kaiser Napoleon befindet sich auf dem Gipfel der Macht. Und Johann Nepomuk Mälzel hat mit seinen 39 Jahren den Höhepunkt seiner Karriere erreicht.

Fast zwei Jahre lang hören wir nun wenig. Es mögen die Lebensjahre einer größtmöglichen Ruhe gewesen sein. Er hat Zeit, zuzuhören und schmerzhaft zu empfinden, wie die Musik in einer Aufführung daherkriecht und dieselbe Musik im nächsten Konzert unmäßig davonrennt. Ein eingängiges, leicht handhabbares Chronometer muß her, das weiß er, aber alle Versuche führen kaum weiter. Auch an einem »inventiösen Sekretär« arbeitet er. Die Aufträge häufen sich. Findet er noch Zeit für die künstliche Sängerin? Er könnte ausgesorgt haben.

Rußland durchbricht die napoleonische Kontinentalsperre – dagegen verbünden sich Preußen und Österreich nun mit den Franzosen. Irgendwann in diesem Jahr kommt der Vicekönig wieder mit Mälzel zusammen. Der hat ihm also den teuren Kauf eines kopf- und nutzlosen Geheimnisses nicht übelgenommen. Mälzels Apparate waren unschlagbar. Man rüstete auf für einen Rußlandfeldzug: »Der Vicekönig traf für seinen Stab alle möglichen Maßnahmen. Dazu gehörte die Bereitstellung eigens konstruierter Krankenwagen und von Fahrzeugen, die während der Fahrt Getreide mahlten; beides Erfindungen des geschickten Mechanikers Mälzel.«[18] Mälzel, immer dabei. Die französischen Soldaten verlangten, wo auch immer, Brot der besten Qualität. Das feine Weißbrot war für die Kriegsführung so wichtig wie die Muskete. Die gewaltigen Kornkammern Rußlands sah Napoleon vor sich; er rechnete damit, auf dem Vormarsch nach Moskau das Korn zu ernten – und Mälzels Mühlen sollten es mahlen.

Eine Vision, die sich als tödlicher Irrtum erwies: Die endlosen Felder – soweit die Augen und die Füße reichten – waren öd und abgemäht. Kein Korn war auf dem Halm, kein Halm auf dem Feld geblieben, der Steppenwind fegte über nichts als trockenen staubigen Boden. Aber es gibt kein Zurück, nach

75 Tagen, am 14. September 1812, nach der grauenhaften Schlacht von Baradino, ziehen die zu Tode erschöpften und ausgehungerten Truppen in Moskau ein. Aber die Stadt ist verlassen und leer. Napoleon wartet auf ihre Kapitulation. Niemand kommt. Nichts passiert. Wenige Tage darauf ist er Herr einer Stadt aus Schutt und Ruinen. Rauchende Trümmer, keine Hoffnung. Aber diesen BRAND VON MOSKAU hat Napoleon als erhabenes grandioses Schauspiel, als eine einmalige Vorstellung erlebt, grauenhaft, schön.

Nein, Herr Mälzel ist nicht dabei. Er hat seine Maschinen klugerweise aus seiner Obhut gegeben. Er reist in dieser Zeit in die entgegengesetzte Richtung, westwärts. In Amsterdam führt er seine Apparate vor, wir wissen darüber nicht mehr als diese Tatsache. In jenen Amsterdamer Tagen kommt es wohl zu der ersten folgenreichen Begegnung mit dem großen Mechaniker Diederich Winkel, der wie Mälzel an einer praktikableren Ausgabe eines Taktgebers experimentiert. Wir kommen darauf zurück. Nach England muß er dann noch gefahren sein. Moskau, Rußland sind weit, weit weg. Indessen schleppen sich die französischen Truppen, leer- und aufgelaufen, resigniert, ohne Nachschub, ohne Versorgung, durch Rußlands Winter. Das Entsetzen dieses Rückzugs ist bekannt. Die Mälzelschen Krankenwagen versinken in Morast und Schnee. Die grauenvollen Bilder des Übergangs über die Beresina.

»Fähnrich ohne Fahn,
Flinten ohne Hahn,
Büchsen ohne Schuß,
Fußvolk ohne Fuß.
Mit Mann und Roß und Wagen
So hat sie Gott geschlagen.

Speicher ohne Brot,
Allerorten Not,
Wagen ohne Rad,

Alles müd und matt,
Kranke ohne Wagen:
So hat sie Gott geschlagen.«[19]

Der Kaiser verläßt seine Armee und kehrt nach Paris zu Frau und Söhnchen zurück. Die Armeen haben eine halbe Million weniger Soldaten als ein halbes Jahr zuvor.

Im Winter 1812/1813 eröffnet Johann Nepomuk Mälzel ein »Kabinett mechanischer Werke«. Er beginnt sein großes berümtes Diorama: DER BRAND VON MOSKAU.
In Mälzels »Kunstkabinett«, einer öffentlichen Verkaufsausstellung, sind Marmor- und Bronzestatuen, Gemälde »und eine große Mannigfaltigkeit von Gegenständen wissenschaftlicher und sonst die Neugierde fesselnder Art, welche verschiedene Künstler ihm geliefert hatten,« zu besichtigen, »darunter eine große Elektrisiermaschine mit Einrichtungen zu populären Versuchen«[20]. Auch zeigt er eigene Flötenuhren, möglicherweise auch »musikalische Ruhebetten« und einen besonders schönen Empire-Mahagony-Schreibtisch, den »Cherubinisekretär«, mit Uhr aus der Hand des Kunstschreiners und Instrumentenbauers Christian Seyffert:
»Ein Prunkmöbel [...] mit schönen Bronzebeschlägen, Karyatiden etc.; als Krönung dient eine von zwei Falken flankierte geschnitzte Vase, in welche die Uhr eingebaut ist. In dem Flötenwerk, das mit einer nur zu Dekorationszwecken dienenden (stummen) Klaviatur versehen ist, gehören 18 in einem besonderen Schrank aufbewahrte Original-Walzen, die Opernstücke, Tänze und Märsche u.a. von Mozart, Beethoven, Wanhal, Weigl, Paer, Hummel, Boieldieu, Barton, Cramer und Cherubini enthalten«, so Georg Kinski 1913.[21]
Der Sekretär ist heute im Musikinstrumentenmuseum der Universität Leipzig zu besichtigen. Ein Mälzel-Instrument, das überlebte – wenn auch die Vase mit Uhr im Krieg verloren ging. Daß aber die Leipziger Restauratoren die angeblich stumme Klaviatur an das Spielwerk angeschlossen haben, das

Flötenwerk (nun) also automatisch *und* mit Handbetrieb spielbar ist, spricht für die Geschicklichkeit der Restauratoren, wie auch dafür, daß Mälzel keine als-ob-Fassade mehr an seinen Apparaten wollte.[22]

Natürlich war in Mälzels Kunstkabinett auch der Trompeter zu besichtigen und das ganz neue Panharmonicon. Gegenüber dem letzten durch ein Contrafagottregister ergänzt, erstrahlt es hier, allen Nationen gerecht werdend, weiß und golden bemalt unter der blauen und roten Drapierung.

Mälzel arbeitet wie ein Besessener. Ist er ein Besessener? Jeden Verdienst steckt er in die Verbesserung der bereits verbesserten Apparate. Eine Kunstreise nach England ist geplant (und die Engländer sind anspruchsvoll). Beethoven soll, will, mit; doch die Abfahrt verzögert sich. Sein Bruder Karl liegt schwerkrank darnieder; der Streit mit der Schwägerin hält ihn auf, und Mälzel findet seinen BRAND VON MOSKAU immer noch nicht phantastisch genug. Auch die »musikalischen Taktgeber«, an denen er experimentiert, befriedigen seine Ansprüche noch nicht. Mälzel arbeitet Tag und Nacht, verläßt kaum die Werkstatt; wer etwas will, der muß sich schon herbemühen. Beethoven: »Ich speise heute bei Mälzel.«[23] Wann ißt er? War er ein schneller, gleichgültiger Esser? Aß er sehr bewußt das Beste, immer das Beste, mit dem größten Genuß? Das trifft wohl eher zu. Er nimmt sich Zeit, genug Zeit, wo sich Zeit zu nehmen in seinen Augen lohnt – trinkt dazu einen roten Wein. Sehen wir ihn je in privaten Räumen? Gemeldet war er, wie sein Bruder, in der Jägerzeil (heute Praterstraße).[24] Wann ist er hier anzutreffen? Trennt er Arbeit und Leben? Seine Kunstwerke sind sein Leben.

In der Werkstatt, »damals dem einzigen angemessenen Raume, mit welchem dieser versehen war, um jemanden zu empfangen«[25], so beschreibt der große Geiger Moscheles die Lebensumstände des k. k. Hofmaschinisten, besucht ihn in diesem Sommer Freund Beethoven, sooft er aus Baden nach

Aus Mälzels Kunstkabinett: Schreibsekretär mit Musikwerk, um 1810, von Christian Seyffert, Musikwerk von J. N. Mälzel, Musikinstrumentenmuseum der Universität Leipzig

Wien kommt. Nicht nur der Hörmaschinen wegen, die Mälzel dem immer harthöriger Werdenden anmißt, auch, um mit den Zeitgebern zu spielen und einfach so, aus Freundschaft...

Victoria! In Windeseile verbreitet sich eine Nachricht, die wird mit ungeheurem Jubel aufgenommen: Auch in Südeuropa ist Napoleons Vormachtstellung gebrochen! Die Engländer unter Arthur Wellington haben die Franzosen am 21. Juni 1813 bei Victoria (Vittoria) im Baskenland vernichtend geschlagen, endgültig vertrieben von der iberischen halben Insel. Der Komet, Napoleon Bonaparte, das spürt jeder, ist dabei zu verglühen.

Victoria! Wellingtons Sieg!

Mälzel weiß, was einen sensationellen Erfolg in England garantiert und die magere Reisekasse füllt: eine aktuelle Schlachtenmusik auf seinem Panharmonicon. Komponiert von Ludwig van Beethoven auf Wellingtons großen Sieg bei Victoria.

IIX. KANONENSCHLAG- UND HÖRMASCHINEN

Als Mälzel im Spätherbst 1813 die Partitur »Auf Wellingtons Sieg bei Vittoria, 1813, geschrieben für Hrn. Mälzel von Ludwig von Beethoven«[1] in Händen hält, erkennt er sofort: die Möglichkeiten dieses Werkes lassen die Möglichkeiten jedes, auch des besten – also seines – mechanischen Orchesters weit hinter sich. Wir verfolgen eine Zeitlang die Dokumentierung der folgenden Wochen, deren Ereignisse sowohl Mälzels als auch Beethovens Leben in den nächsten Jahren bestimmen werden.

Anfang Dezember künden Anschlagzettel zwei Orchesterkonzerte Beethovens für den 8. und 12. des Monats im großen Saal des neuen Universitätsgebäudes an – »aus Freundschaft für seine [Mälzels] Reise nach London, zum Besten der Schlacht bei Hanau invalid gewordenen österreichisch und bairischen Krieger«[2]:
1. Eine ganz neue Sinfonie, die siebente in A-Dur von Beethoven,
2. zwei Märsche, gespielt von Mälzels mechanischem Trompeter, der eine von Dussek, der andere von Pleyel,
3. Wellingtons Sieg (Erste Abteilung Schlacht, Zweite Abteilung Siegessinfonie).

Aber die vorhergehenden Proben (mit über hundert der namhaftesten Musiker der Stadt – der musikalischen Welt) hatten sich zuvor – unter Beethoven als Dirigent – nicht einfach, auch nicht ohne Besorgnis und Absprachen der wohlmeinenden Konzertanten für die Uraufführung, gestaltet:

»Spohr, welcher unter den Violinisten mitspielte, sah Beethoven zum erstenmal dirigiren und war überrascht in hohem Grade, obgleich man ihm erzählt hatte, was er jetzt mit Augen sah. Beethoven hatte sich angewöhnt, sagt er, dem Orchester die Ausdruckszeichen durch allerlei sonderbare Körperbewegungen anzudeuten. Bei dem Piano bückte er sich nieder, und um so tiefer, je schwächer er es wollte. Trat dann ein crescendo ein, so richtete er sich nach und nach wieder auf und sprang beim Eintritt des forte hoch in die Höhe. Auch schrie er manchmal, um das forte noch zu verstärken, mit hinein, ohne es zu wissen. – – –

Daß der arme, taube Meister die piano seiner Musik nicht mehr hören konnte, sah man ganz deutlich. Besonders auffallend war es aber bei einer Stelle im zweiten Theile des ersten Allegro der Symphonie. Es folgen sich da zwei Halte gleich nacheinander, von denen der zweite pianissimo ist. Diesen hatte Beethoven wahrscheinlich übersehen, denn er fing schon wieder an zu taktiren, als das Orchester noch nicht einmal diesen zweiten Halt eingesetzt hatte. Er war daher, ohne es zu wissen, dem Orchester bereits zehn bis zwölf Takte vorausgeeilt, als dieses nun auch, und zwar pianissimo begann. Beethoven, um dieses nach seiner Weise anzudeuten, hatte sich ganz unter dem Pulte verkrochen. Bei dem nun folgenden crescendo wurde er wieder sichtbar, hob sich immer mehr und sprang hoch in die Höhe, als der Moment eintrat, wo, seiner Rechnung nach, das forte beginnen mußte. Da dieses ausblieb, sah er sich erschrocken um, starrte das Orchester verwundert an, daß es noch immer pianissimo spielte, und fand sich erst wieder zurecht, als das längst erwartete forte endlich eintrat und ihm hörbar wurde. Glücklicher Weise fiel diese komische Scene nicht bei der Aufführung vor.«[3]

Am 20. Dezember können wir dann in der *Wiener Zeitung* erleichtert von dem außerordentlichen Erfolg dieser Aufführung lesen:

»Der durch seine mechanische Kunstfertigkeit, das durch ihn erfundene Panharmonikon und andere Kunstwerke berühmte hiesige Bürger und Hofmechaniker Herr Maelzel, da derselbe in Begriff steht mit einem Teile seiner Kunstarbeiten eine Reise nach England anzutreten und vorher noch dem hiesigen Publikum einen Beweis seiner Verehrung geben, und damit zugleich einen wohlthätig=patriotischen Zweck verbinden wollte, hat von unsern berühmten Tonsetzer Ludwig van

Beethoven, dem dieser Anlaß, ein Opfer seiner Kunst bey gegenwärtiger Zeit auf dem Altare des Vaterlandes niederzulegen, sehr willkommen war, eine von ihm ganz neu verfaßte große vollstimmige Instrumentalkomposition, welche Wellingtons Sieg bei Vittoria zum Gegenstand hat, als freundschaftliches Geschenk erhalten, und auf Herrn Maelzels Ansuchen zeigten die auserlesensten ausübenden Künstler dieser Kaiserstadt, von gleichen Gesinnungen beseelt, sich ebenso bereitwillig, ohne Ansprüche auf den ihrem Ruhme und ihrer Kunstfertigkeit gebührenden Rang, jeden auch untergeordneten Platz anzunehmen, um das Ganze der Komposition des berühmten Tonsetzers in ihrer Vollkommenheit vorzutragen.

So wurde mit der Bestimmung des Ertrages für die in der Schlacht bei Hanau invalid gewordenen österreichischen und bayerischen Krieger am 8ten d. M. in dem Saale der Universität ein Kunstfest gegeben, das durch die hinreißende Schönheit der Beethovenschen Kompositionen, durch die vollkommene Ausführung von mehr als 100 Virtuosen von erstem Range (wobei der K. K. Hofkapellmeister Salieri es nicht unter seiner Würde fand, den Takt der Trommeln und Kanonaden zu geben, ein Ludwig Spohr und Mayseder, jeder durch Kunstfertigkeit der obersten Leitung gewachsen, zweite und dritte Stellen nahmen, ein Hummel die große Trommel schlug, ein Siboni, ein Giuliani und andere berühmte Namen an untergeordneten Stellen standen), das durch Herrn Maelzels Kunst=Trompeter und endlich durch den einstimmigen enthusiastischen Beifall aller Zuhörer in seiner Art Einzig war. [...] Der Beyfall, den Beethovens kraftvolle Kompositionen, von ihm selbst dirigirt und durch die aus Eifer für die Kunst und die Sache des Vaterlandes zu diesem Feste der Kunst und patriotischen Wohlthätigkeit vereinigten ersten Künstler der Kaiserstadt bei allen Zuhörern fanden, stieg bis zur Entzückung. Von mehreren Musikstücken der Beethovenschen Kompositionen wurde durch anhaltendes Zuklatschen die Wiederholung und endlich die nochmalige Aufführung dieser patriotischen Unterhaltung verlangt. Der Künstlerverein, immer von denselben Gesinnungen belebt, ließ sich dazu bereit finden und so wurde am 12. d. M. die Wiederholung vor einer noch weit zahlreicheren und ansehnlicheren Versammlung von Kunstliebhabern gegeben und mit gleichem, einstimmigem Beyfalle aufgenommen.

An der Spitze der ersten Violinen stand der als Künstler rühmlich bekannte gräfl. Rasumowskische Kammer=Virtuos, Hr. Schuppanzigh, der durch seinen feurigen ausdrucksvollen Vortrag das Orchester mit sich gleichsam fortriß; unter den übrigen mitwirkenden Künstlern bemerkte man mit Vergnügen die Herren Belloni, Gebrüder v. Blumenthal, Bagner, Breymann, Dragonetti, Dreßler, Friedlowsky, Gebauer, Gering, Gottlieb, Hänsel, Hauschka, Hummel, Gebrüder Kail, Kraft Vater und Sohn, Sieber, Linke, Mayseder, Mayerbär, Moscheles, Pechatschek, Pixis, Romberg, Salieri, Schlesinger, Siboni, Sina, Louis Spohr, Weiß und andere vollkommene Künstler, welche alle zu nennen der Raum nicht gestattet.

Die reine Einnahme von beyden Aufführungen nach Abzug der unvermeidlichen Kosten betrug 4006 Guld., welche dem hohen Kriegs=Präsidio zu der angegebenen Bestimmung ehrfurchtsvoll überreicht worden sind.«[4]

Johann Nepomuk Mälzel als Anreger und Impresario dieser Konzerte hat einmal mehr seinen absoluten »Riecher« für das Mögliche und Wirksame bewiesen. Beethoven schickt eine Danksagung an das »Intelligenz-Blatt« der *Wiener Zeitung*:

»Ich halte es für meine Pflicht, allen den verehrten mitwirkenden Gliedern der am 8. und 12. Dec. gegebenen Akademie [...] zu danken. Es war ein seltener Verein vorzüglicher Tonkünstler, worin ein jeder einzig durch den Gedanken begeistert, mit seiner Kunst auch etwas zum Nutzen des Vaterlandes beitragen zu können, ohne alle Rangordnung auch auf untergeordneten Plätzen, zur vortrefflichen Ausführung des Ganzen mitwirkte. [...]

Mir fiel nur darum die Leitung des Ganzen zu, weil die Musik von meiner Composition war; wäre sie von einem andern gewesen, so würde ich mich eben so gern, wie Hr. *Hummel*, an die große Trommel gestellt haben, da uns alle nichts als das reine Gefühl der Vaterlandsliebe und des freudigen Opfers unserer Kräfte für diejenigen, die uns so viel geopfert haben, erfüllte.

Den vorzüglichsten Dank verdient indessen Hr. *Mälzel*, insofern er als Unternehmer die erste Idee dieser Akademie faßte, und ihm nachher durch die nöthige Einleitung, Besorgung und Anordnung der mühsamste Theil des Ganzen zufiel. Ich muß ihm noch insbesondere danken, weil er mir durch diese veranstaltete Akademie Gelegenheit gab, durch die Composition, *einzig für diesen gemeinnützigen Zweck verfertigt und ihm unentgeltlich übergeben*, den schon lange gehegten sehnlichen Wunsch erfüllt zu sehen, unter den gegenwärtigen Zeitumständen auch eine größere Arbeit von mir auf den Altar des Vaterlandes niederlegen zu können.

Ludwig van Beethoven.«[5]

Diese Danksagung aber wird nie gedruckt. Statt dessen eine öffentliche Ankündigung des Konzerts »mit neuen Gesangstücken und Chören vermehrt«, aber ohne den Trompeter, ohne Mälzels Namen zu Beethovens Benefiz. Und dann, im Herbst 1814, reißt uns das folgende irritierende notarielle Schriftstück aus der Harmonie der ersten Aufführungen:

»Zeugniß.

›Wir Endesgefertigte bezeugen zur Steuer der Wahrheit und können es nöthigen Falles beschwören: daß zwischen Herrn Louis van Beethoven und dem Hofmechaniker Herrn Maelzel allhier mehrere Zusammenkünfte bei dem unterzeichneten Dr. Carl v. Adlersburg statt fanden, welche die von ersterem verfaßte musicalische Composition: die Schlacht von Vittoria genannt, und die Reise nach England zum Gegenstand hatten; Herr Maelzel machte hierbei dem Herrn van Beethoven mehrere Vorschläge, um das oben genannte Werk, oder wenigstens das Recht der ersten Aufführung für sich zu erhalten.

Da sich jedoch Herr Maelzel bei der letzten veranstalteten Zusammenkunft nicht eingefunden hatte, so ist darüber nichts zu Stande gekommen; da er die ersteren ihm gemachten Vorschläge nicht angenommen hatte. Urkund dessen unsere Fertigung.
Wien am 20. Oktober 1814.
(L. S.)   Joh. Freiherr v. Pasqualati,
                 k. k. priv. Großhändler.
(L. S.)   Carl Edler von Adlersburg,
                 Hof= und Gerichts=Advokat,
                 auch k. k. öffentlicher Notar.‹«[6]

Beethoven in einer »Deposition« an seinen Anwalt Carl Edler von Adlersburg: »Er [Mälzel] kam nun zu Ihnen und machte Vorschläge. Es ward ihm gesagt, an welchen Tagen er erscheinen soll, um die Antwort abzuholen; allein, er kam nicht, reis'te fort und hat in München das Werk hören lassen.«[7]

Was ist geschehen? Erst im späten Herbst holen wir ihn ein, in Holland, in Amsterdam. Am Tag vor seiner Abreise nach England haben wir Gelegenheit, Mälzel zu befragen.[8]

Herr Mälzel, Sie sind im Begriff, nach England zu reisen. Fünf Wochen lang gastierten Sie mit Ihren Kunstwerken hier in Amsterdam im deutschen Theater. Sind Sie mit dem Erfolg zufrieden?

Nun, der pekuniäre Erfolg garantiert einen reibungslosen Start der geplanten Englandtournee. Ich reise ja mit einem sehr großen Gepäck, das seinen Transport unterwegs selber finanzieren muß und dazu – zum Glück – auch in der Lage ist.

Wenn wir nach ihrem hiesigen Erfolg fragten, so dachten wir in erster Linie an die Reaktion des niederländischen Publikums.

Wenn alles stimmt, sind die Einnahmen der Gradmesser dieser Reaktion. Jede Stadt hat ihr Publikum. Es kommt darauf an, durch adäquate Präsentationsformen den Ge-

Königliches Hof- und Nationaltheater

Mittwoch den 16. März 1814.

[mit aufgehobenem Abonnement]

Die Komödie aus dem Stegreife,

ein Lustspiel in einem Aufzuge von J. F. Jünger.

Personen:

Graf Braunstädt,	. . . . .	Hr. Wohlbrück.
Die Gräfin, dessen Gemahlin,	. . .	Mad. Wohlbrück.
Luise, deren Tochter,	. . . .	Mad. Augusti.
Baron Reinthal,	. . . . .	Hr. Caro.
Baron Reinthal, der jüngere, dessen Neffe,	:	Hr. Friedr. Augusti.
Johann, dessen Bedienter,	. . . .	Hr. Flerx.
Hannchen, Luisens Mädchen,	. . .	Mad. Cramer.
Martin, ein alter Bedienter des Grafen,	.	Hr. Urban.

Hierauf:

eine musikalisch-mechanische Unterhaltung:

Zwei Märsche für die Trompete,

mit Begleitung des ganzen Orchesters,

vorgetragen von dem mechanischen Feld-Trompeter

des Herrn Mälzel.

Dann folgt:

eine große vollstimmige Instrumental-Komposition

von Herrn Ludwig van Beethoven, Kaiserl. Königl. Kapellmeister,

Wellingtons Sieg,
in der Schlacht bei Vittoria.

Erster Theil: Schlacht. Zweiter Theil: Sieges-Symphonie.

Preise der Plätze:

Eine ganze Loge des 1ten, 2ten und 3ten Ranges auf 7 Personen 7 fl. — kr.	Ein Platz . . . . . . — 48 kr.
Ein Platz . . . . . . 1 fl. — kr.	Parterre . . . . . . — 48 kr.
Eine Loge im 4ten Range . . . 5 fl. — kr.	Mittelloge im 4ten Range . . . — 24 kr.

Der Anfang ist um 6 Uhr, das Ende um 8 Uhr.

Auf die gefälligen Bestellungen der Titl. Logen-Abonnenten wird bis 10 Uhr gewartet, hernach aber wie gewöhnlich, über diejenigen Logen, welche nicht ganz beibehalten worden sind, von der Theater-Kasse disponirt.

Theaterzettel der von Beethoven nicht legitimierten Aufführung am 16. März 1814 in München schmack des jeweiligen Ortes, des jeweiligen Publikums zu treffen, Zufälligkeiten auszuschließen; Wien zum Beispiel: Wenn nur die Musik enthusiasmiert, ist alles andere vergessen. Paris? Da zählt die Schönheit, das Blendwerk, die Draperie. Die Münchner verlangen nichts als Theater, als eingängige Dramaturgie. Das Amsterdamer Publikum dagegen ist kritisch – alles muß stimmen, jedes musikalische *und* technische Detail.

Die hiesigen Kritiker monierten, daß der künstliche Trompeter nur kurze Noten spielt, höchstens Achtel, das reduziere die Täuschung.

Ich sehe dieses Problem und arbeite daran. Längere Töne brauchen größere Walzen. Zur Täuschung gehört auch, keinen friesischen Riesen vor Augen zu führen.

Der Klang der Streichinstrumente des Panharmonikons sei nicht befriedigend zu nennen und die Chronometer »noch vieler Verbesserungen fähig«. Man sagt ihnen eine gewisse Selbstherrlichkeit nach – wie gehen Sie mit solchen Vorwürfen um?

Berechtigte Kritiken sind das Lebenselexier des Künstlers. Sie öffnen und beflügeln die Phantasie.

Unberechtigte?

Wenn sie nicht zu korrigieren sind, bedeuten sie auf die Dauer nicht nur Not, sondern – den Tod. Den sozialen, den geistigen, den physischen Tod.

Da haben es unsere Androiden besser.

Auch sie sind durchaus nicht ohne Empfindlichkeit, Sensibilität. Es reicht nicht aus, ihre Gelenke zu ölen.

Denken Sie an den berühmten Kempelenschen, Ihren Schachspieler? Der verlangt ja wohl wirklich anderes als Öl, um zu funktionieren.

Er steht im Palast seines Besitzers, Eugène Beauharnais, in Milano, wie auch mein erstes großes Panharmonikon. Ich stellte beide dort auf, sie sind nicht mehr in meinem Besitz.

Spielzeuge der Potentaten?

Die Bonapartes schätzen die Kunst und nehmen sich Zeit zu spielen.

Sie scheuten sich nicht, Geschäfte mit Napoleon auf der Höhe seiner Macht zu machen...

Nein.

Und profitieren jetzt von seinen Niederlagen.

Wenn Sie den BRAND VON MOSKAU meinen – ja.

Und Wellington's Sieg?

Ein großartiges Werk, ein großer Gewinn.

Für wen?

Für Beethoven.

Herr Mälzel, lassen wir das zunächst einmal so stehen und kommen auf den Ursprung dieses Werkes – es geht ja in dem Streit Beethoven – Mälzel um die Urheber- und Eigentumsrechte.

Ich befinde mich in keinem Streit, und Beethovens Naturell diesbezüglich ist bekannt. Er flieht in seine Prozesse. Lassen Sie nur ein wenig mehr Raum und vor allem Zeit zwischen uns kommen... Der Krieg hat Beethoven mehr verstört, chaotisiert, als wir begreifen. Privates Unglück versperrt ihm noch dazu den Zugang zu sich und seinem Schaffen. Und dann der tragische rapide Verlust seines wichtigsten Sinnes... Wenn er in Wien war, suchte er öfter die kühle Ruhe, die meine Kunstwerke, dem, der sie spürt, abgeben. Ich maß ihm in dieser Zeit Hörhilfen an – wie Andreas Streicher auch...

Es scheint leichter zu sein, den Schall herauszublasen als hinein.

So ist es. Immerhin – eines der Geräte hat er bei der Konversation in ständigem Gebrauch. Er war nämlich durchaus nicht »verlassen von der ganzen Welt«, wie er seinem Anwalt berichtet. Nun ja, vielleicht fühlte er sich so... Ich arbeite übrigens an einer anderen Hörmaschine für ihn, mit der sein Dirigieren dieser so schmerzlichen Lächerlichkeit entzogen werden wird.

Obwohl ihnen Beethoven die übelsten persönlichen Vorwürfe macht, sie seien »ein roher Mensch, gänzlich ohne Erziehung, ohne Bildung«...

Meine Apparate werden ihn wieder eines Besseren erinnern. Warten Sie eine Zeit, ein paar Jahre... Wir waren ja Freunde. Ich schlug ihm eine gemeinsame Reise vor. Sie sollte ihn ab- und zu sich selbst zurücklenken. Reisen ist sein Traum – und sein Alptraum: verständlicherweise fürchtet er die Fremde, das Fremde – alle Fremden. Und zusammen mit mir wäre es ihm nun einmal leichter gewesen, in ein fremdes Land fremder Sprache zu fahren. Leider fehlte es an den nötigsten Mitteln. Außerdem war sein Bruder krank. Also wartete ich. Dann eröffneten sich mit Wellington's Sieg und der Idee zu einer Schlachtenmusik neue Möglichkeiten.

Wessen Idee?

Nun, keine Schlacht ohne musikalisches Schlachtengemälde. Beethovens Geschenk für das angelsächsische Publikum. Es war nicht schwer, ihn zu überzeugen. Ich hatte ein modernes Stück für das neue Panharmonikon im Sinn, notierte – wie der Geiger Moscheles und Karl Stein wohl gesehen haben – alle fanzösischen und englischen Trommelmärsche, Trompetensignale, schilderte »Rule Britannia«, »Marlborough«, »God save the King« mit allen Effekten und die Laute des

Schlachtengetümmels... Ich erklärte ihm die Beschränkungen und Eigenheiten dieses Orchestrions.

Was er Ihnen bald darauf dezidierte, komponiert »für Herrn Mälzel«, eignete sich dann doch nicht für ein mechanisches Orchester?

Das Einrichten wäre einer Reduktion gleichgekommen, einer Kastrierung. Trotzdem – ich hätte es ohne Schwierigkeiten machen können. Dann hätte ich jetzt meine Walze und meinen Verdienst damit. So aber...

Sie gaben die Partitur zurück?

Ich sah eine ganz andere, viel größere Kunst und Wirkung: Die Verbindung von Raum und Ton – ein akustisches Gemälde. Also verzichtete ich aufs Stechen und schilderte die Schlacht – für großes Orchester. Ferner Kanonendonner... Die Armeen rücken von beiden Seiten heran (Bläser, Märsche). Kanonenschläge (Theaterdonner-Trommeln) und Kleingewehrfeuer (Ratschen), Schlachtgewühl und Schlachtgetümmel, wie das so erwartet wird, stürzende Pferde, schreiende Pferde, Klagen, Schmerzensschreie, Triumphgeschrei... die Verlierer weichen zurück, entfernen sich, schließlich – Stille, Klagen. Endlich das »God save the King«. Ein Konzert wie Theater, ein Kunstwerk – Täuschung der Sinne, man muß den Rauch riechen...

Herr Mälzel, gestatten Sie, hier einzuhaken: all ihre Werke haben mit dieser »Täuschung der Sinne« zu tun. Die Automaten, Dioramen. Der BRAND VON MOSKAU wurde ja hier in Amsterdam hochgelobt.

Das ist richtig. Die Täuschungen der einzelnen Sinne sind ja echte, wahre Eindrücke, denen sich niemand entziehen kann. Erst die Zusammenarbeit der Sinne und das Heranziehen von Erfahrung läßt die Täuschung erkennen, führt zu Ent-täuschung und zu Distanz. Je mehr Sinne nun gleichzeitig durch Täuschung angesprochen werden, desto schwerer fällt der Vergleich mit alter Erfahrung; die Koordination der Sinne verbleibt im Bereich der Illusion. Es gibt keine Enttäuschung, die Distanz ist aufgehoben – solange das Kunstwerk wirkt. Und danach ist die Hochschätzung der Kunst wie des Künstlers um so größer. Nur perfekt konstruierte Täuschung unterscheidet Kunst und Wirklichkeit – bedeutet Kunst. Perfekte Täuschung, das heißt auch – absolute Herausforderung.

Für das Publikum wie für den Künstler. War die Orchestrierung von Wellington's Sieg für Beethoven eine solche Herausforderung?

Beethoven fordert sich total, fordert immer das beste. »Love it or leave it«, sagen die Angelsachsen. Da treffen wir uns. Aber er allein ist fähig, das Beste zu leisten – er ist der Beste. Daß er das auch von andren fordert, ist sein Schicksal. »Fürsten hat es und wird es Tausende geben, Beethoven gibt es nur einen«, das sagt nur er.

Sie verehren ihn?

Er ist der Größte – Die Sonne!

Beethoven – die Sonne. Haydn ist tot. Mälzel? Der Mond? Der Mond steht im Licht der Sonne.

Der Mond reflektiert den Schein. Perfekteste Täuschung. Der Mond – Chronometer des Lebens. Nicht schlecht, das Bild.

Napoleon?

Ein Stern. Ein Komet...

Sonne, Mond, Stern. Konflikte entstehen, wenn sie einander im Licht stehen, einander vom Licht wegnehmen, das wir wahrnehmen sollen. Konflikte entstehen, wenn sich ihre Segmente überschneiden?

Eine mögliche Erklärung.

Beethoven machte sich also an die Orchestrierung der Partitur.

Das Kunstkabinett hatte ich ja – in Erwartung der Reise – schon im Herbst geschlossen, die Kunstwerke verpackt. Im

Vertrauen und in Freude auf das gemeinsame Werk für die gemeinsame Reise wartete ich. Doch jeder Tag bedeutete finanzielle Einbußen. Ich hätte ohne ihn reisen können, meine Werke ernähren mich. Über fünf Wochen hier in Amsterdam zwei Vorstellungen pro Tag beweisen, daß ich sein Werk nicht brauche!

Sie organisierten die Akademien, sprachen alle prominenten Musiker an, mitzuwirken; zwei Wohltätigkeitskonzerte, dachten Sie, würden auch die Konzerte und die Kassen der gemeinsamen folgenden Vorstellungen zum eigenen Besten füllen. Beethoven wirft Ihnen vor, Sie hätten behauptet, auf Wellington's Sieg zu »scheißen«, wenn die Konzerte nur genügend Geld bringen.

Ich brauste auf. Aber... pardon – ich scheiße auf alle Kriegshelden. Beethovens Vaterlandsverehrung ist mir fremd. Und unsere Helden? Sie produzieren nichts als Invaliden und Ruinen. Verflucht! Hat der Mensch nicht einen Anspruch auf Schönheit, Vollkommenheit, Unversehrtheit?... Warum diese musikalischen Schlachtengemälde so einträglich sind? Die dürren wahren *Worte* bedrücken, reichen nicht aus, die Phantasie dem Schrecken zu nähern. Die Musiken aber verkünden immer – den Sieg. Sogar über alle militärischen Niederlagen hinweg – den strahlenden Sieg der Moral und des Heldentums und besonders den der Ästhetik. Diese Schlachtenbilder schaffen es, den Schauer, die unbeschreiblichen, unbekannten Dimensionen des Grauenhaften wie des Erhabenen zu vermitteln... Ein jeder Zuhörer wächst unter ihrem Eindruck über alles Kleinliche hinaus – nicht einer bleibt als Verlierer auf dem Schlachtfeld zurück. Jeder ist Sieger, jeder applaudiert, im Bewußtsein seiner Unschlagbarkeit, sich und dem Urheber der Enthusiasmierung. Victoria! Also gut. Die Konzerte waren ein außerordentlicher Erfolg. Sie begründeten die neue Popularität Beethovens, sein »Fidelio« wird wieder aufgeführt... *Er* hatte nun *keine* Zeit mehr, mit mir zu reisen. Vielleicht kann ich das verstehen. Aber *meine* Zeit drängte, also reiste ich endlich allein.

Aber Sie blieben doch noch bis ins Frühjahr in Wien?

Meinungsverschiedenheiten waren nicht ungewöhnlich, die fürchtete ich nicht. Auch war die Saison allemal herum. Ich hatte auf dem ersten Anschlagzettel vermerkt, die Schlachtenstücke seien mein Eigentum – wovon ich überzeugt war und bin. Beethoven erhob Einwendungen, also schrieb ich: »aus Freundschaft für seine Reise nach London« – meine Reise also. Mein Anteil an der Komposition blieb unerwähnt. Nun gut. Die Zeit ist gerecht. Aber warum ließ er mich noch seine folgenden Konzerte organisieren, von denen ich nichts hatte? mit Madame Milder sprechen, die statt des Trompeters auftreten sollte? Und warum ließ ich mich darauf ein? War es nicht Freundschaft? Wir schieden nicht im Streit. Er war es, der diesen unseligen Prozeß begann.

Es wird Ihnen vorgeworfen, zu Ihren Ungunsten ausgelegt, daß Sie dessen Ergebnis nicht in Wien abwarteten.

Sollte ich noch mehr Zeit verlieren? Man hat nichts als die Zeit! Untätig ein Urteil abwarten, daß auf dem Zorn des Augenblicks aufbaut? Zeitvergeudung, meine Werkstatt war geschlossen...

Ehe man Sie greifen kann, in Wien, München, Paris, Amsterdam, sind Sie schon weiter. Sie scheinen von einer Sache, von einer Stadt zur nächsten zu fliegen! Morgen reisen Sie nach England, Sie sitzen hier auf gepackten Kisten – aber Sie wirken nicht, wie einer der auf Reisen und in Eile ist. Sie drücken, nennen wir es so – Gelassenheit aus.

Ich fange an, überall zu Hause oder nicht zu Hause zu sein. Ich lebe in meinen Werken. Wer in seinen Werken lebt, lebt in *ihrer* Zeit. Das ist sehr einfach, aber nicht leicht zu erklären. Jedes Ding hat *seine* Zeit. Alles hat seine Zeit. Darauf kommt es an: Die Zeit, die den Dingen innewohnt – wie auch die Zeit, in der die Dinge wohnen – zu begreifen und zu akzeptieren. Die Zeit, nicht das Geld.

Zeit und Geld – das ist nicht das gleiche. Dazu die Freiheit, um die – im wahrsten Sinne des Wortes – angemessenen Schlüsse zu ziehen. Das hat etwas – nun, ja – mit Liebe zu tun. Zeitvergeudung, wie auch unwürdige Eile, Hudelei finden dann keinen Raum.

Wie sehen Sie in diesem Zusammenhang ihre ständigen und inzwischen wohl recht erfolgreichen Bemühungen um einen neuen musikalischen Zeitmesser?

Taktmesser. Da ist kein Unterschied. Einem Musikstück, wie jedem Werk, werden wir nur dann gerecht, wenn wir seine innewohnende Zeit erkennen und anerkennen. Die heutigen Artisten-Virtuosen – falsche Leitbilder – stehlen den Stücken, dem Zuhörer, ihre Zeit. Wer sich in ein Haus begibt, ist es nicht so?, kann sich darin nur orientieren oder gar wohlfühlen und das Interieur und seinen Wert wie seine Atmosphäre nur dann wirklich erfassen, wenn er weiß, wieviel Zeit ihm für den Besuch zur Verfügung steht. Nicht dieses Hineinstürzen, Durchfliegen, Rausfallen... Das Tempo, das der Kompositeur seinem Stück gibt, wird wohl das angemessene sein, oder? Zufälligkeit hat hier keinen Platz. Seine Zeitvorstellungen, seine Zeit, in einem einheitlichen, dauerhaften, auch übernationalen Maß weiterzugeben, das ist meine Sorge; über das rein technische Problem haben sich schon genug Andere die Köpfe zerbrochen – Herr Winkel, hier in Amsterdam zum Beispiel; als Mechaniker, übrigens, ein Genie. Er löste alle, wirklich alle, technischen Schwierigkeiten und fand nicht – wie ich – den Schlüssel zum allgemeinen Gebrauch. Ich bot ihm die Möglichkeit unserer Zusammenarbeit an – er ging nicht darauf ein... Unsre heutige Zeit ist dabei, unserm Begreifen davonzulaufen – wir brauchen das rechte Maß!

Zurück zu Ihrer Abreise von Wien vor Ende des Prozesses. In München gaben Sie dann am 16. und 17. März zwei nicht legitimierte Aufführungen. Sie haben die Einnahmen für sich behalten. Können Sie das in irgend einer Weise rechtfertigen?

BY LETTERS   **PATENT**

GRANTED BY THE

SOVEREIGNS OF GREAT BRITAIN, FRANCE, AND AUSTRIA,

AND UNDER THE IMMEDIATE PATRONAGE OF

HIS ROYAL HIGHNESS THE PRINCE REGENT,

THE METRONOME,
Or MUSICAL TIME-KEEPER,

INVENTED BY

JOHN MAELZEL,

Civil Engineer and Mechanician to His Majesty the Emperor of Austria.

The object of this invention is twofold: 1st. It affords to the composers of every country the means of indicating, in a simple and decisive manner, the degree of quickness with which their works are to be executed. 2dly. It accustoms the young practitioner to a correct observance of time, which it beats with unerring precision, and according to any velocity required, during the whole performance.

The necessity of such a guide for the pupil, and of such an universal standard measure for musical time, has been felt for ages; and hence the attempts at musical chronometers have been manifold. But whatever ingenuity may have been exerted with this laudable view, the instruments which hitherto appeared have not been received with sufficient approbation to make their way among the musical world; owing, either to imperfection in construction, too high a price, or too complicated a mechanism. It is for the public to judge whether Mr. Maelzel's labour is free from these or other objections.

The Metronome consists of a portable little obelisk or pyramid, scarcely a foot high, the decorated exterior of which renders it an ornamental piece of furniture. Its interior contains a simple mechanical apparatus, with a scale resembling that of a thermometer. According to what number on this scale the index is set to, the audible beats produced will be found to embrace the whole gradation of musical time, from the slowest *Adagio* to the quickest *Presto*.

The metronomic scale is not borrowed from the measures of length peculiar to any one country, but is *founded on the division of time into minutes*. The minute being thus, as it were, the element of the metronomic scale, its divisions are thereby rendered intelligible and applicable in every country: an *universal standard measure for musical time* is thus obtained, and its correctness may be proved at all times by comparison with a stop-watch.

Every one of the celebrated Composers and Professors to whom Mr. M. has yet had an opportunity of submitting the Metronome, has expressed his unqualified approbation of the invention, and declared its adequacy to accomplish the two objects above-mentioned. Among the names of the distinguished musical characters that have sanctioned and patronised the invention, are the following:

In LONDON, Messrs. *Attwood, Ayrton, Bishop, Braham, Clementi, I. B. Cramer, Dizi, Graeff, Greatorex, Griffin, Kalkbrenner, Klengel, Latour, Mazzinghi, Ries, W. Shield, Viotti, Samuel Webbe, Samuel Wesley*, &c.

In PARIS, Messrs. *Berton, Boyeldieu, Catel, Cherubini, Kreutzer, Le Sueur, Mehul, Nicolo, Paer, Pleyel, Spontini*, &c.

In VIENNA, Messrs. *Beethoven, Gelinek, Gyrowetz, Hummel, Moscheles, Salieri, Weigl*, &c.

All the above gentlemen have pledged themselves formally to mark their future compositions according to the scale of Mr. Maelzel's Metronome, thereby avoiding all possibility of dispute as to the quickness of the movements. Their declarations in writing to that effect are lodged with Mr. Maelzel, and some recent publications, marked accordingly, are already before the public.

A manufactory of these instruments is established in London, another in Paris, and depôts of them are forming in the principal cities on the Continent.

To be had, with Directions for its use, at the Manufactory, No. 50, Berwick-street, Soho; of Messrs. Clementi and Co. No. 26, Cheapside; Messrs. Chappell and Co. No. 124, New Bond-street; and Messrs. Goulding and Co. Soho-square.

Price THREE GUINEAS—(highly decorated, *Five Guineas*).

L. Harrison, Printer, 373, Strand

Metronom-Reklame, London, um 1817

Rechtfertigen? Ich fühlte mich durchaus legitimiert! Allerdings fehlte den Konzerten leider alles: Die Musiker Münchens sind nicht die von Wien. Für die großen Wiener war das Ganze nämlich auch ein Mordsspaß, ein Riesenspektakel, ein wirkliches Spiel. Deshalb – nur deshalb, bringe ich das Stück nicht mehr zur Aufführung.

»Glaubwürdige Menschen«, schreibt Beethoven seinem Advokaten, hätten erzählt, daß Sie, Mälzel, »überall ausgesprengt« hätten, Beethoven schulde Ihnen 400 Dukaten in Gold.

50 Golddukaten waren es, nicht mehr, die ich Beethoven geliehen hatte. Die gab er nach einer der ersten Vorstellungen an mich zurück. Wenn ich nun allerdings den Verzicht der Nutzung für das Panharmonikon, das nicht vorhersehbare Verweilen in Wien, den Verlust der besten Saison, den verlorenen Anteil an den Konzerten, die Kosten für die Hörmaschinen addiere, dann wären diese 400 Dukaten in Gold, abgegolten durch die Aufführungserlaubnis, nicht mehr als recht und billig.

Sie seien, schreibt Beethoven, auch wenn Sie anderes vorschieben würden, allein wegen einer sogenannten »Stückwehr«, deren Fertigstellung ausstand, in Wien geblieben.

Die Erstickungswehr?! Ach, warum sagt er das? Glaubt er's? Daran könnte ich überall, jederzeit unterwegs weiterarbeiten. Ein Schutz vor Rauchvergiftungen bei Schwel- und Kellerbränden. Eine Idee – Kind des Krieges. Das war eine Möglichkeit weiterzuarbeiten, da doch die Werkstatt ...

Sie kennen Beethovens Aufforderung an die Tonkünstler zu London: »Eine von Herrn Maelzel veranstaltete Aufführung der Schlacht von Vittoria und der Siegessinfonie dort nicht zu dulden und zu verhindern, daß das Londoner Publicum auf die gerügte Weise von ihm hintergangen werde«? Sie wissen, daß Beethoven das Werk dem englischen Prinzregenten zu-

Mälzels Erstickungswehr zum »Gebrauche bey Kellerfeuern«, 1814

geeignet und damit für jede fremde Aufführung blockiert hat?

Sie können mir zugestehen, daß ich genug Erfahrung und Gefühl besitze, um einzuschätzen, was machbar und wirksam ist. Auf die Idee, die »Schlacht« in London ohne Beethoven aufzuführen, wäre ich nie verfallen. Ich, Mälzel, habe in London noch keinen Namen.

Das wird sich gewiß bald ändern.

Ich lade Sie nach meiner Rückkehr an diesem Ort zu einem Glas »claret« ein.

Herr Mälzel, wir wünschen Ihnen eine erfolgreiche Reise und danken Ihnen für das lange Gespräch.

In Wien findet unterdessen die Konferenz der hohen Diplomatie statt, die als *Wiener Kongress* Europa auf alte Weise neu ordnet, restauriert. Metternich, Präsident der Versammlung: »Die Völker sollen ruhig bleiben, und die alten angestammten Herren sollen regieren.« Der Kongress tanzt. Daß Johann Nepomuk Mälzel nicht dabei ist, ist kaum zu glauben und wird von einigen Lexika negiert: »Während des Wiener Kongresses war M. Unterhaltungsunternehmer.«[9] Es ist aber der Bruder Leonhard, der mit seinem Orpheus-Harmonikon, einem gefühlvollen Tasteninstrument, die Gäste zum Staunen und Zahlen bringt. Von nun an ist Leonhard der wichtigere Mälzel in Wien. Über Johann Nepomuks damaligen Aufenthalt in England gibt es wenig Nachricht. 1815 ist er kurz in Amsterdam. Im Jahr darauf, 1816, läßt er in Paris das »Metronom« patentieren. Ende 1817 kehrt er dann als Eigentümer einer Londoner und der Pariser Metronomfabrik »Maelzel & Cie« nach Wien zurück, mit einem Taktgeber, der Beethoven überzeugt: »Mälzels Metronom ist da!«[10] Wir kommen noch darauf.

Der leidige Rechtsstreit um Wellington's Sieg wird im gegenseitigen Einverständnis beigelegt, jeder übernimmt die Hälfte der Gerichtskosten. Wiedersehen, Versöhnung und erneuter Abschied werden – laut Beethoven-Adlatus und -Biograph Anton Schindler – mit einem Kanon nach dem Motiv zum zweiten Satz der achten Sinfonie gefeiert: »es war doch ein sehr lustiger Abend, als wir diesen Canon im Camehl sangen. Mälzel den Baß – [...] ich glaub, daß es Ende Dec: 1817 war«.

So ist sieben Jahre später die Erinnerung daran im 60. »Konversationsheft« Ende März 1824 des inzwischen fast tauben Beethoven zu lesen.[11] Im alten Weinlokal »Kamel« also sollen sie in fröhlicher Runde gesungen haben: »Ta ta ta ta ta [...] lieber, lieber Mälzel, ta ta [...], leben Sie wohl, sehr wohl, ta ta ta [...] Banner der Zeit, ta ta ta ta [...] grosser Metronom, grosser Metronom, ta ta ta ta ta.«[12]

Daß nun aber die neuere Forschung sowohl den Eintrag in dem Konversationsheft als auch den Kanon selbst als spätere Fälschung Schindlers überzeugend und fast kriminalistisch nachweist[13], ist im Zusammenhang mit Johann Nepomuk Mälzel komisch genug: Schindler, der auf Mälzel nie gut zu sprechen war, kein gutes Haar an ihm ließ, benutzt den vermeintlichen Betrüger, um zu betrügen. Mit der Erfindung des Kanons und der Metronomangabe $\text{\textorfeighth} = 72$ wollte er im Streit um die nach seiner Auffassung zu schnellen Tempi »sich selbst dokumentarische Autorität verleihen«[14]; ein Autograph des Kanons wurde nie gefunden. Hätte Mälzel den Kanon gekannt – er hätte gewiß nicht gezögert, ihn lauthals Reklame singen zu lassen: Lieber Mälzel, Banner der Zeit! Dieses allerdings mag Beethovens »mehrsinnige Wendung«[15] gewesen sein: Banner der Zeit. Gab es eine bessere Benennung, eine bessere Werbung?

Nun, Fälschung, Unterschiebung, Nachkonstruktion hin oder her, auf jeden Fall befand man sich wieder froh und im Einklang; diese Aussage mag keine Täuschung sein. Und gerade so *hätte* man ja singen können... Hören wir Mälzel lachen? Also, die Stimme klang tief, war in der Baßlage angesiedelt. Eine der wenigen Auskünfte über seine persönlichen Merkmale verdanken wir diesem Herrn Schindler. So hören wir Johann Nepomuk Mälzel von Wien Abschied nehmen. Auch seine zweite Heimat, jetzt die Stadt Metternichs, Zentrum der Restauration, war ihm zu eng geworden. Amerika! Nirgendwo so oft wie hier hat er diesen sehnsuchts- und hoffnungsvollen Seufzer gehört: Amerika! Und an den Nachbartischen zückten sofort die Spitzel die gespitzten Bleistifte.

28. Dezember 1817, Beethoven an Nanette Streicher: »Vorgestern hatte ich mit Maelzel, der sehr pressiert ist, da er bald von hier abreist, zu tun...«.[16]

Mälzel in Eile? Herr Mälzel ist rehabilitiert. Als Geschäftsmann ebenso anerkannt und erfolgreich wie als Erfinder. Besitzer zweier Fabriken. Keine Zeit mehr, auf die Dinge einzugehen, Zeit ist Geld.

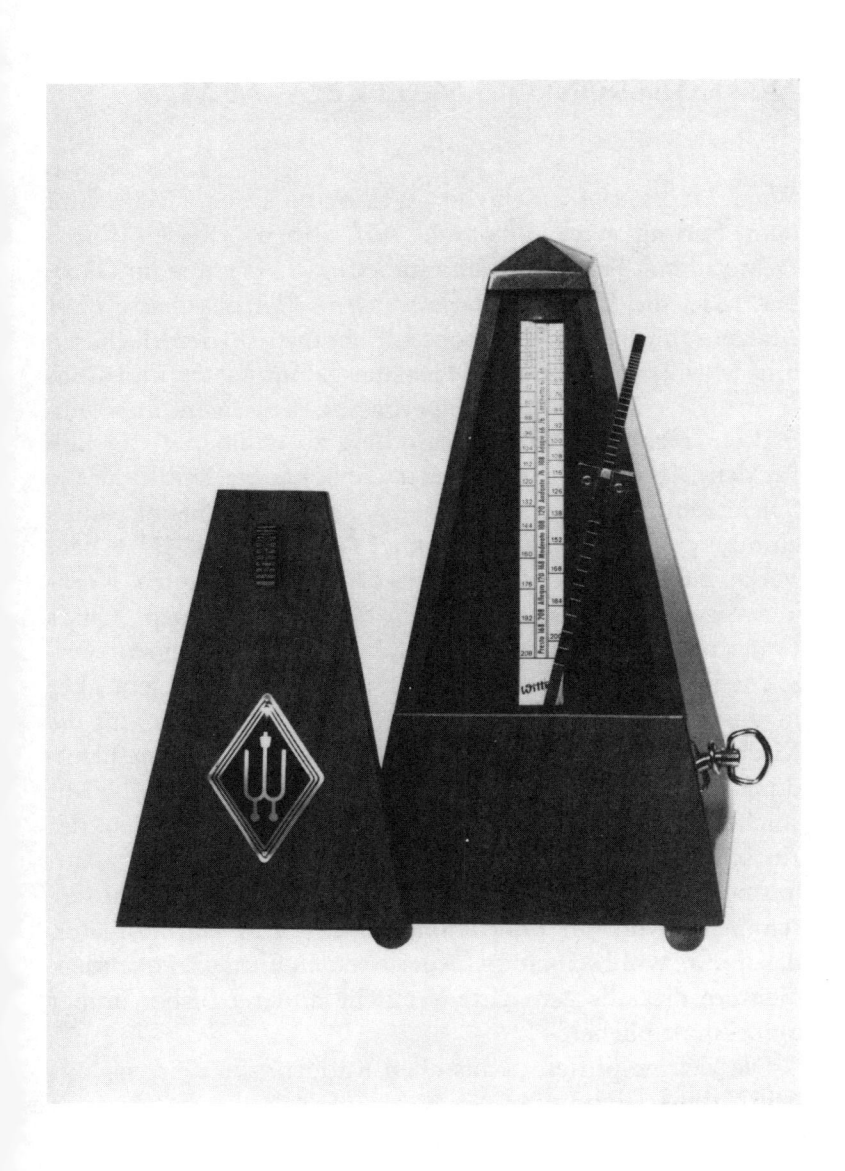

Modernes Metronom

IX. Metronome Maelzel – M M

Wien, Herbst 1813, Zeit von »Wellington's Sieg«, Mälzel auf dem Sprung nach England. Auf seinen »Reisen durch Deutschland, Frankreich und Italien«, so berichten im Oktober 1813 die *Wiener Vaterländischen Blätter* – hatte Herr Mälzel »zufolge seiner erprobten Kenntnisse in der Mechanik und Musik, von den angesehensten Componisten und Conservatorien die Aufforderung erhalten, sein Talent auch einmal einer gemeinnützigen Erfindung zu widmen.«[1] Im Lob für den Mechaniker hier wieder die bekannte Kritik: all die Spielereien – schön und gut – ... wo indes bleibt »auch einmal« das Nützliche, Praktische? Öfter kommt Mälzel dem Verlangen entgegen: die Prothesen, fahrbare Mühlen, Krankenwagen, die Erstickungswehr (deren Gebrauch Kaiser Franz für die österreichischen Länder 1815 allgemein vorschrieb) – nun ein *Chronometer*. Seine eigentliche Liebe aber mag ihm vorzeiten mit dem Orgelentwurf des Vaters für die Kirche von Altheim ins Herz gesetzt worden sein: eine Erfindung, die sich als »zu groß und nicht nötig« darstellt. Mit solchen »groß-artigen« Werken Anerkennung zu finden, der Zurschaustellung gewaltiger geballter Nutzlosigkeit, Panharmonium, Diorama, das war und blieb nach seinem Geschmack. Nun ein praktikables, genormtes Chronometer, das mußte wohl sein, man forderte seinen Ehrgeiz, »nachdem mehrere diesfalls gemachte Versuche anderer bisher immer mangelhaft blieben«[2].

Die Zeisige pfiffen es aus allen Käfigen: die Zeit war aus dem Takt geraten.

Was die Zeisige projezierten, war eine dem Lauf der Zeit adäquate Misere der Tonproduktion. Wie hätte es auch anders sein können? Die Walzen der Vogelorgeln, der Serinetten, mit deren Klang den Käfigvöglein die klassischen Gesangsstückchen, die *airs* eingedudelt wurden, drehte man offensichtlich hier anders als dort, in Paris viel schneller als in Wien, in Wien geschwinder als in München, in München eiliger als in Quiquendone. Quiquendone? Eine mögliche Kleinstadt im Flandrischen, in deren (musikalisches) Leben uns Jules Verne in seiner Erzählung »Doctor Ox« einführt:

»Es wurde so ziemlich Alles auf dem [...] Theater gegeben, mit Vorliebe aber Oper und besonders komische Oper. Hierbei muß jedoch bemerkt werden, daß die Componisten nie ihr Werk wieder erkannt hätten, so sehr wichen Musik und Handlung von dem ursprünglichen Sinn ab. [...] Die Vivaces wurden in einem Tempo wie Adagios genommen, die Allegros beeilten sich kaum mehr, und die Vierundsechzigstel=Noten wurden so langsam gespielt, wie etwa ganze Noten in anderen Ländern. Die schnellsten, im Geschmack der Quiquendonianer ausgeführten Läufe verstiegen sich bis zum Rhythmus des Kirchengesangs. Die Triller erschlafften und wurden abgezirkelt, um das Ohr der Dilettanten nicht zu verletzen. Die Art und Weise dieser Musikaufführungen recht klar zu machen, möge folgendes Beispiel dienen: Die schnelle Melodie des Figaro bei seinem Erscheinen im ersten Act des Barbiers von Sevilla wurde nach No. 33 des Metronoms regulirt und dauerte volle achtundfünfzig Minuten, wenn nämlich der Schauspieler die gehörige Routine hatte.

Begreiflicher Weise mußten die von auswärts kommenden Künstler sich dieser Methode anbequemen; da man sie indessen gut honorirte, wurde keine Klage laut, und sie folgten genau dem Bogen des Musikdirectors, der nie mehr als acht Taktschläge in der Minute ausführte.«[3]

Stellen wir uns Mälzel (bei einer Unterbrechung der schnellen Reise von oder nach London, nach oder von Paris) unter den Zuhörern vor. Sein frisches Gesicht verbirgt weniger ein Gähnen als erstauntes *amusement*. Die Ungleichzeitigkeit! Seine Fußspitze markiert den Takt... Unglaublich! Jede Schnecke sänge temporöser!

Ein Quiquendonianer in Wien – in Paris gar – seine Sinne, sein Verstand, würden ins Schleudern geraten, unaufhaltsam... Allein die Reise mit dem Eilwagen! Napoleons Straßen machen es möglich; rasende Geschwindigkeit, daß einem Hören und Sehen vergehen; nicht mehr als fünf Minuten für die Pferdewechsel an den Stationen; fünfzehn Minuten an den Knotenpunkten; mit der Ankunft werden die bereits fertigen dampfenden Speisen eilig serviert; Kondukteure mit Kursuhr und Stundenbuch wachen streng über die minutiöse Einhaltung des Fahrplans. Die Schnelligkeit verwischt die Eindrücke wie in einem Traum... Und das *vor* Verbreitung der Eisenbahn!

Die Zeit ist außer Atem geraten. Nicht Puls, Herzschlag, nicht der Schritt zählen nunmehr die Zeit. Das Rotieren der Zahnräder, der Treibriemen, das Stampfen der Maschinen, bestimmen den Rhythmus; nicht länger zählen die Zyklen der Tages-, der Jahres-, der Lebenszeit. Die Metropolen galoppieren aufeinander zu. Dazwischen ist Niemandsland. In den Städten macht das Gaslicht die Nacht zum Tag. Tagüber nachtunter nachtüber tagunter – wer hat den längeren Atem, wer hat den längeren Arm. In den Städten liegt das Geld. Hier ruft nicht die Turmuhr zum sammelnden Gebet, hier lockt die Sirene: hier kannst du verkaufen, was du hast – deine Zeit, deine Kraft, sogar deinen Schatten – hier gibt's keine Sonne... es bleibt – genug Hast für schnelle Belustigung. Das Proletariat wächst; die Arbeitssuchenden erheben das Bürgertum in die Potenz. Es substrahiert die Investitionen für die Produktionsmittel von den Investitionen für gekaufte fremde Zeit und Arbeitskraft. Was herauskommt, ist Profit. Profit zu verwalten, kostet Zeit. Das Proletariat zu verwalten, kostet Zeit. Profit und Proletariat gewinnbringend anzulegen, kosten Zeit. Zeit ist Geld. Geld ist Zeit. Zeit zu haben, das ist ein Privileg des Hofes, des Adels, aber der Adel rechnet nicht, zählt nicht mehr, spielt nurmehr seine Rolle. Dem Bürger ist jeder Müßiggang verpönt. So, im Verbot des Müßiggehens, nimmt das Laster seinen Anfang. Es bleibt nur Hast genug für schnelles Vergnügen. Im Prater und auf dem Oktoberfest, in den engen Gängen und den Gärten des Palais Royal, im Hyde-Park – hier wachsen die flüchtigen Vergnügungen schichtenumarmend zusammen, für einen Augenblick, einen Blick... Man verlustiert sich, vertreibt die inhaltsleere Zeit, zerstreut sich, sucht die Sonne, den Schatten, sich. Es ist zu spät.

»Zu spät« fordert Hast, verlangt Eile, also rennt man der Zeit, dem Leben nach, erfindet Uhren, die geben Zehntelsekunden an. Das *Andante* das Gehen, kommt ins Hetzen. So hat die Musik ihr natürliches Maß verloren, scheint sich in ungeheurem Tempo selbst überholen zu wollen. Daß in seinem Stück »das Andante allegro und das Rondo wahrlich prestißißimo« – »herabgedudelt« wurde, beklagt Wolfgang Amadeus Mozart heftig und bitter. (»Ist es aber schön?«)[4]

Der Ruf nach einem Chronometer, einem musikalischen Zeitmesser mußte unüberhörbar laut werden. Nein, es ist kein Zufall, daß es gerade Mälzel gelingt, ihn zu beantworten, daß gerade er es vermag, »mit dem kürzlich aufgestellten Modelle vorerst die vollkommene Befriedigung der ersten Tonsetzer Wiens zu erreichen, der bald die Anerkennung aller Übrigen [...] nachfolgen soll. Das Modell hat die verschiedenartigsten Versuche, welche die Componisten Salieri, Beethoven, Weigl, Gyrowetz und Hummel damit machten, genau bestanden«[5]. Die durchgehenden Gäule Adagio, Allegro, Presto, so hofft man, würden nun bald wieder an die Kandare geraten: »Herr Beethoven begreift diese Erfindung als ein willkommenes Mittel, seinen genialen Compositionen aller Orten die Ausführung in dem ihnen zugedachten Zeitmaß, das er so häufig verfehlt bedauert, zu verschaffen.«[6]

Das *Modell* des Chronometers ist also vorhanden, nun erwarten die Musikfreunde nach der AMZ vom Dezember 1813, daß es in Serie geht, um es der »Bestimmung gemäß alsdann zu gebrauchen, wenn Hr. *Mälzel* während eines Aufenthalts zu London, wohin er in wenigen Tagen eine Kunstreise unternimmt, für die Verfertigung einer, dem allgemeinen Gebrauch angemessenen Anzahl von diesen *Chronometern* gesorgt und die Verfügung getroffen haben wird, das dieselben binnen längstens einem Jahr in den Hauptstädten

Wien, London, Paris, Mayland, Berlin und Petersburg, in besonderen Verlagen um den billigsten Preis zu haben sind.«[7]
England, London – Eldorado der Technik.

Hier hatte Mälzels Freund Friedrich König die Zylinderdruckmaschine, die erste Schnellpresse, erfunden, weltverändernd wie die Eisenbahn, arbeitsplatzfressend wie die mechanischen Webstühle. Sogar Klaviere wurden in England mit Dampfkraft gebaut. Bald hatten die von der Stadt angezogenen Massen mehr Zeit als sie verkaufen konnten, noch billiger wurde ihr Preis. Ihre erworbene Geschicklichkeit zu so günstigen Bedingungen – wo sonst als hier, in England, in London, sollte Mälzels Chronometer, ein Präzisionsgerät, in Serie gehen.

Friedrich König (1774–1833), geboren in Eisleben, genialer Erfinder, hatte seinen Weg als Setzer und Druckerlehrling bei der ehrwürdigen uns bekannten Firma Breitkopf (& Härtel) in Leipzig begonnen.[8] Bei seinen vergeblichen Versuchen, Finanziers von seiner Idee, einer verbesserten Buchdruckpresse, zu überzeugen, war er durch Europa gereist und mag in Wien auf den fast gleichaltrigen ebenso besessenen Erfinder Mälzel gestoßen sein. König hatte in England – gegen alle Urheberstreitigkeiten (der Gedanke, eine Zylinderdruckmaschine zu bauen, lag in der Zeit und Luft wie der an ein Chronometer) – seine Patente bald erhalten. Nun kam ihrem Einsatz die Erfindung einer Papiermaschine entgegen, die der Druckgeschwindigkeit entsprechend gegenüber den handgeschöpften 60–100 Pfund Papier täglich 1000 Pfund liefern konnte. Im März 1813 hatte nun der Inhaber der *Times*, Mr. John Walter jr., zwei verbesserte Doppeldruckmaschinen gekauft, mit einem bis ins Kleinste ausgeklügelten Gesellschaftervertrag.

Als Mälzel nun, im November 1814, in die White-Cross-Street, Königs Werkstatt, kam, herrschte höchste Anspannung. In wenigen Tagen sollten die Maschinen anlaufen. Um sich vor Betriebsspionage zu schützen, hatte man die dreiundzwanzig Arbeiter zu Beginn der Arbeit bei 100 Pfund Vertragsstrafe notariell an eine absolute Schweigepflicht über ihre Arbeit gebunden. Königs Freund und Teilhaber, Andreas Friedrich Bauer (1783–1860) war verpflichtet, vom Tag der Arbeitsaufnahme an (Frühjahr 1813) bis zu Endmontage die Werkstatt nicht zu verlassen und zwei Arbeiter fachspezifisch auszubilden. Jetzt sollte sich entscheiden, ob der Einsatz sich gelohnt hatte. In einem besonderen bewachten Raum im Gebäude der *Times*, dessen Zutritt jedem Betriebsangehörigen untersagt war, standen die zwei Antriebs-Dampfmaschinen à zwei PS schon betriebsfertig. Hierhin waren seit Monaten unter streng geheimen Vorkehrungen die jeweils fertigen Maschinenteile gebracht worden. Sie wurden sofort montiert. Die Probedrucke verliefen nun zufriedenstellend. Ein Riesenautomat, der Unmengen Papier schluckte und fertige Zeitungen ausspuckte und den Menschen überflüssig machte. Die Maschine macht uns brotlos! Die Drucker und Setzer fanden sich am Tag vor der Inbetriebnahme, am 18.11.1814, zusammen. Zerschlagt die Maschine! Stürmt sie! Haut sie kurz und klein! ... Ruhe! rief einer: Edmund, Peter, du, Jack, und ich – wir sind für das Andrucken auserwählt. Nichts als ein freundliches, geehrtes, dankbares Gesicht und etwas zuviel Farbe und beiläufig etwas Sand ins Getriebe ...

Auf Maschinenstürmen steht die Todesstrafe.

Nein, so wird da verkündet, heute werde das mit der neuen Arbeit nichts mehr, das Andrucken verzögere sich – man erwarte wichtige Nachrichten vom Kontinent, schließlich sei zu demonstrieren, daß der schnellere Druck schnellere Informationen garantiere. Die Arbeiter sollten nur ruhig nach Hause gehen, um morgen in aller Frühe frisch und munter mit der neuen Arbeit zu beginnen. Ach, Peter, Edmund, Jack und du, kluger Saboteur!

»Um sechs Uhr morgens am 29.11.1814 trat John Walter jr. mit einem Exemplar der bereits ausgedruckten Zeitung in der Hand in die Druckerei und verkündete seinem Betriebspersonal:

›The Times is already printed – by steam!‹

Er forderte sein Personal auf, Ruhe zu bewahren, da er jeden Versuch, den Betriebsfrieden zu stören, rücksichtslos unterdrücken werde. Er versprach jedem, den er in seiner Druckerei nicht mehr beschäftigen könne, die Fortzahlung des Lohnes, bis die Entlassenen eine entsprechende Beschäftigung anderswo gefunden hätten. Jede Zusammenrottung zu Aufruhr wäre sinnlos.«[9]

Mälzel hat die Lektion begriffen. Sofort beginnt er mit der Produktion des Chronometers. Adresse: Berwick-Street No. 50. Nichts als Fabrikant will er sein, nichts als Geschäftsmann; reich werden will er, Zeit für Geld kaufen, verkaufen, kapitalisieren. So beginnt er die Aufgabe mit der eigenen besessenen Absolutheit und Konsequenz. Panharmonicon, Trompeter, der BRAND VON MOSKAU, wie seine Liebe zu ihnen, sind für Jahre in Kisten verpackt.

Es ist – hier in London – die Zeit aller Möglichkeiten. Auf den Gesichtern der Betuchten glänzt das puritanische Bewußtsein ihrer Gott- wie Selbstgefälligkeit – während die Augen flink auf der Suche sind nach neuem Vorteil; sie nehmen die Armut nicht wahr, die verbirgt sich am Tage, bricht nachts hervor: Trunk, Spiel, Fluch, Laster, Haß, Verbrechen locken und verführen, um Vergessen zu finden, Bewußtlosigkeit, Betäubung, Befriedigung. Tagüber nachtunter nachtüber tagunter. Mälzel in London. »Gold ist ein Talisman, der die tollsten Wünsche in Erfüllung zaubert«, beschreibt Heinrich Heine diese Stadt. Zahllose Magazine sind voll von Ratschlägen, wie man nicht nur zu etwas, sondern zu viel kommt. »Die Kunst reich zu werden« und »Anwendung der Zeit in unseren Tagen«: Sparsamkeit, Geschicklichkeit, Fleiß, Ordnungsliebe. Alles zur rechten Zeit und an der rechten Stelle. Man vermeide Üppigkeit und Verschwendung. Luxus stürzt ins Verderben und blendet nur die Kurzsichtigen. Man lasse keine Zeit ungebraucht verstreichen, gewöhne sich frühzeitig an den Gedanken, daß das Leben von der Wiege bis zum Grabe eine Erziehungs- und Prüfungsschule ist. Die Zeit ist der Stoff, aus dem unser Leben gewebt ist;

will man nicht unterliegen, so muß man die Zeit mit Einsicht benutzen. Wer früher aufsteht als der andere, gewinnt an Gesundheit wie an Glück. Eine Stunde früher als sonst das Bett verlassen, heißt jährlich 15 Tage und fünf Stunden gewinnen. Sind das Arbeitstage, so setzen wir uns vor den Langschläfer in großen Vorteil. Die Zeit ist zur Arbeit da. Wer jede Stunde weise nutzt, der gewinnt an Wohlstand wie an Zufriedenheit. Der Mensch ist weder zum Glück noch zum Unglück geboren... Deshalb für die andere Seite, für die, die's nicht geschafft haben, all die Traktate über die Zufriedenheit!

Ta, ta, ta, ta. Das Metronom läßt keine Stille zu. Tack – Tack – Tack – Tack. Niemand muß nun noch Zeit im Kampf um das rechte Taktmaß vertun, auf der Suche nach der Zeit, im Hineinhören in ein Stück, Zeit verlieren. Lieber, lieber Mälzel, Banner der Zeit!

Ab 1815 benutzt Mälzel die Bezeichnung »Metronom« (zu griechisch *metron* »Maß« + *nomos* »Gesetz«, »Anteil« – *nomos*, das war auch das Gesetzesgerüst der altgriechischen Musik). Mälzel also ist allgemein als Erfinder zumindest dieser Benennung anerkannt – wenn auch möglicherweise die Taktzählscheibe fürs Walzenzeichen schon »Metronom« genannt worden war (vgl. S. 73).

Wir stellen die Entstehungsgeschichte des Metronoms vor, wie sie die Beschreibung »Kurze Abhandlung über den Metronom von Mälzl und dessen Anwendung als Tempobezeichnung sowohl als bei dem Unterricht in der Musik«[10] aus Fétis »la musique à la partée de tout le monde« wiedergibt. Es zeigt sich, daß das Metronom das Produkt einer Summe der Ideen einer Zeit ist. *Ein* Name aber taucht hierin nicht auf, der erscheinen müßte: Diederich Nikolaus Winkel, Sohn eines Uhrmachers, geboren 1777 im westfälischen Lippstadt, gestorben 1826 in Amsterdam. Mälzel hatte ihn, wie wir wissen, in Amsterdam öfter aufgesucht. Unbestritten hat Winkel die *Mechanik* seines Chronometers so weit entwickelt (durch sein neues, starres Doppelpendel, zweiseitig belastet, mit verschiebbarem Gewicht), wie Mälzel es dann in *Mälzels Metronom* 1816 in Paris patentieren ließ. Betriebsspionage? Skrupelloser Plagiatismus? Wir werden sehen. Die *eine* neue geniale Idee hatte nur Mälzel: als Norm nicht irgend ein Längenmaß des Pendels zu setzen, sondern das musikeigene Maß, die *Zeit*.[11]

Zu erkennen, zu produzieren und zu propagieren, was die Stunde, die *Minute*, zu schlagen hat, das ist Mälzels Verdienst. Wieder ein Endspiel, das er zu gewinnen wußte:

»Vormals waren die Instrumental-Compositionen der berühmtesten Tonsetzer mit Namen von bekannten Tänzen überschrieben, z. B. *Allemande, Courante, Sarabande, Gigue* etc., nicht als ob sie den Charakter dieser Tänze gehabt hätten, sondern der damit verwandten Taktbewegung halben. Da diese nun damals allgemein bekannt war, konnte diese Bezeichnung genügen. Seitdem aber diese Tanzarten ausser Gebrauch gekommen sind, wurden andere Bezeichnungen gewählt, und italienische Wörter dazu angewendet. Wie schwankend sind aber diese Bezeichnungen gleichwohl? welcher Unterschied findet nicht zwischen Allegro und der Bewegung jedes anderen darin abweichenden Allegro, ebenso zwischen Adagio und Adagio statt. Diese Unsicherheit veranlasst, dass der Gedanke des Autors verfehlt, und jeder die Musik Ausübende seinen besondern ihm eigenthümlichen Charakter in ein und dasselbe Stück hineintragen wird. Diese Mangelhaftigkeit ist zwar schon längst gefühlt, aber erst seit kurzem beseitigt worden. Gegen das Ende des 17. Jahrhunderts bemühten sich mehrere französische Musiker und Mechaniker eine Maschine zu erfinden, die dem Zweck einer genauen Bestimmung des Tempo in der Musik entspräche.

Unter diesen verdienen genannt zu werden im Jahr 1698 der Musikus LOULIÉ, welcher seiner Erfindung den Namen *chronomètre* (Zeitmesser) gab. Um die nämliche Zeit LAFILLARD, Mitglied der königlichen Kapelle; später HARRISON, berühmt durch die von ihm verfertigten Seeuhren. Dieser erfand eine Mechanik, die ihrem Zweck entsprochen zu haben scheint, des hohen Preises halben aber keine allgemeine Verbreitung zuliess. Im Jahr 1782 erfand DUCLOS, Uhrmacher in Paris, eine Maschine (*rythmomètre*), die den Beifall ausgezeichneter Musiker erhielt. Dann PELLETIER, Musikus, ferner im J. 1784 RENAUDIN, Uhrmacher in Paris. [...] DESPREAUX, Prof. am Conservatorium, brachte einen Pendel von Seide mit daran hängendem Gewicht in Vorschlag, dessen grössere oder kleinere Verkürzung, nach bekannten physischen Gesetzen durch seine Schwingungen den Grad der Bewegung anzeigte.

Schon früher hatten deutsche Musiker Chronometer dieser letzteren Gattung empfohlen, die zwar einfach und mit geringen Kosten verbunden waren, jedoch den Fehler hatten, den Takt dem Ohre nicht fühlbar zu machen.

Endlich hat MÄLZL durch Erfindung des Metronomen allen möglichen Anforderungen entsprochen. Seine Maschine macht durch die Schwingungen eines Pendels den Takt zugleich hörbar. Er nahm dabei die Dauer einer Minute als Einheit an, mittelst deren Unterabtheilungen sich alle Schattirungen des Tempo von der langsamsten zu der schnellsten Bewegung darstellen lassen, je nachdem der Componist jede einzelne Schwingung des Pendels als Dauer einer ganzen, halben, viertheil, achttheil etc. Note gedacht wissen will. Der Metronom stellt das System des musikalischen Zeitmaases im Ganzen und in seinen Theilen dar.«[12]

Banner der Zeit, Mann der Zeit. Noch kein Vierteljahr ist Mälzel in London, da verkündet am 1. Februar 1815 die AMZ:

»Notizen. Der in diesen und auch anderen Blättern oft zur Sprache gebrachte *Taktmesser* des rühmlich bekannten Mechanikers, Hrn. Mälzel, in *Wien* ist nun in London gefertigt, und (so viel wir wissen um 2 Louisd'or,) bey dem Erfinder und dessen Commissionairen schon jetzt, oder auch bald zu kaufen.«[13]

Resonanz und Nachfrage sind so beträchtlich, daß Mälzel

auch in Paris bald eine Manufaktur eröffnet: *Maelzel & Cie.* Bald aber tritt ein Artikel von Gottfried Weber zwischen Mälzel und den Erfolg: »Über die jetzt bevorstehende wirkliche Einführung des Taktmessers.«[14] Gottfried Weber war als neidischer Quertreiber verschrien. Als er in der Zeitschrift *Caecilia* »Wellington's Sieg« verrissen hatte, hatte Beethoven an den Zeitungsrand geschrieben: »Ach du erbärmlicher Schuft, was ich scheiße, ist besser als was Du je gedacht.«[15] ... Trotzdem ist Beethoven nun von Webers Vorschlägen angetan. Was Weber behauptet, und Beethoven gefällt, muß Mälzel die Galle hochbringen. Der Mensch lobt seine Erfindung zuerst, stellt sie dann als unpraktisch und zu teuer dar und bietet selbst als ideale Lösung nichts als das alte unsichere Fadenpendel, da Mälzel »das wichtigste nicht angewendet, das *Zollmass*, was nur allein überall bekannt ist, und allgemeine Verständlichkeit gewährt«. Noch nach Jahren wird Weber dem Metronom das Fadenpendel entgegenhalten. Nun ist freilich ein Pendel, »d.h. bloß irgendein kleines Gewicht, z.B. eine Bleikugel an einem Faden aufgehängt, dessen Schläge dann je nach seiner Länge dem Taktieren entsprechen« gewiß wohlfeil und überall zur Hand – aber das Maß!

Die Schläge sollen, schreibt Weber, so geschwind erfolgen, wie »ein Pendel von der correspondierenden Anzahl rheinischer Zoll schwingt«. Rheinischer, Pariser, Wiener, Nürnberger Zoll... – sie divergierten um Zentimeter. Welche Verirrung! Welche Verwirrung! Weber hat offensichtlich nicht begreifen können, was Mälzels Idee aus- und groß macht, nämlich der Bezug auf eine international geltende Einheit, die *Zeit*einheit, die Minute. Das Maß, das der Musik innewohnt. Mälzel schreibt in einem Brief an Breitkopf & Härtel, daß Herr Weber in Mannheim ihn in seiner »›eigenen Idee nicht irre gemacht‹« habe. Einer der Redakteure, »›der aber zugleich ein Musik= und Mathematick=Verständiger seyn müßte‹«, möge in der AMZ ein unparteiisches Urteil abgeben; er, Mälzel, sei bereit, seine Fehler zu verbessern.[16] Im selben

Brief, vom 9. August 1816, bittet er das Verlagshaus, sein Metronom in Kommission zu nehmen. Für 3–15 Taler P. C., plus Unkosten und Provision der Firma.

Dieser Brief ist der erste von 24 Briefen, die Mälzel an Breitkopf & Härtel geschrieben hat. Endlich Authentizität! Diese Briefe durchzusehen und zu untersuchen – ach, das könnte ein deutliches Bild des (Geschäfts-) Alltags von Mälzel vermitteln! Aber – das Archiv von Breitkopf & Härtel wurde in der Nacht vom 3. zum 4. Dezember 1943 vollständig zerstört. So stehen auch diese Briefe in der Reihe der untergegangenen Mälzel-Dokumente. Jedoch wickelt sich der Faden der Nicht-Zufälligkeit weiter ab. – Erhalten ist ein Aufsatz im Jahrbuch des Verlages, *Der Bär*, von Günther Haupt, der uns Einblick in die Briefe sowie die geschäftlichen Beziehungen bietet und durch einige Zitate den Zugang zu Mälzel offenhält.* Haupt berichtet, es sei meist nur die Unterschrift eigenhändig gewesen: Das mag auf ständige Eile wie auch auf den Mangel an »Bildung« hinweisen, den Beethoven ihm vorwarf, es kann auch eine Demonstration gewesen sein, sich einen Schreiber leisten zu können und mit seiner Zeit etwas Sinnvolleres anfangen zu wollen. Jedenfalls war er wohl allem Schriftkram nicht besonders zugeneigt. Etliche der Briefe sind reine Geschäftskorrespondenz, gezeichnet von *Gautier* oder *Renner*, aus London und Paris. »Die Korrespondenz verteilt sich auf die Jahre 1816–1821, also auf jene Zeit, da Mälzels erste Metronome ihren Siegeszug durch die ganze Welt antraten. Von den Briefen entfallen einer auf das Jahr 1816, 9 auf 1817, 6 auf 1818, 5 auf 1819 und 3 auf 1821.«[17]

Mit der Berichterstattung durch einen Dritten ist wieder die Aussicht auf Wissen über Mälzels Alltag verschwunden. Berichtenswert ist ja allemal nur das Besondere, das Besonde-

---

* Günther Haupt, Johann Nepomuk Mälzels Briefe an Breitkopf & Härtel, in: Der Bär, Jahrbuch von Breitkopf & Härtel, Leipzig 1927, S. 122–144. Die im Text dieses Kapitels wiedergegebenen Briefe Mälzels entstammen sämtlich diesem Aufsatz und sind durch doppelte Anführung gekennzeichnet.

re, das auf dem Rücken des Alltags reitet. Nur von der Erscheinung des Besonderen können wir auf das Tragtier Alltag schließen. Dieser typische Alltag, wie er durch Entindividualisierung, Identitätsverlust und Entfremdung entsteht, greift den Dreiundvierzigjährigen zum ersten Mal. Die Einheit Ort, Arbeit, Zeit, Leben in seinen Kunstwerken und seinen »artifiziellen Forschungen« ist aufgehoben. Die Kunstwerke sind eingemottet; Mälzel arbeitet nicht mehr mit bekannten hoch- und gleichqualifizierten und -berechtigten Kunsthandwerkern und Künstlern zusammen, sondern ist Brotherr fremder un- und angelernter Lohnarbeiter und devoter Comis. An zwei Orten reproduzieren sie ein ihnen fremdes und gleichgültiges, austauschbares Produkt, das sich seinem Erfinder immer mehr entfremden muß. Wie ging er damit um? Die Zeit muß ihm – wie jedem – nun knapp werden, sie verrinnt im Nu, rinnt wie Sand, läuft ihm, wie das Geld, durch die Finger. Was bleibt? Seine Briefe »geben uns ein Bild von Mälzels reger Reisetätigkeit, denn wenn die Briefe auch nur aus vier verschiedenen Städten – nämlich London, Paris, München und Wien – stammen, so wechseln doch diese Namen so häufig, daß wir erkennen, wie kurze Zeit sich Mälzel jeweils aufgehalten hat, um seine Geschäfte zu erledigen, und daß er eigentlich meistens ›unterwegs‹ war«.[18]

»Unterwegs«: sowohl lokale, als auch temporale, als auch modale Angabe. Mälzels Ortswechsel – geschäftsbedingte Notwendigkeit? Flucht? Selbstbehauptung? *Unterwegs* beginnt zu einer Befindlichkeit zu werden, zur Bedingung der Mälzelschen Existenz. Auf Reisen, an wechselnden Orten kann er sich dem puritanischen Maß entziehen, anders sein, »Ich« sein. Unterwegs findet er das ihm gemäße Tempo. Er überfliegt den Alltag, nur so bewahrt er sich den klaren Überblick. Indem er sich dem »man« entzieht, verliert er nicht die exakte Einschätzung der Massen und ihrer Ansprechbarkeit. In der Kutsche sitzend, ungebunden, läßt er sich durch keine Ablenkung fesseln. Er ist frei, neue Ideen zu entwickeln und auszutragen, die er, in den Städten angekommen, seinen neuen und alten Bekannten und Freunden vorstellt und überzeugend nahebringt. Unterwegs in seinem Kopf ist nun die Idee einer großangelegten, übernationalen Werbekampagne für das Metronom. Alle großen Komponisten seiner Zeit will er dazu bringen, »seinen« Metronom, wie er es nannte (es wurde damals, wie auch »Chronometer«, grammatisch maskulin behandelt) zu beurteilen und eine Erklärung zu unterzeichnen, daß sie diese Erfindung hochschätzen und benutzen.

»Paris. 9ten Aprill 1816.
Hochverehrter Herr Capellmeister!

Endlich haben die musikalische Welt – Dank sey es Ihrer Fürsorge, – und vorzüglich die Tonsetzer, erhalten, was sie so lange vergebens suchten und wünschten; nämlich das Mittel, die Bewegung der Tonstücke nach ihrer eigenen Ansicht der Nachwelt mitzutheilen, und zu hinterlassen. Gestern bewunderte eine Versammlung der ersten hiesigen Componisten, in deren Zahl auch ich die Ehre hatte, zugelassen zu werden, zur vollkommensten Zufriedenheit den berühmten Chronometer des Hrn. Mälzel, von welchem derselbe gestand, dass diese Erfindung das Resultat widerholter Aneiferungen, und belehrender Rathschläge des so berühmten, und gefeyerten Meisters Salieri sey, dessen Freundschaft zu besitzen mein höchstes Glück ausmacht. – Ein doppeltes Interesse verleitete uns daher zu einer strengen Untersuchung dieses Instrumentes, und je mehr wir dasselbe prüften, um so mehr überzeugten wir uns von dessen Vollkommenheit, und den nicht zu berechnenden Nutzen, der aus dem allgemeinen Gebrauche, und der anerkannten Würdigung dieses Kunstwerkes hervorgehen wird. – Italien, Deutschland, Frankreich und England wird einstimmig den Erfinder, und Verfertiger einer Maschine zujauchzen, welche der getreue Dolmetsch der Ideen, und Gefühle eines jeden Tonsetzers ist, und wodurch die Ausführung ihrer Werke in Hinkunft vor dem Publicum nicht mehr durch ein unrichtiges Zeitmass entstellt werden wird, wie es leider bis jetzt nicht selten geschah. – Nachfolgend Ihrem Beyspiele haben wir sämmtlich eine Erklärung unterfertigt, worin wir unsere volle Bewunderung einer Erfindung zollen, die manche zu entdecken sich fruchtlos bestrebten, und die bis zu diesem Augenblicke der Tonkunst noch gänzlich mangelte. – Genehmigen Sie, hochverehrter Herr Hofcapellmeister, mit meiner besonderen Danksagung auch jene des gesammten Künstler-Vereins, dessen Organ ich hier zu seyn die Ehre habe, u.s.w.

Spontini«[19]

Mälzel hat sich dem Instrument *Reklame* verschrieben – er beherrscht es meisterhaft. Der Adressat obigen Briefes, Antonio Salieri, überläßt das Schreiben Gaspare Spontinis »zur Bekanntmachung« der *Allgemeinen Musikalischen Zeitung, mit besonderer Rücksicht auf den österreichischen Kaiserstaat*, wo es im Januar 1817 »in einer getreuen Übersetzung« einer vierteiligen, von Kandler verfaßten Fortsetzung »Rückblicke auf die Chronometer und Herrn Mälzels neueste Chronometerfabrik in London«, vorangestellt ist. Die Aufsätze geben einen Überblick über die Entwicklungsgeschichte der Chronometer, eine Beschreibung und natürlich eine »Anweisung zu dem Gebrauche« – »der durch die Privilegien der Souverains von Oesterreich, Grossbritannien und Frankreich bewilligten, und unter dem besonderen Schutze Sr. königl. Hoheit des Prinzen Regenten, von Johann Mälzel erfundenen Metronome oder musikalischer Zeithalter (Tactmesser)«.

Die Idee setzt sich durch – wieder einmal überzeugt sein Werk. Das Blatt fährt fort:

»Unter den Nahmen berühmter Meister, welche diese Erfindung gutgeheissen, und in ihren Schutz genommen haben, befinden sich:

In London die Herren: Attwood, Ayrlon, Bishop, Braham, Muzio Clementi, I. B. Cramer, Dizi, Graeff, Greatorex, Griffin, Kalkbrenner, Klengel, Latour, Mazzinghi, Ries, W. Shield, Viotti, Samuel Webbe, S. Wesley u.s.w.

In Paris die Herren: Berton, Boyeldieu, Catel, Cherubini, Kreutzer, le Sueur, Mehul, Nicolo, Paer, Pleyel, Spontini u.s.w.
In Wien die Herren: Beethoven, Gelinek, Gyrowetz, Hummel, Moscheles, Salieri, Weigl u.s.w.

Die erwähnten Meister verpflichteten sich, ihre künftigen Compositionen nach der Scale des Mälzelschen Metronoms zu bezeichnen, um dadurch jedem Streite zu begegnen, der über die Geschwindigkeit der Bewegung entstehen könnte. Ihre Erklärungen, künftig ihre Compositionen auf die Art zu bezeichnen, befinden sich in den Händen des Hrn. *Mälzel*; manche neuere Werke sind bereits auf diese Art bezeichnet öffentlich erschienen.
Eine Manufaktur dieses Instrumentes ist in London und Paris, und in den vorzüglicheren Städten des Continentes befinden sich Niederlagen desselben.
Der Metronome nebst der Anweisung zu dessen Gebrauch ist in der Manufactur in London Nro. 50, Berwik-Strasse u.s.w. zu haben.
Der Preis dess. sind 3 Guineen, schön verziert 5 Guineen.«[20]

Breitkopf & Härtel sind überwältigt: sie nehmen sein Instrument in Kommission und in ihrem Angebot auf. Trotzdem, so erfahren wir aus Mälzels zweitem Brief an die Firma vom 14. 3. 1817, fürchtet Mälzel, daß die Erfindung »›unter Ihrer musikalischen Welt noch zu wenig bekant seyn möchte [...] nicht allein von dem Nutzen den Compositeurs und schon fertige Musiker daraus ziehen könen, sondern auch von dem Vortheil mit welchem er beim Unterricht der Jugend angewendet werden kann.‹«
Beethoven schreibt an Ignaz von Mosel, er habe schon lange daran gedacht, die »widersinnigen« Benennungen, Allegro, Andante, Adagio, Presto aufzugeben. »Mälzels Metronom gibt uns hierzu die beste Gelegenheit. Ich gebe Ihnen mein Wort hier, daß ich sie in allen meinen Compositionen

nicht mehr gebrauchen werde – eine andere Frage ist es ob wir hiedurch die so nöthige Allgemeinheit des M. bezwecken werden, ich glaube kaum! [...] Es versteht sich von selbst, daß sich einige hierbey an die Spitze stellen müssen, um Aneiferung zu erwecken. Was an mir liegt, so können Sie sicher auf mich rechnen, und mit Vergnügen erwarte ich den Posten, den Sie mir hiebey anweisen werden.«[21]

Später wird er zuweilen anderer Meinung sein – »Es ist dummes Zeug, man muß die Tempos fühlen«[22]... Vorläufig herrschte nichts als Begeisterung. Zaubert Mälzel, verzaubert, verführt? Offensichtlich reißt man sich geradezu darum, der, Mälzels, Sache zu dienen! Mälzel reagiert auf seine Art. Das Kopfzerbrechen dauert ihm zu lange. Breitkopf & Härtel sind ihm zu lahm. Der Vertrieb läuft erst an, und für ihn ist das Ganze schon ausgereizt. 200 (!) Metronome – um Gottes willen, welch unglaublich unvernünftige Investition – verschenkt er nun an die musikalische Prominenz seiner Zeit. Werbewirksame Multiplikatoren. »›Es ist nun nur noch nothwendig, öfters davon zu sprechen und hauptsächlich den Nutzen desselben beim Unterrichte den Musikmeistern anschaulich zu machen, denn nur auf diesen kann man beim Verkauf rechnen, und es bleibt nur wenig oder gar nichts den Compositeurs zu erklären übrig, an welchen ich (den ausgezeichnetsten nämlich) über 200 Stück in Frankreich, England, Italien u. Deutschland schenkte; wofür denn auch in beiden erstern Länder beinahe alle neue Publikationen nach dem Metronomschen Maasstaabe bezeichnet erscheinen. [...] Wegen dem Nachmachen ist mir nicht besonders bange, denn um das Instrument gut und exact zu machen bedarf es Maschinerien, die eine ziemlich starke Auslage erfordern, u. worinn sich für jetzt wohl noch keiner einlaßen wird.‹«

Nicht kleckern, nennt man das wohl, sondern klotzen! 200 Metronome verschenkt! Größenwahn? Kaufmännischer Sinn? Künstlers Wahn? Wahnsinn? Jeder Skepsis kann nur ein Erfolg, ein finanzieller Triumph das Maul stopfen. 200 Metronome als Werbegeschenk! Hat es so etwas je gegeben?

Und Verpackung und Porto dazu. Im selben Brief vom 8. April 1817 haben wir auch erfahren, daß Breitkopf & Härtel Mälzel beauftragt hat, Erkundigungen über den Nutzen von Königs Schnelldruckpresse einzuholen. Königs verschiedene Zylinderschnellpressen, unter anderem die Schön- und Widerdruckmaschine, sind bis heute die wichtigsten Typen des Schnellpressenbaus. Ohne »Zuthun einer Menschenhand« bedruckte Königs neueste Maschine 900 Bögen in einer Stunde. Sie wurden von einem Knaben eingelegt. Ein einziger Mann beaufsichtigte diese Maschine; das Kind und er ersetzten die 25 bisher nötigen und tätigen Drucker... So berichtet 1816 der *Anzeiger für Kunst- und Gewerbefleiß in Baiern* und erweckt damit die Aufmerksamkeit bayerischer Geldanleger.

Mälzel läßt sich, so scheint es, nicht ungern aus seiner Metronomfabrik holen. »›Was die Presse betrifft so kann ich ihnen für jetzt nur soviel sagen, daß sie die Erfindung eines meiner Freunde, namens König, eines Deutschen ist, ihre vorzügliche Tentenz ist den Druck zu beschleunigen; um Ihnen aber alles das darüber sagen zu können was Ihnen zu wissen nöthig ist, muß ich Sie bitten mir noch einige Zeit zu lassen, denn für's erste muß ich auf's Patent=office gehen um die Erklärung zu erhalten, die ich, nachdem ich sie übersetzen lassen, mit der Maschine vergleichen muß, ob sie auch derselben entspricht, u. dann muß ich alle bei der Handhabung derselben zu gebrauchende Handgriffe kennen lernen, worüber aber ich hoffe in kurzen befriedigende Nachricht ertheilen zu können, u. Ihre weitere Aufträge zu erwarten.‹« Hier spüren wir etwas von der bedächtigen Genauigkeit des Mechanikers: *It must be correct*.

König sei im Begriff, so schreibt er weiter, nach Deutschland zurückzukehren, um sich in Würzburg anzusiedeln und seine Druckmaschinen zu bauen. König ging 1817 tatsächlich nach Bayern, errichtete in Oberzell mit Bauer zusammen die erste Druckmaschinenfabrik, die als ein Anfang der Maschinenbauindustrie in Deutschland überhaupt gilt. Zur Zusammenarbeit durch Mälzels Vermittlung ist es aber wohl nicht gekommen; erst 1833, nach Königs Tod, übernahm das Verlagshaus Pressen der Maschinenfabrik König & Bauer.

Zurück zu den Metronomen. Daß die Unterrichtenden wie die Unterrichteten ein größeres Käuferpotential darstellen als die Tonsetzer, liegt auf der Hand. Sie zu gewinnen, darauf kommt es an – zugunsten der ihnen nützlichen Sache, wie zugunsten des Mälzel nützlichen Ertrages. »›Ich bin so frei Sie noch ein Mahl zu bitten doch ja recht bald in ihrem Musikschurnal von dem Metr: zu schreiben u. es so deutlich als möglich zu erklären, u. dieses so oft als schicklich zu wiederholen, denn nur davon hängt der Fortgang der Sache ab.‹« Nicht einhämmern soll sich das ta, ta, ta, ta – sondern sanft und unauslöschlich einticken. Mälzel als Massen- und Werbepsychologe. Er spielt mit dem, was wir als Unterbewußtsein kennen. Ständige Wiederholung, nicht zu aufdringlich bitte!, Vorstellung von Leitbildern, die für das Produkt einstehen, setzt er mittels der Periodizität der »Schurnale« voll ein – in dieser Form neu und wegweisend.

Im selben Brief vom 11. April 1817 weist Mälzel übrigens auf etwas hin, was möglicherweise für das Metronomleseverständnis bzw. -mißverständnis nicht von Unwichtigkeit ist: Neben den großen teuren Metronomen in Pyramiden- und Obeliskform, deren Schlag zu *hören* war, gab es auch jetzt noch *stumme* Metronome: »›Die kleinen Metr: zu 10 fr: dienen eigentlich nur um zu sehen wie schnell die schon numierte Musik zu spielen ist, indem sie nicht hörbar schlagen sind sie also nicht für Anfänger u. dürften vielleicht auch Compositeurs nicht sehr nützlich sein.‹«

Ist also doch etwas an Anton Schindlers Aussage, daß die verwirrenden, oft zu schnellen Tempoangaben Beethovens nach Mälzels Metronom an verschiedenen Mälzelschen Metronomausgaben liegen?[23] Anfang der 1830er Jahre wird Mälzel eine Erfindung des Uhrmachers M. Bienaimé-Fournier aus Amiens übernehmen: ein Metronom, das zu den getickten Taktteilen durch Glockenschlag den vollen Takt markiert. Vor allem die Amerikaner sind begeistert. Mälzel aber cediert das Eigentumsrecht dem Pariser Mechaniker M. Wagner, »welcher viele Jahre lang großen Nutzen daraus zog«[24].

Kein Metronom tickte in einem anderen Tempo als das andere, ob es sich nun um ein großes, kleines, stummes, hörbares, blechernes oder hölzernes handelte – der Bezug war immer die Minute. Trotzdem – die klassischen authentischen Metronomnotationen scheinen oft nahezu unspielbar schnell und stimmen nicht mit den ebenso authentischen Aufführungszeiten überein. Dennoch werden sie »wörtlich« genommen und als Norm akzeptiert und angestrebt.

Nach Willem Retze Talsma (»Wiedergeburt der Klassiker – Anleitung zur Entmechanisierung der Musik«)[25] und Grete Wehmeyer (»prestißißimo – Die Wiederentdeckung der Langsamkeit in der Musik«)[26], die sich vor allen mit diesen Gedanken befassen, liegen die Gründe für die zu schnelle Aufführungspraxis nicht nur in der Beschleunigung der Lebensumstände und der Hochleistungsvirtuosität der Interpreten, sondern daran, daß die klassische Metronomnotationen heutzutage nicht richtig gelesen werden.

An den Metronomangaben lesen wir nicht den Charakter, sondern die Geschwindigkeit der Musik ab; wir lesen sie tempobezogen, »buchstäblich«, mathematisch, – nicht metrisch nach Taktart und der innewohnenden Bewegung. Mälzel hat in seinen Metronomanleitungen diesen Bezug zu Takt und Vortragsweise (*andante*, *presto* etc.) durchaus hergestellt, nannte er sein Gerät doch Metro-, nicht Temponom.

Am frühen stummen Taktgeber wird das Ableseverständnis (oder -mißverständnis) nun deutlich. Ihm (wie auch dem Fadenpendel) kann ohne Weiteres eine Taktierbewegung abgeschaut werden. Nicht ta–ta *hören* wir, oder tick–tick. Wir *sehen*: hin–her, schwer–leicht, links–rechts. Was ist das anderes als das taktierende ab–auf, schwer–leicht; Thesis–Arsis. Eine Hinbewegung – eine Rückbewegung = Abschlag–Aufschlag = Vollschlag.

Jedes Hin, *jedes* Her konnte so im 4/4 Takt als Viertelnote gewählt werden, jedes Hin samt Her als halbe. Übertrug man diese Lesart auf das hörbare, auf »Mälzels Metronom«, bedeutet das, daß man nicht ein neutrales tick–tick interpretierte, sondern tick–tack; das Metronom tickt oder tönt mit jedem (Halb-)schlag für die halbe Note; aber diesen Halbschlag, diese halbe Schwingung, nennt die Metronomnotation jetzt »Schlag« bzw. »Schwingung«. Beginn der Verwirrung...

Auch Mälzels Metronombezeichnung läßt sich entsprechend metronomisch lesen, wenn man – mit Talsma – annimmt, daß das Wort »Schlag« ambivalent (Halb- oder Vollschlag?) gebraucht wurde: »Jeder Schlag stimmt überein mit dem Geschwindigkeitsgrad, der für eine Halbe oder zwei Viertel gewünscht wird«.

Mälzel – der, wie wir ihn kennen, durchaus zwischen Halb- und Gesamtschwingungen zu unterscheiden wußte – erkannte die Gefahr der uneinheitlichen Interpretation der Pendelschläge und ihrer Notation: »... it be well understood, that in this, as in every other case, each SINGLE beat or tick forms a part of the intendend time, and is to be counted as such, but not the two beats produced by the motion from one side to the other«.[27] Die Wiener AMZ übersetzt: »... ist dieses so zu verstehen, dass in diesem, wie in jedem anderen Falle, jeder *einzelne* Schlag als ein Theil des beabsichtigten Zeitmasses anzusehen, und als solcher zu zählen sey; also nicht die beyden (durch die Bewegung von einer zur andern Seite) hervorgebrachten Schläge«.[28]

In späteren Anleitungen achtet Mälzel auf Eindeutigkeit und beschreibt die mathematische Leseweise: »... wenn die Bezeichnung $\wp = 80$ wäre, wobei jede Schwingung des Pendels, als in zwei gleiche Theile $\wp \wp$ zerfallend, gedacht wird, man die Nummer der Bezeichnung verdoppeln und jeder Schwingung die Hälfte der Notengeltung gleich $\wp = 160$ geben muß«.[29]

Also $\half = 80$ oder $\quarter = 160$: So haben wir das Metronom zu

lesen gelernt. Seit also die mathematische Lesart die metrische ablöste, gibt es Eindeutigkeit – auf Kosten der Charakteristika der Musik. Geschwindigkeit statt Bewegung.
Die üblichen Tempobezeichnungen wie Andante, Allegro usw. sollten also ganz abgeschafft werden. Mit diesem Plane des »›Herrn von Pethofen‹«, schrieb Mälzel am 19. Dezember 1817 an Breitkopf & Härtel aus München, seien in Wien und München alle Komponisten einverstanden. Das Zeitmaß solle nur noch die Metronomzahl angeben. Um aber die beabsichtigte Intention, Tension, Emotion zu vermitteln, solle sich der Tonsetzer folgender Affektbezeichnungen bedienen: »›affetuoso. agitato. Amoroso. Animoto. Appassionato. con Brio. Brillante. Capriccioso. con Delicatezza. dolce. Energico. con fuoco. Grazioso. Gustoso. Legato. Maestoso. Marcato. Mesto. con Moto. Pastorale. Patetico. Piacevole. Religioso. Scherzoso. Sdegnoso. Sentimentale. Serio. Smanioso. Sostenuto. con Spirito. Spiritoso. Staccato. Strepitoso. Vivace‹«. Daß sich diese, zum Teil ungewöhnlichen Gefühlsbezeichnungen, nicht durchsetzten, ist bekannt. Sehen wir sie als Palette seiner (musikalischen) Möglichkeiten ...

Statt sich aufs Geschäftliche, auf Buchhaltung und Bilanzen zu konzentrieren, scheint sich Mälzel im Sommer 1817 immer mehr in hektische Tüftelei am Metronom zurückgezogen, verloren zu haben. Von »›Pyramiden zu 50 fr.‹« schrieb er am 17. Juli 1817, gleichzeitig von einer Möglichkeit, »›eine Art M- zu machen, deren Schläge hörbar, u. doch für 10 fr. gegeben werden können, ich will sie aber noch nicht bekannt machen bis ich ihre Antwort habe‹«.
Welche Antwort? Mälzel braucht Geld. »Vorboten seiner Spielleidenschaft, der er in London frönte« vermutet Haupt. Mälzel als Spieler, einer, der den Zufall ausschließen will – es paßt ins Bild. Geht dem Fabrikherrn die Puste aus? Erdrücken ihn die puritanischen Zwänge? Reagiert er wie alle – tagunter nachtüber? Versäuft die tödliche Langeweile, verspielt die vertane Zeit bei Faro, Roulette?

Er ist an große Summen gewöhnt. Deprimiert ihn nun die langweilige Verbuchung der kleckerweise eingehenden, kaum den Aufwand lohnenden, Kleinstbeträge? Da die neuen Metronome Reklame ticken sollen, müssen sie so preiswert wie möglich gehalten werden. Entsprechend gering ist die Verdienstspanne; und die enorme Nachfrage, die Mälzel erwartet und sich und den Geldgebern versprochen hatte, bleibt aus. Was an Entgeld hereinkommt, schlucken die Auslagen – Material, Maschinen, Entlohnung der Arbeitskräfte. Die Zulieferer müssen befriedigt werden, da gibt es keinen Aufschub, die Maschinen dürfen nicht leer-laufen. Ihr Verlangen nach »Nahrung« und die Sorge, sie zu beschaffen, mag des Fabrikherrn Phantasie näher stehen als das Knurren der Mägen seiner Arbeiter, ihrer Frauen und Kinder. Ihre Forderungen, ihre Mahnungen, ihr unzufriedenes, unfrohes Murren – ist das nicht äußerst lästig? Hat nicht auch er zuweilen so wenig Geld, daß er borgen muß? Und das bei seinen Investitionen, seiner Reputation! Jammert etwa er? Geduld, Vertrauen – das ist ihre Sache nicht. König ist dabei, nach Würzburg zu gehen. Verliert er mit ihm einen Halt? Was hat er, Johann Nepomuk Mälzel, in dieser Stadt der Pfeffersäcke verloren?

Soll er die Fabrik Fabrik sein lassen, die Kunstwerke auspacken, aus der Versenkung holen – sich aus der Versenkung holen, auferstehen lassen samt Trompeter? Den Schachtürken dazu, das wäre was! Aber der sitzt in München bei Beauharnais so fest wie er selbst in Maelzel's Metronommanufaktur in London. *Damned!* Er sitzt fest, steckt in Schulden, in Wien läuft der alte verfluchte Beethoven-Prozeß... Mälzel bittet Breitkopf & Härtel um Geld, da er sich »›für den Augenblick in einiger Verlegenheit‹« befindet. Er hoffe, so schreibt er (alles in demselben Brief), in Deutschland, »›wo der Arbeitslohn so viel billiger wie anderswo ist‹«, eine Fabrik zu errichten. »›Da aber zu einem solchen Unternehmen ein Fond gehöret, den ich jezo nicht besitze, so mache ich Ihnen den Vorschlag sich mit mir zu associiren u. Leipzig zum Fabrikplatz zu wählen‹«. Leider veröffentlicht Haupt weder Mälzels detaillierte Vorschläge zu dieser Idee, die er erwähnt, noch die Reaktion.

Raus will Mälzel, weg, zurück. Wohin? Er dreht sich an der Kette im Kreis. Tack-tack-tack-tack, was-soll-ich-tun.

Wir denken an E. A. Poe. Nicht ein Zuschlag von Breitkopf & Härtel bringt die (Er-)Lösung, die zeigt sich als Brief aus München. Eugène de Beauharnais, nun Herzog von Leuchtenberg, Fürst von Eichstätt, Stief- und Adoptivsohn Napoleons (aber der sitzt nun auch fest, auf St. Helena), Schwiegersohn König Maximilian I. Josef von Bayern, schreibt: Das Panharmonium ist überholungsbedürftig.

Sein Panharmonicon. Der Schachautomat ...

Mälzel zögert nicht. Anfang August 1817 ist er in München. Da er im Fremdenanzeiger nicht auftaucht, mag er wohl im Palais Leuchtenberg gewohnt haben. Aufatmen. »Maelzel Walzes«... das Panharmonicon zum Tönen bringen. Endlich wieder eine Zeit im Einklang – Werk und Schöpfer!

Daß er in diesen Wochen hier in München mit Herrn Härtel zusammentraf, der am 8. August beim Weingastgeb Deuringer im *Goldenen Hahn* in der Weinstraße abgestiegen war, scheint Johann Mälzel nicht mehr von großer Tragweite.

Ob der Herr k.k. Hofkammermaschinist nicht geruhe, diesen alten Schachtürken zurück- (wir sehen wie Mälzel sich aufrichtet und — sofort den Kopf einzieht) kaufen zu wollen.

Wieviel?

Wieviel? Sagten *Sie* nicht 30 000? Er erinnert mich an teure Neugier; ein Scherz, nun verstaubt er in dieser Stadt, versammelt die Motten! Derselbe Preis wie vor 8 Jahren! Ein Angebot. Die Welt hat sich gedreht.

Ich habe nicht die nötigen Mittel.

Ist es möglich? Nun, das läßt sich regeln.

Mit Hilfe von Leuchtenbergs Notar Mainel wird ein ausgefeilter Vertrag aufgestellt. Man scheint sich auf eine Art Leasing und Nießnutz an den eingespielten Geldern zur Abgeltung der 30 000 Francs geeinigt zu haben. Möglich, daß der Vertrag eine Klausel enthielt, den Apparat nicht nach Übersee, außer juristischer Reichweite, zu entführen.

Mälzel akzeptiert die Bedingungen. Er habe nur noch einige leidige Geschäfte abzuwickeln, eine Reise nach Wien zu unternehmen, den großen Beethoven aufzusuchen; auf der Rückreise hole er dann den Schachtürken ab. Ich nehme ihn mit, mit auf die Reise, auf künftige Reisen...

Wie ernst ist ihm wohl seine Äußerung, sich samt Metronom in Bayern für seine »übrige Lebenszeit niederzulassen«?

»Allerdurchlauchtigster Großmächtigster
Koenig
Allergnädigster König und Herr!

Schon vor einiger Zeit habe ich Euer Königlichen Majestät einen Metronom von meiner Erfindung und Arbeit überweisen zu lassen die Gnade gehabt.

Dieses von so vielen Musikfreunden längst erwünschte, und, wie man mich versicherte, zur besten Aufnahme der Kunst so nützliche Instrument ist bereits von der Mehrzahl der Tonsetzer und Musikalischen Direktionen in England und Frankreich angenommen; und es sind mir zum ausschließlichen Verkauf derselben in beiden Reichen förmliche Patente verliehen worden.

Da ich das Glück habe, in Allerhöchst Ihro Staaten gebohren zu seyn, und längst gesonnen bin, mich bald in denselben für meine übrige Lebenszeit niederzulassen so stelle ich meine alleruntertänigste Bitte:

Euer Königlichen Majestät möchte allergnädigst geruhen, mir ein ausschließendes Privilegium, diesen Metronom in Allerhöchst Ihro Landen allein verfertigen und verkaufen zu dürfen, huldreichst zu erteilen, so wie mir diese nemliche Begünstigung eben erst für alle k. k. Oestereichische Erbstaaten ist erteilt worden.

Indem mein bestes Bestreben dahin geht, mich Allerhöchst-

dero Gnade stets würdig zu machen, verharre ich in allertiefster Ehrfurcht
 Euer königlichen Majestät
München den 9ⁿ September   allerunterthänigst treu gehorsamster
 1817   Johann Mälzel
  Mechaniker.«³⁰

[Unterschrift: Johann Mälzel Mechanicus]

Möglich, daß *dieser* eine Brief ein Handschreiben Mälzels ist, wir haben keine Vergleiche. Ein graphologisches Gutachten gäbe vielleicht Auskunft. Eines Schreibers Handschrift ist das nicht, auch hätte ein Schreiber gewiß nicht radiert – ein Radierloch im Brief an den König! War Mälzel Urheber dieser Bittschrift, dann läßt das fast darauf schließen, daß ihm diese Geschäfte so wichtig nicht mehr waren. Die Welt dreht sich! Sie waren ihm wohl nicht mehr so wichtig, wie der Kommission der Akademie der Wissenschaften ihre Antwort war. Professor von Yelins und Professor von Baaders positive ausführliche technische Gutachten hin oder her, die Herren Akademiker sind skeptisch: »Die Herren Musici haben, mit äußerst wenigen Ausnahmen, gar keinen Sinn für genaue Mathematik und auch keinen deutlichen Begriff davon.« Eben das spreche nicht für, sondern gegen die Einführung. In der Abstimmung erklärt sich dann jedoch die große Mehrheit »für ein zwölfjähriges Privilegium und gegen die beantragte Bedingung, eine eigene inländische Fabrik für die in Bayern zu verkäuflichen Metronome anzulegen«³¹. Der königliche Bescheid ergeht am 26. November 1817 gegen eine Rechnung von 26 Gulden. Mälzel, bereits in Wien, lacht sein Baßlachen; die Entscheidung, sich in Bayern als Fabrikant ansiedeln zu müssen, ist ihm aus der Hand genommen!
 Auch zu den immer wieder neuen, kleinlichen, anmaßenden Aufrufen Gottfried Webers (»Mälzels Metronom überall

umsonst zu haben«[32] – *sein* Fadenpendel natürlich!) hat er amüsierten Abstand gefunden. Am 9. Oktober 1817 bittet er Breitkopf & Härtel, den folgenden Artikel in der AMZ aufzunehmen – das bayerische Privileg hat er bereits vorweggenommen. Da der Aufsatz nicht erschienen ist, sei er hier (als Beispiel eines lancierten Mälzelschen Artikels) abgedruckt:

»Herr Mälzel der sich seit einiger Zeit in hiesiger Stadt [München] aufhält, wird uns bald verlassen, um seine Freunde in Wien zu besuchen. Sein bekannter, in Frankreich und England längst eingeführter Metronom, ist nun auch für die K. K. Oesterreichischen Erbstaaten mit einem ausschließenden Privilegium beehrt worden, so wie er auch für das Königreich Baiern die nemliche Begünstigung erhalten hat. Es kann Hrn. Mälzel nicht anders als erfreulich seyn, die neueste Erfindung des Taktmessers, mit Spulen und Bindfäden, so wie er, in der Wiener Musikalischen Zeitung, Nr. 36 angekündigt worden, selbst an dem Orte der Erfindung in näheren Augenschein zu nehmen, und neue Belehrung für sich daraus zu schöpfen. Er theilet seinen Metronom, wie er es allen jenen, die etwa die Sache noch nicht genug einsehen, oder nicht einsehen wollen, erklären wird, nach der Minute ein; welche sowohl in Calcutta, als auch in Petersburg – an welch' beiden Orten man seine Erfindung kennet – von gleicher Dauer ist. Der Wiener Taktmesserprojektant hingegen nach Rheinischen und französischen Zollen.

Er vergißt dabei das Land, wo die Musik gleichsam zu Hauße ist, und wo, wie Jedermann wissen kann, beinahe jede Stadt ihr eigenes Maaß und Gewicht hat. Triest und Neapel = Rom und Mailand bedienen sich eines ganz anderen Schuhes. Es müßte lustig seyn, alle diese verschiedenen Zolle und Maaße zu sammeln; zu berechnen; und dabei zu suchen, wie sich die Tonkünstler, welche nicht immer die größten Rechnungsmeister seyn sollen, sich die Köpfe zerbrechen, um das Maaß aller dieser Maaße aufzufinden, und die Dauer und das Mouvement ihrer Tonstücke nach der Ehle (Elle) für das Auge zu berechnen; denn daß alle jene Taktmesser, deren

Schläge unvernehmbar sind, keinen praktischen Nutzen gewähren, wird jeder einsehen, der Herrn Mälzels hörbaren Metronom nur mit einiger Unbefangenheit untersucht hat.«[33]

Der Wiener Aufenthalt vom November, Dezember 1817 und Mälzels Wiedersehen mit Beethoven sind bekannt. Der Sreit ist beigelegt. In seinen Briefen an Breitkopf & Härtel kommt Mälzels Zufriedenheit zum Ausdruck: Beethoven habe »›bereits alle seine älteren und neueren Compositionen nümeriert‹«, und er könne »›zugleich mit Gewißheit darauf rechnen, daß in der Folge alle bedeutenden Compositeurs nümerieren werden‹«. Alle Zeitungen würden berichten; den *Österreichischen Beobachter* Nr. 13 vom 18. Dezember 1817 schicke er mit. (»Man könnte fast meinen, daß Mälzel selber der Schreiber gewesen ist«, so sagt Haupt).

Und dann erscheint in der Wiener AMZ, im Februar 1818, d e r Artikel! Hat Beethoven sich je öffentlich so sehr auf eine Person, ein Produkt eingelassen?

E r k l ä r u n g
Mälzels Metronom
ist da! – Die Nützlichkeit dieser seiner Erfindung wird sich immer mehr bewähren; auch haben alle Autoren Deutschlands, Englands, Frankreichs ihn angenommen; wir haben aber nicht für unnöthig erachtet, ihn zufolge unserer Überzeugung auch allen Anfängern und Schülern, sey es im Gesange, dem Pianoforte oder irgend einem andern Instrumente, als nützlich, ja unentbehrlich anzuempfehlen. Sie werden durch den Gebrauch desselben auf die leichteste Weise den Werth der Note einsehen und ausüben lernen, auch in kürzester Zeit dahin gebracht werden, ohne Schwierigkeit mit Begleitung ungestört vorzutragen; denn indem der Schüler bey der gehörigen Vorrichtung und vom Lehrer gegebenen Anleitung auch in Abwesenheit desselben nicht ausser dem Zeitmasse nach Willkühr singen oder spielen kann, so wird damit sein Tactgefühl in Kurzem so geleitet und berichtiget, dass es für ihn in dieser Sache bald keine Schwierigkeit mehr

geben wird. – Wir glaubten, diese so gemeinnützige Mälzel'sche Erfindung auch von dieser Seite beleuchten zu müssen, da es scheint, dass sie in dieser Hinsicht noch nicht genug beherziget worden ist.

Ludwig van Beethoven. *Anton Salieri.*[34]

Mälzels Metronom in aller Munde. Lieber, lieber Mälzel, Banner der Zeit! Mälzel hält hier nichts mehr. Daß in London und Paris »›alle Metronome verkauft sind, und man daher meine Rückkehr dorthin dringend begehrt‹«, schreibt er.

Wer hätte geahnt, mit welchen Plänen er sich in Wirklichkeit herumtrug. Herr Mälzel, erfolgreicher Fabrikant, »der sehr pressiert ist, da er bald von hier abreist« – wir erinnern uns Beethovens Brief an Nanette Streicher. Daß keine Frau, keine Familie, auf ihn wartet, nun gut, es war bekannt, daß ihn aber jener Schachtürke längst vergangener Zeiten lockt, der 50 Jahre auf dem Buckel haben mag, ist fast beleidigend. Nostalgie – oder ein englischer Spleen.

München. Palais Leuchtenberg... Paris. Café Régence... wieder einmal Amsterdam. Der Fall Winkel. Diederich Nikolaus Winkel hatte inzwischen am 14. Januar 1818 in der AMZ die Erfindung des Metronoms für sich reklamiert und die Priorität beansprucht. Mälzel stellt sich nun diesen Vorwürfen: »›Kann ich von den Metronomen auch keinen wirklichen Nutzen ziehen, so darf ich doch nicht zugeben, daß man mir so die Ehre der Erfindung raube.‹« Mälzel scheint seiner Sache sehr sicher gewesen zu sein. Und doch – eine Kommission der Niederländischen Akademie der Schönen Künste als Schiedsrichterin stellte 1820 fest, daß Mälzels Metronom dem 1815 eben dort durch Winkel angemeldeten Chronometer technisch aufs Eindeutigste gleiche. Mälzel soll unterschreiben, daß er »Winkel die erste Idee seines Metronoms schulde und nur das Eigentum der Gradskala reklamieren könne, das ihm von seinem Gegner nicht bestritten werde«.[35] Aber unter einem Vorwand erscheint er zu der Unterzeichnung dieser Erklärung nicht. Das Protokoll wird in der Akademie niedergelegt. Winkel hatte sich bereiterklärt, auf jede finanzielle Verwertung zu verzichten.[36] Winkels Metronom? Mälzel hat bei den früheren Begegnungen Winkel den »Stengel« abgeschaut, der mittels eines gleitenden Gewichtes die Balance hält und eine wirkliche Neuerung gegenüber dem herabhängenden Pendel ist, mit dem auch Mälzel noch 1814 nach England gereist war. Aber schuldet Winkel dann nicht auch Kantor Stöckel die Idee, die Schläge hörbar zu machen? Wer hatte nicht alles am Panharmonicon, am Trompeter, am BRAND VON MOSKAU mitgewirkt! Schuldet er Napoleon die Idee am Diorama? Winkels Erfindung ging nicht weiter, tat nicht den entscheidenden Schritt. Mälzels weitgreifende Idee, das Gerät auf die Zeit, die Minute zu eichen, und die Minute entsprechend den – einer logarithmisch aufgeteilten Gradskala zugeordneten – Notenlängen einzuteilen, scheint von der Kommission in ihrer Bedeutung weder erkannt noch anerkannt worden zu sein. Und doch war es das, was den endgültigen Einsatzwert ausmachte. Daß Mälzel der »Maschine« den Namen gab, unter dem sie bekannt wurde, bezweifelt niemand. Auch als Tempoanweisung besteht M. M., »Metronom Mälzel« mit allem Recht. Was die Verbreitung des Produkts als *Mälzels Metronom* betrifft – so war der Siegeszug, den es von Anfang an unter diesem Namen angetreten hatte, im Jahre 1818 nicht mehr aufzuhalten... In diesem Begriff lebt Johann Nepomuk Mälzel weiter – Banner der Zeit, Pate einer Schöpfung seiner, der, Zeit.

Winkel soll sich gerächt haben – auf Mälzels ureigenstem Gebiet, meinte er und vergaß Mälzels Ansprüche als Musiker: er baute ein Walzeninstrument, das Componium, das nicht nur selbstspielend, sondern durch einen Zufallsgenerator auch selbstkomponierend auftrat! Außer einigen Technikern hat es niemanden, auch nicht Mälzel, anhaltend beeindruckt. Winkel, im Gegensatz zu Mälzel unfähig, sich und sein Produkt zu vermarkten, war offensichtlich kein Kind des Glücks und Erfolgs. Verschuldet, vergessen starb er 1826 in

Amsterdam. Seine Improvisationsinstrumente überlebten, sie sind zu besichtigen im Nationalmuseum von Utrecht, Holland und im Musée Instrumental du Conservatoire Royal de Musique in Brüssel.[37]

Mälzel, zum zweitenmal in Urheberstreitigkeiten verwikkelt, reagiert gekränkt – und läßt sich nicht stören. Die Reputation? *Et si je vaux mieux qu'elle?* mag er mit Beaumarchais' »Figaro« gefragt haben – und wenn ich nun besser bin als mein Ruf?

London! In No. 4, Spring Gardens, mietet er einige Ausstellungsräume, packt seine Kunstwerke aus. Die Besucher genießen das Wiedersehen: der Trompeter, der Schachtürke! Für die vielen Neugierigen wird Spring Gardens bald zu eng sein.

Am 19. Juni 1818 schreibt er an Breitkopf & Härtel, er habe »›es herzlich satt‹«, sich noch mit der Sache abzugeben. »›Zu diesem Augenblicke beschäftige ich mich hier blos mit Kunstsachen zur Ausstellung zu bereiten, u. ich erwarte blos Ihre Meinung um noch fortzufahren Metronome zu machen oder sie ihrem Schicksal zu überlassen.‹« Doch, Breitkopf & Härtel wollte seine Geräte weiterhin vertreiben.

Am 22. Juli, kurz darauf, bittet er, berichtet Haupt, »nachdem er eben erst den Empfang von 500 Francs bestätigt, um Übersendung weiterer 1000 Francs, da er für seine Ausstellung so viel brauche«. Spielt Mälzel? Möglich. Vor allem spielt er auf seine Art: er baut nun einen mechanischen Seiltänzer, er braucht einen lebenden Schachspieler...

Wie mag die Antwort von Breitkopf & Härtel gewesen sein? Mälzel, nun Schausteller, begibt sich bald, wohin es ihn schon lange zieht: *on the road*. Er führt seine Kunstprodukte dem Norden der Insel vor. In Bath, Manchester, Liverpool, Edinburgh tritt er auf – mit großem Erfolg als Schausteller und geringem Erfolg als Kommissionär bei den örtlichen Musikalienhändlern für Breitkopf & Härtel. Die Vervollkommnung des Metronoms als eines seiner Werke verliert er in zwiespältiger Liebe aber nie aus den Augen. Er habe es,

»›aufs Neue noch mehr vereinfacht, und die piramidalische Form beibehaltend dennoch so zweckmäßig dauerhaft möglichst vollendet ..., daß eine Reise und der damit unvermeidlich verknüpfte Schaden durchaus keinen Einfluß mehr haben kann‹«. Außerdem habe er »›die frühere Gestaltung derselben aus Blech jetzt in Mahagonyholz verändert‹«. Das nun ist uns neu: Bis 1821 müssen demnach die Mälzelschen Metronome aus Metall hergestellt worden sein! Gleichzeitig teilt er mit, er sei nicht gesonnen, sein »›Depôt von Metronomen‹« fortzusetzen. Möglicherweise eine Reaktion auf in der AMZ veröffentlichte Metronomkritiken. »›Da dieselben so kränkend für mich ohne allen Beweis geschrieben sind, so hat mich die Aufnahme derselben in ihrem Blatte, ich muß es Ihnen frei gestehen recht sehr befremdet.‹« Er sei von London nach Amsterdam gereist, um zu seiner »›Rechtfertigung‹« die nötigen Beweise zu erlangen. Die werde er in einem eigenen Bericht publizieren, da die Zeitschrift erklärt habe, »›daß sie es gern sähe, wenn dieser Streit in Ihren Blättern nicht weiter ausgesponnen oder gar beendet würde‹«. ist diese Schrift je erschienen? Er mag es sich anders überlegt haben. Am 12. September 1821 bringt das Intelligenzblatt der AMZ eine (bezahlte?) Anzeige – die jeder Rechtfertigung überlegen ist und für sich selber spricht: Nicht nur in Europa, sondern auch in Baltimore, Philadelphia, Boston und Kalkutta finde das Metronom Absatz. »Ich mag hier nicht zum Lobe meiner Erfindung sprechen, die Herren Salieri, Eybler, Beethoven, Weigl etc. in Wien – haben bereits im October 1813, wo [wie] die Herren Cherubini, Mehul, Catel, Berton, Nicolo, le Sueur, Bildieu etc. in Paris und Cramer, Ries, Clementi, Kalkbrenner, Viotti etc. in London schriftlich ihren Ausspruch über die Zweckmäßigkeit meines Instrumentes – niedergelegt, sie haben über seinen Nutzen nicht nur für die Componisten sondern auch bey seiner Anwendung für Musiklehrer und Schüler sich so gründlich ausgesprochen, daß jede weitere Erwähnung als überflüssig geltend betrachtet werden kann.«[38]

Wen interessiert da noch ein Herr Winkel in Amsterdam ...
Die musikalische Welt hat Winkels Reklamation der Urheberschaft so wenig wahr- und angenommen wie die vielen Verbesserungsvorschläge, die im Register der AMZ dieser Zeit unter dem Stichwort »Chronometer« o. ä. nachzuweisen sind. Was da den Takt vorschlägt, ist von Anbeginn so unauslöschlich eng mit Mälzels Namen verbunden wie der Fleischextrakt mit Herrn Liebig. Anders als bei der Bezeichnung *Mälzelsches Metronom*, was nicht mehr als *nach Mälzels Art* bedeuten muß, verweist bei *Mälzels Metronom* das Genitiv-s direkt an den Erfinder, eigentlich verbleibt das Gerät in seinem Besitz. Großzügig überläßt er den Freunden der Musik *sein* Metronom, behält aber sozusagen mit dem -s für immer die Hand darauf. So hat er sich mit *Mälzels Metronom* namhaft und seinen Namen seriös gemacht und erhalten; es hat seinen Ruf fortgetragen von den zweifelhaften luxuriösen und nutzlosen Kunstmaschinen. Und ausgerechnet in diesem Metronom sah Mälzel nun trotz aller Anerkennung »›keinen wirklichen Nutzen‹«.

Zwar führte er auf all seinen zukünftigen Reisen einige Vorführ- und Verkaufsexemplare der Metronome mit sich, doch hatten sich wohl die Winkelschen Vorwürfe zwischen ihn und das Gerät geschoben. Als habe ihn seine Maschine betrogen, entzieht er ihr nun die Ausschließlichkeit seiner Liebe – der Umgang bleibt gebrochen. Sie hat es nicht geschafft, seinen Erwartungen gerecht zu werden. Die Investitionen übertrafen die Einnahmen. Das Soll griff nach dem Haben.

Doch es scheint, neben der Affäre Winkel, weniger der Mangel an finanziellem Nutzen als am artifiziellen Gewinn, der ihn an diesem Metronomgeschäft auf die Dauer keine Lust mehr haben läßt. Ob er den Mechanismus nun in kostbar verziertes Mahagony oder in dünnes Blech steckt, stumm oder hörbar, billig oder teuer schwingen läßt – er bewegt weder sich, noch ihn von der Stelle. Da waren doch die Prothesen genau das Gegenteil. Hatten nicht viele seiner früheren Geräte mit Fort-Bewegung zu tun? Diese Maschine aber tritt auf der Stelle! Einen Schritt vor – einen zurück. Nichts geht weiter! Das Tack–Tack–Tack–Tack macht traurig! Symbolisiert das nicht die Nutzlosigkeit des Seins? Zerhackt es nicht die Zeit zu Tode? Opposition aller Täuschung? Entbehrt es nicht jede Großartigkeit? Nur noch dieses Ticken ... Die Musik geht verloren, wie die Zeit, wie das Leben ...

Fand Mälzel schließlich zum Schachspieler zurück, oder der Schachspieler zu Mälzel? Maelzel's Chess-Player, Maelzel's Trumpeter, sein Leben. Die Erlösung. Er habe das Metronom »›herzlich satt‹«, hat er eines Tages verkündet, sei nur noch mit der Vorbereitung seiner Ausstellung beschäftigt. *Dafür* bittet er ungeniert Breitkopf & Härtel um Geld.

Der letzte Brief des Schriftwechsels zwischen Johann Nepomuk Mälzel und dem Verlagshaus besagt, daß Mälzel der Firma die Erlaubnis erteilt, einen Leipziger Künstler seine kleinen Metronome nachmachen zu lassen Die teuren Präzisionsmetronome produziert er weiter. Métronome de Maelzel/ France Amerique Belgique Paris Hollande Angleterre. – Auf dem abnehmbaren Brettchenverschluß waren die Inschriften eingestanzt:

By letters patent –
Honni soit qui mal y pense –
Dieu et mon droit. Gott und mein Recht.

X. Sprechende Puppen

Für 600 000 Dollar soll Johann Nepomuk Mälzel Anfang der 1820er Jahre ein Panharmonicon an eine Bostoner Gesellschaft verkauft haben. Das Instrument ist nie angekommen – spurlos versank das Schiff zwischen den Kontinenten...[1]

Riesige Summen hat Mälzel als Erfinder/Unternehmer/Schausteller eingenommen, und größere Beträge gab er aus. Daß er nicht imstande war, Geld zurückzulegen, wirft Schindler ihm vor. Dieser Mälzel, so urteilte man, war extrem unfähig, »vernünftig« mit dem Geld umzugehen. Pfiff er nicht auf jeden Besitz? Auf die Geborgenheit und Dauerhaftigkeit in Heimat, Vaterland, Familie? Wer nicht rechnet, ist unberechenbar! Wo um alles in der Welt blieb denn das viele Geld? Die Frage ließ der Phantasie des Bürgers freien Auslauf. Natürlich, er muß der Spielsucht verfallen sein! Hat jedes Maß verloren!

Was bedeutet für Mälzel das Geld? Nichts – er setzte es mit großer Geste auf augenscheinliche Nutzlosigkeit. Was ihm Geld bedeutet? Alles – mit traumwandlerischer Ausschließlichkeit setzt er es für seine Apparate ein, für das Leben, die Show... immer das Beste! Alles oder nichts. Ja, ein Spieler! ohne Netz und doppelten Boden. Möglich, daß ihm dabei fast jedes Mittel recht war, nein, unterlief. Wenn Vorsicht das Gegenteil von Rücksicht bedeutet, dann war er in seiner Großartigkeit rücksichtslos. Geld besaß nur in Rücksicht auf seine Kunstwerke einen Wert.

»Er wußte, wo auch immer es war, Geld zu verdienen, und sich die Masse dienstbar zu machen«, schreibt Günther Haupt, und »skrupellos« sei er gewesen, wenn er seinen Vorteil sah.[2]

»Er borgte, vergaß aber das Zurückzahlen«, erinnert sich Moscheles.[3] Mälzel, immer auf dem Sprung, hatte viel Geld oder keines. Seine Taschen waren voll oder leer. Waren sie gefüllt, wird er mit Geld um sich geworfen haben, und jeder profitierte davon. Gähnten sie leer, borgte er mit derselben Selbstverständlichkeit. Daß ihm das Zurückzahlen nicht einfiel... Hat er es vergessen? Hat er etwa je einen Menschen bedrängt, ihm zu borgen? Sollte es den Gläubigern denn nicht Gewinn und Ehre sein, wenn ihnen ihr Geld aus seinen Kunstobjekten entgegenschallte? Es war ja nicht verloren. Er bräuchte ja nur das eine oder andere zu verkaufen...

Breitkopf & Härtel ging er um Geld an, mit einer »Blauäugigkeit«, die verblüfft und verblüffte. Was wollte er mit dem Geld? Wir haben es gelesen. Investieren, in neue Pläne, Kunstsachen zur Ausstellung; die alte Liebe, seine Liebe.

Mit diesen Ausstellungsobjekten, berichtet Mendels Conversations-Lexikon 1877, »verdiente er bedeutende Summen, die er nur leider in Gelagen wieder vergeudete«[4]. Dafür, daß ihm das Geld durch die Finger rann, er immer nach Geld in den Taschen suchte und borgte, wenn er keins fand, brauchte der Bürger eine Erklärung: verhurt, versoffen, verspielt. Wie dieser Mann lebte, das war anmaßend und provozierend. Er tat so, als ob das Leben nichts als endlich sei, zu nichts nütze als zum Leben! Sicher hat er getrunken, gewiß riskierte er große Summen, gewann Unsummen und hat sie wieder verspielt. Was Johann Nepomuk Mälzel tat, das tat er gründlich. Aber er verlor nie den Kopf und die Contenance. Seinen Automaten erhielt er ihre Reinheit, ihre Unschuld und seine Treue. Für seine Werke brauchte er Zeit seines Lebens, was er immer behalten hat: eine sichere Hand, einen raschen, klaren Blick, einen kühlen Kopf, eine überzeugende Autorität. Das spricht bei einem, der diese Lebensart sechsundsechzig Jahre lang durchhält, gegen die oben angenommene exzessive Lebensform als Dauerzustand. Nur einen einzigen Zustand von Dauer hat es in seinem ganzen bewegten Leben gegeben: Jeden Gulden, jeden Franc, jedes Pfund, jeden Dollar steckte er in seine Kunst und ihre Präsentation.

Der eingangs erwähnte Selbstbiograph, der Zauberer Signor Antonio Blitz (er wird uns im nächsten Kapitel wieder entgegenkommen und uns durch Mälzels letzte Monate begleiten) erinnert sich: »Er entfaltete großen Geschmack und großes Raffinement in all seinen Arrangements, ohne die Kosten zu berücksichtigen.«[5]

Die Metronomfabrik, die Jahre mit dem Metronom, haben Mälzel einsam gemacht. Käufer, Abnehmer geben außer Geld nichts her. Mit seinen lancierten Zeitungsartikeln, seinen Reklamekampagnen, seiner Propaganda, sucht er ein Publikum; aber die Kommunikation bleibt einseitig, unbefriedigend, frustrierend. Will er nicht verkümmern, verkommen, ersticken, *muß* er die Kisten auspacken, den Trompeter, das Panharmonicon, den BRAND VON MOSKAU wieder ans Licht holen. Durch seine Apparate bringt er – zaubert er nach Belieben für einen reinen, schönen Augenblick ihres Staunens – sich die Menschen sehr nahe, er ist eins mit den anderen, bewundert, beliebt, geliebt. Mälzel entäußert sich an seine Werke. Sein (Selbst-)Darstellungswunsch findet Befriedigung in der Selbstentäußerung, die alle Aufmerksamkeit auf die Werke lenkt und sie absolut erscheinen läßt. Diese vollendete Darstellungskunst zeugt Vorführkunst höchster Perfektion: Wenn sich die Kunstwerke vom Künstler lösen – ein Moment des Glücks.

Mit dem Schachtürken, das ist etwas anderes. Mälzel will dem Publikum kein Wunder vorführen, wie es beim Baron von Kempelen noch geschah. Wohl jeder weiß inzwischen, daß hier alles mit rechten Dingen zugeht. Und genau damit beabsichtigt er nun zu spielen. Jahrelang ist der Automat nicht öffentlich vorgeführt worden. Das Publikum ist ein anderes geworden. Der verstaubte Muselman! Was um alles in der Welt erwartet dieser Mälzel? Er erwartet die Erwartung des Publikums. Wieder einmal beweist er seinen absoluten Sinn für Publikumswirksamkeit. Jedermann wird den berühmten Türken sehen wollen, von dem die Väter immer wieder so manches zu erzählen gewußt haben. Das Geheimnis, das der unkritischen Bewunderung der Väter standhielt, müssen die Söhne nun lösen wollen. Mälzel rechnet mit diesen kritischen Nachfahren, er spielt mit ihrer »Logelei« – sie werden die Kasse stürmen, ein jeder in der festen Überzeugung, daß *er* es ist, der die Nuß knacken, den Knoten durchschlagen wird. Als Eugène Beauharnais, Herzog von Leuchtenberg, ihm den Apparat zum Rückkauf anbot, erkannte Mälzel sofort seine Chancen. Ohne Überlegung, ob er in der Lage sei, die geforderten Raten einzuspielen, ließ er sich auf den schwer zu erfüllenden Kaufvertrag ein. Wer setzt, gewinnt. Das Rätsel unlösbar zu halten, das ist nun und bleibt die technische und psychologische Herausforderung. Antrieb – oder Fluch – der nächsten Jahre. Noch im Palais Leuchtenberg, in München, Anfang 1818, hat Mälzel wohl den Apparat umgerüstet, einige Veränderungen des Mechanismus bei Beibehaltung des altehrwürdigen Äußeren durchgeführt. Er kalkulierte – wie er sagte –, auf diese Weise eine Erklärung seiner Aktionen noch schwieriger zu machen.

Wenn die Funktionen stimmen, kommt es darauf an, das Publikum gegen ihren aufgeklärten Willen mit den unzerreißbaren Zauberfäden der Illusion zu umgarnen. Es ist mehr als ein Kitzel, mehr als ein Reiz, was Mälzel nun an- und aufnimmt: es ist Kampf. Solange niemand *die* Erklärung des Geheimnisses, *die* Lösung der Denk- und Beobachtungsaufgabe findet, wird Mälzel der Sieger sein. Wenn er Sieger bleiben will, muß er dem Schachspieler seine ganze Aufmerksamkeit zuwenden und erhalten. Behält er den Türken, kommt er nicht umhin, einen wahrhaftigen Spieler in Kauf zu nehmen. Freiwillig oder unfreiwillig wird er sich in Abhängigkeit begeben. Absolut ist er auf die Verläßlichkeit, das Einverständnis und Stillschweigen dieses Spielers angewiesen. Dabei ist die Abhängigkeit nicht gleichberechtigt: Selbst wenn der Schachdirigent den Verdienst nötig hat, ist er nicht in dem Maße auf Mälzel angewiesen, wie der auf ihn. Mälzel setzt sich aus – wer setzt, gewinnt ... Ob er will oder nicht, erwirbt er nun nach Jahren der Einsamkeit mit dem Rückkauf des Türken so etwas wie eine Familie.

Als Mälzel früh im Jahre 1818 mit der Schachmaschine im Gepäck von München aus nach Paris kam, wußte er, wohin er seine Schritte zu lenken hatte.[6] Sofort suchte er das Café de la Régence auf, gegenüber dem Palais Royal – immer noch Zentrum der schachspielenden Welt. Hier hatte einst Rousseau gespielt und Benjamin Franklin dem Kempelenschen Schachautomaten »Schach« angesagt. Anders als man vom Baron von Kempelen wußte, der die stärksten Spieler des Clubs zu öffentlichem Spiel herausgefordert hatte, beobachtete Mälzel jeden einzelnen Spieler in all seinen Eigenschaften und Eigenheiten und warb schließlich die ihm geeignet erscheinenden für seine Zwecke an. Nach *einem* Kriterium vor allem wählte er aus: der Spieler durfte nicht von kleiner Statur sein. Wer das Gegenteil erwartet, mag bedenken, daß erzählt wird, Kempelens Spieler sei ein Zwerg, ein Beinamputierter, oder der schachgewandte etwa 12jährige zierliche Knabe des treuen Herrn Anton gewesen... Würde der Vorführer einen Gnom mit sich führen, läge die Lösung, das leuchtet ein, zu nahe.

Bald nach Mälzels Erscheinen läßt sich Boncourt, nach dem großen Labordonnais der stärkste Spieler Europas, nicht mehr in der gewohnten Häufigkeit im Régence sehen. Daß der Schachtürke – anders als zu Kempelens Zeit – inzwischen unschlagbar war, konnte indes niemand mit dem Fernbleiben Boncourts in Zusammenhang bringen: Boncourt war ein Riese. Ausgeschlossen, daß so einer, wie auch immer, in diesem Kasten hocken könnte. Das Geheimnis war so neu und herausfordernd wie nahezu fünfzig Jahre zuvor.

Mälzels Veränderungen machten es möglich. Tatsächlich hatte sich Boncourt auf den Spaß eingelassen. Daß ihn der Berufsspieler Weyle und der Besitzer des Café de L'Échiquieur und Autor der »Encyclopédie des Échecs«, Aaron Alexandre, ab und zu vertraten, machte die Sache noch komplizierter. War man am Nachmittag noch ganz sicher, daß es nur der kleine Monsieur Alexandre sein konnte, der aus dem Innern heraus das Spiel lenkte und gewann, fand man ihn am Abend augenzwinkernd und Pfeife rauchend gegen den Automaten spielen und – verlieren. Einer, der soviel raucht, läßt sich nicht eine Stunde lang in einen Kasten sperren! Oder Rauchwolken müßten hervorquellen! Wer ist der Spieler? Auf Boncourt kam keiner. Boncourt war der Beste, zu gut für ein Possenspiel. Für Mälzels Absichten wäre er in seiner Spielstärke und Verläßlichkeit wirklich der Beste gewesen, und der oder das Beste war ihm ja gerade gut genug, wenn nicht eines Tages –

Nun, daß er ein sehr langsamer Spieler war, forderte dem Zuschauer einiges ab (sollte ein Automat nicht schneller sein können als ein Mensch?) – Mälzel ließ sich darauf ein. Daß er aber inmitten der Vorstellung laut nieste, nein, das konnte nicht angehen. Selbst die Lärmmaschine, die Mälzel nun einbaute, und die jeder Spieler künftig im lärmdrohenden Notfall durch Knopfdruck in Aktion setzen konnte, soll nicht gegen Boncourts Niesen und Schniefen angekommen sein. Es ist nicht zu überhören: der zweitstärkste Spieler Europas hatte eine Schachmaschinenallergie... Auch war er an die fünfzig Jahr alt, und bei dem Gedanken, sich auf eine Englandreise einlassen zu müssen, hörte für den Pariser der Spaß auf. Und (der aus Würzburg stammende) Aaron Alexandre behauptete steif und fest, um keinen Preis auf sein Pfeifchen weiterhin verzichten zu können.

Mälzel ahnt, was auf ihn zukommt. Ohne Spieler reist er nach England... Merkwürdig – seit Monsieur Mälzel abgereist ist, sind der lange und der kleine Spieler wieder in alter Gewohnheit ständige Gäste im Régence.

In London findet Mälzel nach einiger Zeit das seinen Vorstellungen entsprechende Haus, No. 4, Spring Gardens; zentral gelegen, wenige Schritte vom Trafalgar Square. Immer vom Besten. Er schreibt an Breitkopf & Härtel, signalisiert sein Desinteresse an den Metronomen und sein Interesse an seiner Ausstellung mit Kunstsachen und bittet um Geld. Erwartet er, daß das Verlagshaus ins Schaugeschäft investiert?

Under the immediate Patronage of

His Royal Highness the Prince Regent!

Maelzel's
TRUMPETER,
AN
Automaton,

as LARGE as LIFE, in the COSTUME of an
AUSTRIAN CUIRASSIER,

Performing by Mechanism within the Body of the Figure, and by means of Sounds created within the Trumpet itself, according to the regulated *quantum* of Air forced into it, a *VARIETY* of

CAVALRY MANŒUVRES,

Marches, Solos and other Musical Pieces,

(expressly Composed, as a Token of their Admiration)

By Beethoven, Dussek, Pleyel, Ries, &c.

either alone, or with Instrumental Accompaniment, with greater Precision and Rapidity of Execution than has yet been attained by the most skilful *Virtuoso* on that difficult Instrument.

This extraordinary Figure has been exhibited with the greatest applause at Vienna, Paris, Milan, Munich, Amsterdam and other Capitals on the Continent; and has been honored with the Approbation of His Royal Highness the Prince Regent, of their Majesties the Emperor of Austria, the King of Bavaria and many other Sovereigns of Europe.

The Exhibition is Open every Day, Sunday excepted, at *The Royal Hotel, St. James's Street,* opposite *the Palace,* From 1 to 5 o'Clock.—Admittance 1s. 6d.

London: Printed by Schulze and Dean, 13, Poland Street.

Mälzels Ausstellung in London, St. James's Street, um 1819

Die erste Londoner Saison 1818/1819 wird ein voller Erfolg; die Besucher, rosig und ausgeruht vom herbstlichen Landaufenthalt, genießen, was die Stadt zu bieten hat. Maelzel's Exhibition, die muß man gesehen haben! Nicht nur den bekannten Trompeter und den alten unschlagbaren Schachtürken führt er vor, sondern – inzwischen in einer größeren öffentlichen Halle, No. 29, St. Jame's Street, nur wenige Meter vom ersten Auftrittsort des Türken unter Kempelen entfernt – auch das Orchestrion und vor allem sein Diorama, DER BRAND VON MOSKAU, in dem Mälzel auf wunderbare Art alle Künste, die bildenden, die Poesie, die Musik vereinigt hat. London feiert Triumphe über Napoleon. Heftiger als dieser BRAND VON MOSKAU hätte auch das musikalische Schlachtengemälde »Wellingtons Sieg oder die Schlacht von Vittoria« nicht die englischen Gemüter bewegen können...

Vom November 1818 bis Februar 1819 fanden die Vorstellungen dreimal wöchentlich statt. Danach – bis zum Frühsommer – war die Ausstellung täglich, von Montag bis Samstag geöffnet. Um ein Uhr und drei Uhr bot der Türke nur Endspiele an, die er immer gewann. Der Gast konnte die Farbe wählen, den ersten Zug aber tat stets der Automat. Am Abend, um acht Uhr, nach dem Auftritt des Trompeters und anderer Attraktionen, wurden komplette Spiele gespielt. Im Allgemeinen war die gesamte Vorstellung »mit Rücksicht auf das Publikum« auf eine Stunde beschränkt; falls nötig, konnte das Spiel zu einer anderen Zeit fortgesetzt werden. Der Eintritt betrug 2 1/2 Shilling für Erwachsene und für Kinder 1 1/2.

Den Schachspieler dirigierte in dieser Saison einer der ersten Spieler Englands, William Lewis, den bei Bedarf die Spitzenspieler Hunnemann oder William Peter Unger vertraten. Als aber im Sommer 1819 die erfolgreiche Saison zuende geht und Maelzel's Exhibition sich *on the road* begibt, wohin ihm der Spieler nicht folgen will, schuldet Mälzel Lewis noch Geld: »Er war für gewöhnlich knapp bei Kasse, und einmal schuldete er mir 50 Pfund, von denen erhielt ich 25 zurück, während er entweder in Schottland war oder in Frankreich. Damals dachte er daran, nach Rußland zu gehen und wünschte, daß ich ihn begleiten würde.«[7] Lewis legte für Mälzel ein Verzeichnis möglicher Endspielsituationen an. Diese Aufzeichnungen und Diagramme wurden von den Nachfolgespielern ständig ergänzt und aktualisiert. Das in grünes Maroquin-Leder gebundene Büchlein ist aus Mälzels Geschichte nicht wegzudenken und wird sich in seinem Nachlaß finden.

Aber nicht in Rußland treffen wir die Schau wieder, sondern im Norden von England. Der Erfolg der Tour vom Spätsommer 1819 ist noch sensationeller als erwartet. Wenn Mälzel sagt, daß er in Liverpool in zwei Wochen mehr eingenommen habe als in sechs Londoner Monaten, so liegt das nicht nur an den bekannten Attraktionen und an der Spielstärke und Geschwindigkeit seines neuen Spielers, Jacques François Mouret, eines Schachprofessors aus dem Régence, Großneffe des unübertroffenen Schachmeisters und großen Komponisten Philidor, Schachlehrer der Königskinder von Louis Philippe, – sondern an einigen aufsehenerregenden neuen Errungenschaften: Mälzel hat sich der Kempelenschen Sprachmaschine erinnert und sie in den Schachautomaten adaptiert. Nun kann der Türke sogar sprechen! Anstatt wie bisher zur Warnung mit dem Kopf zu nicken, sagt er laut und vernehmlich französisch-vornehm: »échec!«.

Aber das ist nicht alles. Mälzel führte einen winzigen Seiltänzer mit sich, 20 inches groß, der sofort Liebling jedes Publikums war. Er ging von Hand zu Hand; keinerlei Mechanik war sichtbar. Es war nicht zu fassen: auf einem 30 Fuß langen Schleppseil tanzte, turnte, hüpfte, sprang er mit unglaublicher Leichtigkeit und Anmut zu Mälzels vollendeter Pianobegleitung. »Oh là là!« sagte er, wenn er fertig war. Mälzel verbeugte sich knapp. Der Herr und seine Schöpfung. So unfaßbar war, was man erlebte, daß man über dem Staunen allen Kummer vergaß; die großen Web- und Spinnautomaten fraßen das Brot... zahllose dieser Zuschauer vegetierten wohl von der Armenunterstützung, die Kinder arbeiteten 12, 14 Stunden... die meisten starben, bevor sie sich wehren konnten. Maelzel's Exhibition, die muß man sehen, die läßt Sonne, Mond, Sterne aufgehen.

»›Mälzel stand vor den Besuchern – keineswegs als ein Showman, sondern als großer Erfinder, als der er sich durch das Panharmonicon, seine Seiltänzer, sein Metronom und den Trompeter bewiesen hatte; und einem Genie, das soviel vermochte, nahm man beinahe ab, imstande zu sein, eine Maschine zu bauen, die Schachkombinationen berechnen könnte. Und nicht allein sein Talent –, seine Erscheinung und seine Manieren forderten den Applaus seiner Besucher heraus. Er war die vollkommene Höflichkeit und Liebenswürdigkeit, er war leidenschaftlich in Kinder vernarrt, und egal, was geschah, für sie hatte er immer seine vorderen Plätze reserviert und verteilte unter ihnen Süßigkeiten; und bei Gelegenheit gab er Benefizvorstellungen für Waisen und Witwen oder einen anderen wohltätigen Zweck, in einer Form, die wahre wohlwollende Sinnesart offenbarte.‹«[8]

Wer war Johann Nepomuk Mälzel?

In der zweiten Londoner Saison, 1819/1820, meinte er, die Eintrittspreise auf 1 Shilling senken zu können. Etwas Merkwürdiges geschah: Das Publikum blieb aus. Als er den Preis um eine halbe Krone anhob, drängte man sich wieder vor den Kassen.

Im Januar aber stirbt König George III. (1760–1820). Hof und Adel, die zahlungskräftigsten, vielleicht gar einzigen Kunstfreunde von London, halten sich nach Landessitte von öffentlichen Belustigungen fern. Mit ihnen hatte er gerechnet. Im Frühjahr 1820 begibt sich Mälzel, immer noch mit dem geschickten, unentbehrlichen Mouret als Assistenten, in den Norden Englands und nach Schottland. Schließlich reisen sie nach Amsterdam.

»Man sollte meinen, seine Ausstellungen hätten ihn reich gemacht, aber er lebte sehr extravagant, oft gab er das Geld so schnell aus, wie er es einnahm. Er war ein Perfektionist, und keine Kosten hätte er gescheut, um seine Ausstellung in einem tadellosen Zustand zu erhalten. Dazu kam, daß er, wenn auch unregelmäßig, an Eugène Beauharnais Abzahlungen leistete.«[9]

Als in Amsterdam Hollands König William I. für 3000 Francs fast die ganze Ausstellungshalle für sich und sein Gefolge reservieren ließ, sah Mouret eine gute Gelegenheit, endlich zu seinem ausstehenden Lohn von 1500 Francs zu kommen. Die Anekdote zeigt Mälzels schwache Stelle – seine Erpreßbarkeit. Sie wurde zuerst, noch zu seinen Lebzeiten, 1836, in der Schachzeitung *Le Palamède* kolportiert: Um 12.30 Uhr wurde der König erwartet. 12 Uhr – und kein Mouret an seinem Platz. Mouret war absolut zuverlässig. Sollte ihm am Ende etwas zugestoßen sein, ausgerechnet jetzt? Nicht auszudenken!

Mälzel eilte zu Mourets Hotel. Wahrhaftig – von heftigem Fieber geschüttelt, fand er die Seele des Automaten im Bett.
»Was gibt's? Was ist los mit Ihnen?
Ich habe Fieber.
Höre ich recht? Sie waren doch vor einer Weile, beim Lunch, noch völlig in Ordnung.
Ja, es kam ganz plötzlich.
Aber der König kommt.
Er wird umkehren müssen.
Was soll ich ihm denn sagen?
Daß der Automat an Fieber leidet.
Hören Sie auf zu spaßen.
Glauben Sie mir, mir ist nicht nach Lachen zumute.
Aber die Kasse war nie so gut.
Geben Sie das Geld zurück.
Ich bitte Sie, stehen Sie auf!
Unmöglich!

Ich rufe einen Arzt.
Unnötig.
Gibt es denn kein einziges Mittel, das das Fieber runterbringt?
Doch, in der Tat, ein einziges gibt es.
Und das wäre?
Zahlen Sie mir die 1500 Francs, die Sie mir schulden.
Ja, bestimmt... heute Abend.
Nein, nein, jetzt, in dieser Minute.«[10]
Der König ließ (den Kriegsminister) nach seinen Anweisungen spielen. Noch schneller als sonst, munterer, möchte man sagen, gewann der Türke und schlug – den Minister. (Um diese Zeit: Mälzels Niederlage vor der Amsterdamer Kommission.)

Mouret soll ein schüchterner kleiner Mann gewesen sein. Obwohl ein erstklassiger, besessener Schachspieler, scheute er das Aufsehen öffentlicher Turniere und die glanzvollen Siegesfeiern. Ein Schicksal, das ihn zum idealen Lenker der Maschine werden ließ und zum einmaligen Partner. Unbemerkt und unerkannt konnte er seine Schach- und Gewinnsucht befriedigen, die sein Leben bestimmte; Mälzel wußte das zu nutzen. Die Abhängigkeit war von gegenseitiger Art. Wie ihr privater Umgang war, wissen wir nicht. Sie brauchten einander. Von Amsterdam aus bereisten sie die Nordsee-Küstenstädte (eine Reise, über die nichts zu erfahren war) und kehrten rechtzeitig zur Saison 1820/1821 nach London zurück.

Seit sich der sogenannte Schachautomat abermals der Öffentlichkeit gestellt hatte, provozierte er immer neues publiziertes Kopfzerbrechen und entsprechendes Aufsehen.
1819 waren »Observations On The Automaton Chess Player« erschienen. Indem der Autor die fast 40 Jahre alten Erklärungsversuche von Windischs wiederholte, bewunderte er mehr als er enttarnte. Ergänzend verkündete er seine Lösung: der Vorführer lenke den Automat unsichtbar mittels

haardünner Katzendarm-Züge. Diesen Aufsatz übernehmen ganz oder teilweise auch deutsche Blätter. Das Wunder wunderbar halten. Kann es angehen, daß der anonyme Autor dieser Schrift, »an Oxford Graduate«, der nie erkannt wurde, in Wahrheit Mr. Maelzel war? Jedenfalls wußte der den Apparat im Gespräch zu halten.

1820 erschien mit Mälzels Erlaubnis von W. Hunnemann (ja, der kannte die Sache hautnah), »A Selection Of Fifty Games, From Those Played By The Automaton Chess-Player, During Its Exhibition In London, In 1820«, eine Auswahl der Spiele, die Mouret in London dirigiert hatte. Seit Februar 1819, so war hier vermerkt, habe der Automat trotz Vorgabe eines Bauern von dreihundert Partien nur sechs verloren. Unerklärlich! Phantastisch! Man begann, wieder an das wahre Wunder zu glauben... Da erschien, auch anonym, im Dezember 1820 eine 40seitige Abhandlung: »An Attempt to Analyse the Automaton Chess Player of Mr. de Kempelen. With an Easy Method of Imitating the Movement of That Celebrated Figure«. Schnell war der Verfasser erkannt: der erst 21jährige Robert Willis. Mit seiner Schwester zusammen hatte er wiederholt die Vorstellungen besucht. Willis wurde später Professor für Mechanik in Cambridge. (Siehe Abb. S. 178/179)

Die Schrift, sorgfältig illustriert, war so eingängig und im Entwurf – wie auch Mälzel zugab –, wenn auch nicht im Detail richtig, daß der es vorzog, nach dieser Saison, statt wie geplant in England zu reisen, nach Paris zu gehen. Wieder einmal? Brauchte er Veränderung? Das zu den letzten Londoner Vorstellungen 1820 einladende Plakat verkündete, daß er das Orchestrion, den Trompeterautomaten, den BRAND VON MOSKAU und das Patent des Metronoms zum Kauf anbietet!

Ein Werbetrick? Ein Mittel, auch noch den letzten Zuschauer anzulocken, bevor die Pracht verschwindet? Hatte er wieder einmal eine Sache »herzlich satt«?

Es kann ja auch die feuchte neblige Kälte Nordenglands

gewesen sein, die ihn die Reise nicht antreten ließ. Mälzel ging auf die 50 zu, und wir tun so, als hätte ihn kein Gliederreißen oder Husten plagen können. Bemerkenswert ist es schon, wie er auf jede ernstzunehmende Kritik, die ja in seinem Metier Entlarvung sein wollte und mußte, mit einschneidenden Orts- und Arbeitsfeldwechseln reagierte. Die jeweilige Abreise könnte unter diesem Aspekt beinahe als Flucht erscheinen: Nach Beethovens Anklage verließ er das Wiener Kunstkabinett und errichtete die Londoner und Pariser Metronomfabrik. – Als ihn Winkels Urheberrechtsklage erreichte, wechselte er von der Rolle des Fabrikanten in die des Schaustellers. – Nun Willis Entlarvung des Automaten als Scheinautomat. Kunstmechaniker – Fabrikant – Schausteller. Ein Perfektionist. *It must be correct*. Wenn die Perfektion, das heißt die Einheit Mälzel/Werk/Publikum, durch Kritik gestört war, wechselte er vom Standbein aufs Spielbein oder umgekehrt, wog ab und setzte – sich in Bewegung.

Daß er dann die Schritte nicht zufällig, keineswegs überstürzt, in eine bestimmte Richtung lenkte, stets wußte, wohin er und was er nun wollte, widerspricht der Vorstellung, er sei geflüchtet; vielmehr richtet es unsere Vermutung dahin, daß er die einschneidenden Kritiken, wenn nicht provoziert, so doch herbeigewünscht, herbeigezaubert, inszeniert haben könnte. Das läßt auf die Vergangenheit wie auf die Zukunft schließen. Geht die Annahme zu weit, daß (30 Jahre zuvor) die Abreise aus seiner Vaterstadt ein ähnlicher kritischer Anlaß bedingt haben könnte, der ihm in Zukunft hier jeden öffentlichen Auftritt verbot oder vergällte? Die Orts- und Tätigkeitswechsel wurden zum Gesetz, sind Motor, Schicksal seines Lebenslaufs. Ob er die in London angebotenen Apparate wirklich verkaufte, wissen wir nicht. Er hätte sich leichten Herzens von ihnen verabschiedet im Bewußtsein, sie bei Bedarf (den Trompeter ausgenommen) durch Gleiches oder Schöneres, noch Glanzvolleres am nächsten Ort ersetzen zu können – wenn er nur die Mittel hatte. Solange er sich von

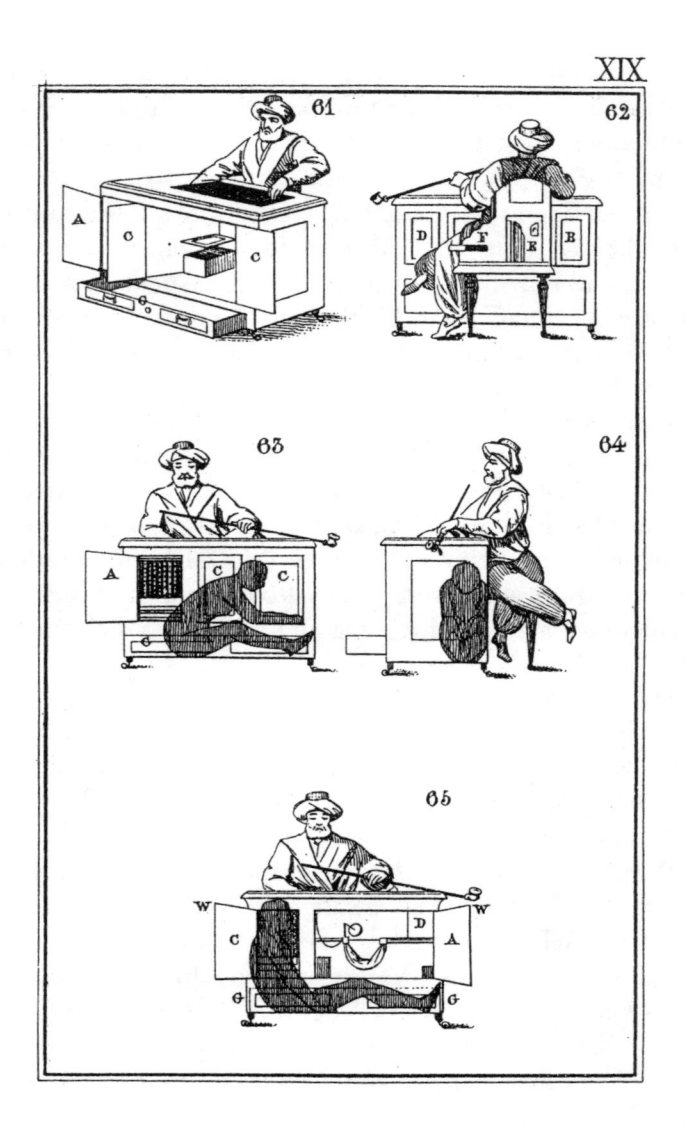

Erklärungsversuche des Schachautomaten nach Robert Willis von David Brewster, London 1832, Vorlage für E. A. Poes Schlüsse. Fig. 61–65 zeigen zutreffend, wie sich der Spieler bei geöffneten Türen verbarg.

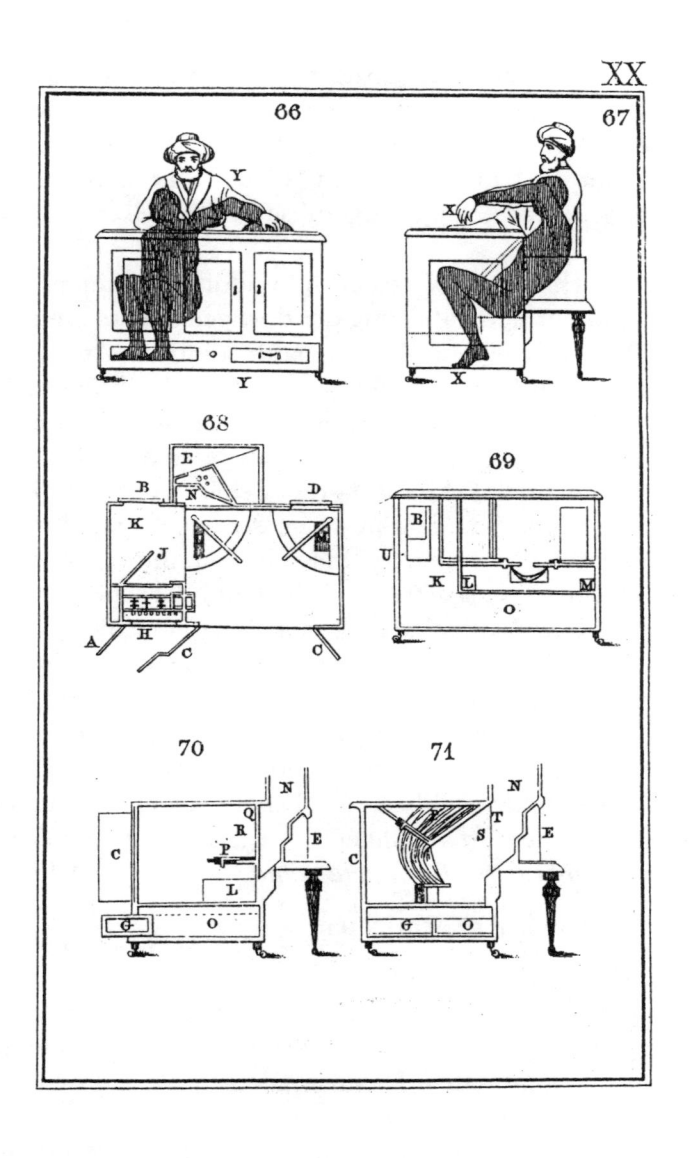

Auch die unrichtige Überlegung Willis', Fig. 66, 67, wurden von Brewster und Poe übernommen.

dem Schachtürken, dem einzigen seiner Apparate, der eine wirkliche Trugmaschine war, nicht trennte, trug er den Anlaß, den möglichen Auslöser aller künftigen Aus- und Aufbrüche mit und in sich herum. Fluch oder Rettung? Ein Zustand jedenfalls, der jedes geruhsame Wurzelschlagen ausschloß.

Seine Rückkehr von Paris nach London im Frühjahr 1821 dient wohl nur der Auflösung der dortigen Ausstellung (und Fabrik?). Nach einem Zwischenaufenthalt in Amsterdam läßt er sich im Sommer 1821, mit dem Schachtürken und Monsieur Mouret, in Paris nieder – als Geschäftsmann. Wir sehen zu, warten ab, wie und wie lange er diese Rolle auf dieser Bühne spielt. Mälzels Adresse, eine »Boutique« in der Panoramagalerie 8 und 9, zwischen der Rue Saint-Mart und dem Boulevard Montmartre. Eine Gegend, in der weder Tag noch Nacht vorherrschte... Eine teure Gegend. Mälzels Geschäfts- bzw. Visitenkarte: »Neue Panoramagalerie – Boutique Nr. 9. – J. Maelzel, Mechaniker, Erfinder des Panharmonicons, des Trompeterautomaten, etc. – Mit Erfinderpatent – Metronome und kleine sprechende Automate«. Mälzel hat sich aufs Kleine, Feine reduziert. Über diese Pariser Jahre ist nicht allzuviel bekannt. Daß er – hier wie immer – sich im Licht der Öffentlichkeit bewegt, bestätigt ein Bericht des *Morgenblatts für Gebildete Stände* vom 6. April 1822:

»Korrespondenz=Nachrichten. Paris, den 1. März. Nachdem ich im vorigen Schreiben die neuste Pariser Theater=Chronik abgehandelt, bleibt mir noch übrig, von einigen andern, das Schauspielfach nahe berührenden, Darstellungen und Anstalten zu reden. Dahin gehören Mälzels Vorzeigungen des Schachspielenden Automaten und des mechanischen Seiltänzers. Leztern hat er an einen Engländer verkauft, aber sogleich darauf einen neuen verfertigt. Mit dem Schachspielenden Automaten hat es eine eigene Bewandniß. Bekannt ist die v. Kempelensche Maschine, welche gegen das Ende des vorigen Jahrhunderts so viel Aufsehen erregte, und worüber

MAELZEL'S EXHIBITION,
No. 29, St. James's Street.

The Automaton Chess Player

Being returned from *Edinburgh* and *Liverpool*, where (giving the Pawn and Move) it baffled all Competition, in upwards of 200 Games, although opposed by ALL THE BEST PLAYERS.

Has opened its Second Campaign,
WITH THE ADDITION OF THE

AUTOMATON TRUMPETER,
AND THE

Conflagration of Moscow,

In which Mr. M. has endeavoured to combine the ARTS of DESIGN, MECHANISM, and MUSIC, so as produce, by a novel Imitation of Nature, a perfect Fac Simile of the real Scene. The View is from an elevated Station on the Fortress of the *Kremlin*, at the Moment when the Inhabitants are evacuating the Capital of the Czars, and the Head of the French Columns commences it Entry. The gradual Progress of the Fire, the hurrying Bustle of the Fugitives, the Eagerness of the Invaders, and the Din of warlike Sounds, will tend to impress the Spectator with a true Idea of a Scene which baffles all Powers of Description.

The MORNING EXHIBITIONS begin at 1 and 3 o'Clock, and the EVENING EXHIBITION at 8 precisely, when GAMES will be played AGAINST ANY OPPONENT, to whom the double Advantage of A PAWN AND THE MOVE WILL BE GIVEN.

Admission 2s.6d. *Children* 1s.6d. *each.*

☞ Each Exhibition lasts One Hour. Should a Game not be finished in that Time, the Party will be at Liberty to take it down with a View to its being resumed at another Opportunity.

Mr. M. begs leave to announce that the ORCHESTRION, the AUTOMATON TRUMPETER, the CONFLAGRATION OF Moscow, and the Patent for the METRONOMES, are to be disposed of.

W. GLINDON, Printer, RUPERT STREET, Haymarket.

Maelzel's Exhibition, London, um 1820; Mälzel bietet einige Apparate zum Verkauf an sich so viele Mechaniker und Nicht=Mechaniker die Köpfe zerbrachen. Diese Maschine wurde, wie man weiß, zu Wien aufbewahrt, und kam um die Zeit des Aufenthalts der Franzosen daselbst weg. Sie ist in den Besitz einer Person gerathen, die sie Mälzel anvertraut zu haben scheint, welcher sie nun wohl in den jetzigen Stand gesezt, und vielleicht auch verbessert hat. Er hat sie in London und Paris eine Zeitlang sehen lassen; Alle, welche mit dem hölzernen Manne gespielt, haben gegen ihn verloren. Neulich wurde Mälzel mit seinem Wundermann bey einem glänzenden Abendzirkel der Herzogin von Berry in den Tuilerien berufen, und auch hier bey Hofe war der mechanische Spieler so unhöflich, und gewann den besternten und bekreuzten Herren, welche ihm die Ehre anthaten, mit ihm zu spielen, die Parthie ab; ein lebendiger Automat würde sich gewiß solch eine Unhöflichkeit nicht haben zu Schulden kommen lassen. Der Herzog von Reggio verlor sowol, wie ein anderer, und hätte der König gespielt, so hätte der unerschütterliche Schachspieler wahrscheinlich eben so wenig Zeremonie gemacht. Es sind nun bereits über ein Dutzend Abhandlungen über den Wundermann geschrieben worden, ohne daß die wahre Beschaffenheit desselben errathen worden ist. Nicolai, welcher in seiner Reisebeschreibung diesen Gegenstand sehr umständlich erörtert, und mit seiner gewöhnlichen durchdringenden Einsicht darüber urtheilt, besteht mit vielem Rechte darauf, daß das Spiel der Figur unmöglich die Wirkung eines Mechanismus seyn könne, und daß also das Ganze auf einer fein verborgenen Täuschung beruhen müsse. Er meinte, es stecke etwa ein Knabe in dem Kasten unter der Figur. So vernünftig dieses nun auch lautet, so wird es jezt dadurch widerlegt, daß das Inwendige der Figur durch und durch offen gelassen wird. Als die Figur neulich nach Hofe gebracht und in einem Zimmer ohne Vorbereitung aufgestellt wurde, so ließ sich kein Blendwerk voraussetzen, und dennoch kann der gesunde Menschenverstand nichts weiter hier voraussetzen, als was Nicolai vermuthete, nämlich eine sehr geschickt angelegte Täuschung. Indessen könnte es seyn, daß der Mechanismus nur einer sehr geringen Leitung bedürfe, um seine Wirkung hervorzubringen. Auf jeden Fall ist gewiß die Kempelen=Mälzelsche Maschine eins der merkwürdigsten Werke, welche der menschliche Erfindungsgeist in der Mechanik je hervorgebracht hat.«[11]

Dieser Bericht hat Mälzel wohl nicht gefallen; er wendet sich an die Zeitung, und so erscheint am 3. Juli 1822 eine Ergänzung:

»N. S. Ein im April eingerückter Bericht von mir über den Mälzel'schen Schachspieler könnte in so weit mißverstanden werden, als ob nach der Einnahme Wiens die Kempel'sche Maschine durch die Franzosen fortgeschafft worden sey. Hr. Mälzl wünscht daher, ich möge erklären, daß er damals das Eigenthum dieser Maschine hatte, und es mit verschiedenen andern Kunstwerken an den Prinzen v. Leuchtenburg abtrat, welcher ihm darauf sehr freygebig den Gebrauch derselben auf eine unbestimmte Zeit überließ. Dieser Gunst zufolge hat sich der Schachspieler seitdem in London und Paris sehen lassen, und ist durch das Reisen schon gelehrter geworden, da er jezt, wenn sein Gegner verliert, das Wort Échec ausspricht, was er vorher nicht wußte. Ein kleiner mechanischer Seiltänzer, den Mälzl verfertigt, spricht ganz deutlich Mama aus, und ein zweyter, woran er eben arbeitet, wird nicht allein Mama, sondern auch Papa sagen. Wer weiß ob diese hölzernen Figuren eines Tages nicht ganze Reden halten werden. Grimm spricht in seiner Korrespondenz schon von einer Kempel'schen Redemaschine, und zählt beynahe zwanzig Wörter auf, die sie soll ausgesprochen haben. Er macht dabey die drollige Bemerkung, man könnte vielleicht eine kurze Rede auf eine solche Maschine bringen und aussprechen lassen, wie man ein Orgelstück abspielen lässt.«[12]

Der sprechende Schachautomat. – Der allerliebste hölzerne kleine Seiltänzer sagte »Mama«, der nächste »Papa«, ein anderer »Oh là là!«. – Der folgende Schritt ist nicht groß. Johann Nepomuk Mälzel – Erfinder der sprechenden Pup-

pen. Mit Schlafaugen! Er hält eine Puppe in seinen großen Händen. Sie himmelt ihn an: Mama! Papa! »Die ersten sprechenden Puppen wurden in größerer Zahl in den 20er Jahren des vorigen Jahrhunderts von Johann Mälzel, dem Erfinder des Metronoms hergestellt. Die Kinderzeitung ›Le bon génie‹ [...] berichtet, daß auf der französischen Industrieausstellung 1823 Puppen gezeigt wurden, die ›Mama‹ sagten, wenn man ihre rechte Hand zur Schulter hob, und ›Papa‹, wenn man die linke ebenso bewegte: Mälzel erwarb sich 1834 ein Patent für seine Erfindung. Eine Anzeige jener Zeit lautet: ›Für sechs Franken bewege ich die Augen und drehe ich den Kopf, für zehn Franken sage ich Papa und Mama.‹«[13]
Inventé et exécuté par Maelzel.

Trotz des Erfolges – die notorische Geldknappheit. Auch jetzt Rückstände bei seinen Angestellten; Forderungen Beauharnais, die er nicht einhalten kann. (Sein alter Gönner, der Herzog Albert von Sachsen-Teschen, war 1822 gestorben.)

Beethovens Konversationshefte, Heft 76, Ende September 1824: »Mälzel hat einen Laden in Paris. Er nim̃t ein schlechtes Ende.

———

H(er)r Stumpf sagt, er habe in Paris Gelegenheit gehabt, ihn kennen zu lernen, wollte es aber gar nicht, weil er etwas so abscheuliches von ihm gehört hatte, daß er ihn verabscheute.

———

Mälzel stellt in Paris Puppen aus, die ›Mama‹ sagen.
———«[14]

Wer dies dem tauben Beethoven aufschrieb, und was der antwortete, ist nicht bekannt.

Was – um Gottes willen – galt als »abscheuliches«, was war das Abscheuliche? Wie gehen wir mit diesen schlimmen Worten um, die der Musiker Stumpff gesagt haben soll? Wir müssen sie stehenlassen, lassen sie stehen. Aber der erste Satz des unbekannten Gastes, »Er nim̃t ein schlechtes Ende«, macht Angst. Nicht einfach dahergesagt, sondern aufgeschrieben, eher Verwünschung, Fluch, als Besorgnis... Gott sei Dank – wir sind anders. Man hat es ja kommen sehen, nicht wahr? Ein Mann – ein Mann solcher Gottes- oder Teufelsgaben – und Puppen! Ich bitte Sie – Puppen, die »Mama« sagen! Er nimmt ein schlechtes Ende.

Am 21.2.1824 war Eugène Beauharnais gestorben. Wenn Mälzel möglicherweise befreit aufgeatmet hat, dann nicht lange. Die Erben besitzen nicht die Nonchalance des Herzogs; sie drängen unerbittlich auf prompte Ratenzahlung oder auf Verkauf des Apparates zur Ablöse der Restschuld. Mälzel rotiert, wendet sich an einen potentiellen Londoner Käufer. Zweimal arrangiert er seine komplette Vorstellung vor dem ganzen französischen Hof im Palast der Duchess de Berry, in der offensichtlichen Hoffnung, einen zahlungskräftigen Liebhaber für den Türken zu finden. Wer aber läßt sich schon auf eine Maschine ein, die einer so ungewöhnlichen, heiklen und teuren Antriebskraft bedarf!

Die Leuchtenbergs drohen inzwischen mit einem Prozeß; mit der Ankündigung, dabei den Mantel dieser besonderen Bedienung zu lüften, versuchen sie, Mälzel unter Druck zu setzen.

»Paris, am heutigen Tage, dem 18. April 1825

Verehrter Herr Baron,

Da Sie die Güte hatten, mir mehrmals Ihr Interesse, in erster Linie bezüglich des Schachspielautomaten, der mir durch Seine Königliche Hoheit Prinz Eugen anvertraut wurde, bekundet haben, und da Sie Sich die Mühe machten, mehrere Schritte für den Verkauf dieser Maschine einzuleiten, erlaube ich mir, Ihnen nun diese Zeilen zu schreiben, in der Absicht, Ihnen einige Informationen über dieses Objekt zu geben.

Zum einen habe ich weder eine endgültige Antwort noch annehmbare Bedingungen aus London erhalten; zum anderen habe ich den Automaten sowie weitere meiner Maschinen

Ihrer Königlichen Hoheit La Duchesse De Berry vor versammeltem Hofe zweimal vorgeführt; mehrere adelige Herren, und insbesondere Seine Exzellenz der Graf von Rechberg in Begleitung verschiedener Botschafter beehrten mich zwei Mal mit ihrem Besuch in der Ausstellungshalle, in der ich meine Vorführungen machte; trotz der Genugtuung, die sie mir entgegenbrachten, indem sie den Automaten für die höchste aller Erfindungen dieser Art hielten, hat bis heute keiner unter ihnen, wie auch kein anderer gewünscht, diesen zu erstehen. Im übrigen dürfte es Ihnen leicht fallen, werter Herr Baron, sich vorzustellen, wie schwierig es ist, sich von einer Maschine dieser Art zu trennen, die, um ihre ganze Wirkung zu erzielen, einer besonderen Bedienung bedarf; eine Tatsache, von der Sie sich selbst überzeugen konnten, als Sie sie in Ihrem Bekanntenkreis vielfältig anboten.

Das war, was ich Ihnen, werter Herr Baron, bezüglich des besagten Automaten mitzuteilen wünschte. Ich werde erst einmal bis zu den Krönungsfeierlichkeiten warten; es ist anzunehmen, daß ihn der eine oder andere Besucher aus dem Ausland dann zu kaufen wünscht. Sollte das nicht eintreten, plane ich eine Reise durch Deutschland und nach München, wo ich um die Ehre bitten werde, ihn Ihrer Königlichen Hoheit Prinzessin Eugen, Herzogin von Leuchtenberg vorstellen zu dürfen.

> Genehmigen Sie, werter Herr Baron,
> die Versicherung meiner ausgezeichneten
> Hochachtung, durch die
>
>> ich die Ehre habe,
>> Ihr gehorsamer und
>> ergebenster Diener zu sein.
>
> Jean Maelzel«[15]

Anfang September 1825, Beethovens Konversationshefte,

Heft 94: »Der [Mälzel] ist bös auf Sie, weil Sie nicht mehr nach dem Metronom bezeichnen.

Der arme (»arme« nachträglich eingesetzt) Mann lebt davon und deshalb hält er darauf daß die ersten ihn gebrauchen.«[16]
Armer Mälzel? Die in dem Brief an einen unbekannten Baron angekündigte Reise nach Deutschland und zu Beauharnais Witwe Auguste trat er nicht an. Die Krönungsfeierlichkeiten für Charles X. vergehen, Mälzel ist noch immer Besitzer des mechanischen Schachspielers...
Es dürfte Ihnen leicht fallen [...] sich vorzustellen, wie schwierig es ist, sich von einer Maschine dieser Art zu trennen, die um ihre ganze Wirkung zu erzielen, einer besonderen Bedienung bedarf.
Sehr fein gesagt. Tut er etwa nur so, als sei er wild entschlossen, den Türken zu verkaufen? Spielt Mälzel? Verspielt er Chancen? Will er Zeit gewinnen oder – baut er »einen Türken«?

»Regensburg, den 18. Jänner 1825
Das Königlich Baierische Kreis- und Stadtgericht Regensburg an den Magistrat der Koenigl. Kreis Hauptstadt Regensburg
Erbtheile der auswärts befindlichen Mölzlischen Söhne betr.
Durch die Verlaßenschaftsvertheilung der Instrumentenmachers Wittwe Katharina Mölzl fällt ihren auswärts ansäßigen Söhnen als
1) Johann Baptist Melzl Maschinist zu Paris
2) Leonhard Melzl musikalischer Kunst-Mechaniker zu Prag,
jedem ein Erbtheil von circa 500 f zu.
Man ersucht daher um gefällige Auskunft, ob der Ausfolglaßung dieser Erbtheile nichts entgegen stehe, und verharrt mit Hochachtung [...]«.[17]

Schon im Vorjahr, am 25. April 1824, ist in Regensburg

die Mutter gestorben. 80 Jahre alt ist sie geworden.[18] Nun könnte ihr Erbe den fernen verlorenen Sohn retten.

Vorerst aber fordert die Stadt allerlei Papiere, Abschriften der Taufscheine, Meldebestätigungen, Unbedenklichkeitserklärungen.

Die ledigen Brüder Johann »Baptist« – wie er in diesen Akten (nicht im Taufschein) genannt wird – und Leonhard, nun wieder in Wien (er hatte zuweilen in Böhmen seine Kunstwerke ausgestellt), werden aufgefordert, sich über den Zeitpunkt der »Entfernung von Regensburg, so wie über die wirkliche Ansäßigmachung im Auslande diesorts zu legitimieren«.[19]

Leonhards Unterlagen sind bald komplett. Das Wiener Grundgericht Jägerzeil bestätigt am 1. März 1825, »daß Herr Leonhard Mälzel, von Regensburg, in Bayern gebürtig 42 Jahre alt im Hause No. 20 in der Jägerzeil wohnhaft, ausgewiesenermaßen durch 25 Jahre fortwährend in Wien mithin *nationalisirt*, dann seit dem Jahr 1821 vermög *Decret* vom 9ten Jänner 1821 befugter musikalischer Kunstmaschinist und dermahlen auch kaiserl. königl. Hofmaschinist sey«.[20]

Und der Pariser Mälzel? Er antwortet nicht. Hat er Gründe? Will er schlafende Hunde nicht wecken? Hat er den Brief nicht erhalten oder erhalten und dann nicht geöffnet, wie es mancher arme Mensch tut, der, von Gläubigern und Behördenfurcht bedrängt, den Kopf in den Sand steckt? Das Bangen! Das Geld in greifbarer Nähe und Johann Nepomuk antwortet nicht. Was schließlich hilft, ist seine berufliche Reputation und ein unbürokratischer Regensburger Magistrat:

»Regensburg den 7. April 1825

[...] Rücksichtlich des Joh. Baptist Melzel in Paris fehlt zwar zur Zeit dieser Ausweis der Ansäßigkeit im Auslande, nachdem aber derselbe durch seine ausgezeichnete Kunstfertigkeit allgemeinen Ruf erlangt hat, und eine Gefährde der hiesigen Comune durch eine künftige Alimentationslast in Bezug auf ihn oder seine Familie nicht zu befürchten ist, so dürfte auch die Ausfolgelaßung seines Antheils keinem Anstande unterliegen.«[21]

Endlich, am 21. April 1825 wird »Johann Baptist Melzel, Maschinist in Paris« schriftlich »eröffnet, daß die Exploration desjenigen Erbtheiles zum beyläufigen Betrage von 500 f [...] genehmigt« ist. »Der Empfang [...] ist zu bescheinigen«.[22] Und nun? 500 Gulden? Was sind für einen wie Mälzel 500 Gulden?!

Beethovens Konversationshefte, Heft 98, November 1825. Ein unbekannter Besucher (möglicherweise Johann Sedlaczek [1789–1866], der im Begriff ist, eine musikalische Kunstreise nach Paris zu machen und sich Jahre vorher in London aufhielt) sucht Beethoven dazu zu bewegen, an Mälzel einen mahnenden Brief zu schreiben:

»Mit seinen *sprechenden* Puppen soll er viel eingenohmen haben.

———

vor 2 Jahren schrieb er mir ich möchte ihm wegen dem Bettel nicht quälen, er dürfte nur eines von seinen Kunststücken

———

ich werde den Brief selbst besorgen wenn Sie die Gnade haben wollen zu schreiben

———

ich werde den Brief hier abholen

———

ohngefehr f 3600-CM ist mir Mälzel schuldig

———

Haben Sie noch mehrere Briefe nach Paris zu besorgen, so kann ich solche ohne Unkosten zu verursachen, einschlüssen

———

Ich hab ihm in England 600 Pfund vorgestreckt, welche er mir in Amsterdam mit Dank zurückbezahlte, das zweyte Mahl hat er mich sitzen lassen er hat von Amsterdam baare f 25 000 CM weggetragen u. in 2 jahren nichts

———

Wenn Euer Wohlgeboren nur 2 Zeilen schrieben nur das er weiß daß es kein Geheimnis.
———«[23]

Falls der gewünschte Brief je geschrieben wurde – er hat Mälzel nicht erreicht. Unbekannt verzogen. Das geringe mütterliche Erbe – Mälzels Freiheit. Geld ist ein sehr relativer Wert.

Am 20. Dezember schifft er sich in Le Havre ein. Davids Anpassung an die Umstände. Mouret läßt er zurück. Mouret wird ein kleiner Postbeamter... Vom hölzernen Spieler hat sich Mälzel nicht getrennt. Ob er ihn nun meint, ausgelöst zu haben, oder ihn einfach entführt – sie reisen zusammen, sie bleiben zusammen. In den letzten Tagen des Jahres 1825 verläßt Johann Nepomuk Mälzel mit dem Paketschiff *Howard* unter Kapitän Eldridge die alte Welt. Im Gepäck seine sprechenden Geschöpfe: »Mama!«, »Papa«, »Oh là là!«, »Échec«.

XI. Maelzel's Chess-Player

Irgendwann bei einer früheren Vorstellung in Mitteleuropa hatte ein Witzbold, der es wissen wollte, laut »Feuer!« gerufen. Dem flüchtenden Publikum entging der Anblick der in polternden Paniktanz versetzten Schachmaschine, deren Inneres sich überstürzend nach Außen zu drängen suchte.

Es gelang dem beherzten Vorführer, sie hinter den obligatorischen Vorhang zu rollen und dort mit gutem Zureden und Handauflegen zu beruhigen. Was aber allen künftigen Spielern des Scheinautomaten blieb, das war dieser erschrekkende Alptraum – die Angst, eingeschlossen in ein unsprengbares Gefängnis, bei lebendigem Leibe verbrennen, ersticken zu müssen. Und Theaterbrände waren nicht selten! Diesen Feueralptraum, das Entsetzen, konnte nur ein absolutes Vertrauen auf den Exhibitor aus den Nächten verbannen. Ein Vertrauen auf dessen Umsicht, auf die bekannte Gelassenheit, die er immer von neuem bestätigte und eben dadurch beschwor und durch seine Zuverlässigkeit und Präsenz in jedem Augenblick unter Beweis stellte. Gottvertrauen. Ja, Mälzel, der hat das Feuer gekannt und gebannt. Erfand er nicht die rettende Erstickungswehr?

Aber der gebannte Alptraum wird sich eines Tages an Mälzels Werken rächen. (Das Schicksal des großen Panharmonicons ist uns bekannt.)

Kempelens Schachautomat, Mälzels Schachspieler, ist in der Nacht zum 5. Juli 1854 ein Opfer der Flammen geworden, verbrannt.[1] Da war niemand, der daran dachte, ihn zu retten, als die Flammen vom *National Theatre* in Philadelphia an der Ecke Ninth und Chestnut Street auf das »*Chinesische Museum*« überschlugen – der letzten Stätte des 85jährigen Schachtürken. Und keine der lamentierenden Lokalgazetten erwähnte den Untergang dieser »merkwürdigsten aller mechanischen Erfindungen« mit einem einzigen Wort. 16 Jahre vorher, im Juli 1838, hatte sich Johann Nepomuk Mälzel zum Sterben begeben. Der Automat war dann für 400 Dollar von John F. Ohl, Mälzels Freund und Finanzier, ersteigert worden. (In Mälzels amerikanischen Jahren ist nie mehr von Schulden, unbezahlten Löhnen, Hazardspielen die Rede.) Für denselben Preis hat der Physiker und Mediziner Dr. Mitchell, zeitweilig behandelnder Arzt E. A. Poes – dann die Schachmaschine erworben, um sie in den Besitz eines eigens gegründeten »Fan«-Clubs zu überführen. Was dessen Mitglieder vorhatten, war nicht einfach, aber es gelang endlich nach Robert Willis' Zeichnungen, die (entsprechend Mälzels schützender Gewohnheit mit anderen Ausstellungsteilen, denen des *Caroussels*, zusammen) verpackten Einzelteile zu ordnen und sinnvoll zusammenzusetzen. Doch die Maschine verweigerte sich: ein Körper ohne Seele. Einige traurig-reizlose private Vorstellungen hat es noch gegeben, dann stellte man den Apparat in *Peale's Museum* ab, das wegen seiner Sammlungen das »Chinesische« genannt wurde. Manchmal kamen ein paar Schulkinder, kleine Mädchen in hellen Kleidern...

Die anderen Attraktionen von Maelzel's Exhibition gelangten in verschiedene Hände. Ein polnischer Kraftakrobat, Zaionczek, übernahm für eine Zeit *The Pyric Fires*, *The Conflagration of Moscow*, *The grand Caroussel*, *The Speaking Figures*, *The Automaton Rope Dancers*. Noch Jahre später reisten Showunternehmen unter des Meisters Namen: »Maelzel's Mechanical Exhibition«; »Maelzel's Dancing Figures«; »Maelzel's Automatons«; und (s)ein *mechanischer Trompeter* wurde noch 1871 vorgeführt – von Signor Antonio Blitz...

Mälzels Leben. 66 Jahre. 66 Karteikarten, für jedes Jahr Leben – eine Karte. Nun, zum Jahreswechsel 1825/1826 bleiben noch 13 – für Amerika. Daß sie dichter beschrieben sind, mehr Stichworte, mehr Notizen tragen, als die mancher europäischer Jahre, verdanken wir vor allem George Allen (1808–1876), Geistlicher, Professor der Pennsylvanischen Universität. 1859 faßte er seine sorgfältig gesammelten Erinnerungen und umfangreichen Recherchen in einem Brief an William Lewis Esq., London, zusammen (jenen uns bekannten Lenker der Maschine in der ersten Londoner Saison – der, mit dem grünen Buch der Endspiele). Allens Brief-Essay erschien noch im selben Jahr unter dem Titel »The History Of The Automaton Chess-Player in America« in »The Book Of The First American Chess Congress«, das Daniel Willard Fiske in New York herausgab.* Alle Schriften, die sich von nun an mit dem automatischen Schachspieler befassen, beziehen sich auf diesen Aufsatz. Sie alle feiern Mälzel, wie er sich feiern ließ: *The Prince Of Entertainers.*[2] Prince? Nicht *King*? Im Mittelpunkt dieser Beschreibungen stehen, wie in seinen Vorführungen, immer seine Automaten. Die Könige – das sind *sie*. Kein Wunder, Mälzel selbst tat ja alles, um die Aufmerksamkeit mit dem Lichtschein auf sie zu bündeln. Was wir von ihm zu sehen kriegen, ist, wie gesagt, nichts als ein Schattenriß. Maelzel's Exhibition – ein Versteckspiel.

Nur dem schnellen gezielten Blick eines Zauberers verdanken wir ein lebendiges Bild, Signor Antonio Blitz, *The King Of The Conjurers*[3], hat es uns in wenigen Zeilen seiner Memoiren aufgezeichnet: Johann Nepomuk Mälzel im (All-)Tageslicht – am Beispiel einer »Blitz«-Aufnahme von Mälzels Eßgewohnheiten, die noch vorgezeigt wird.

Dreizehn amerikanische Jahre. Jahre der Erinnerung:
»Eine lange Reihe aufmerksamer kleiner Gesichter auf den vorderen Bänken. Die begeisterten Augen der Kindheit beob-

---

* Es sei hier ausdrücklich und sehr herzlich Herrn Lothar Schmidt, Bamberg, gedankt, der diese Aufzeichnungen, wie auch viele andere der bedeutendsten Quellen zum Schachautomaten, für diese Biographie zur Verfügung stellte. Ihm verdanken wir auch einige wichtige Hinweise.
Einen ebenso herzlichen Dank an Herrn Volker Huber, Offenbach – Er überließ der Verfasserin freundlicherweise die Originalausgabe von Signor Blitz' Memoiren »Fifty Years In The Magic Circle«.

achten die flinken Puppen. Eine Heidenpuppe schneidet einer anderen Puppe gewandt und hübsch den Kopf ab, und winzige Gaukler schießen hervor und springen, Lilliputaner reiten verwegener als größere Leute und fechten und streiten auf gleiche Art und Weise. Gewiß erinnern Sie sich auch der kleinen Austern-Frau mit ihren Zucker-Muscheln, die nur die kleinen Mädchen erhielten. Und wie man da gewünscht hat, auch ein Mädchen zu sein, nur für diesen einen Fall, alles aus Liebe zu Zuckeraustern. Dann brannte Moskau zum tausendsten Mal, und während Napoleon floh, und Franzosen und Kosacken ritten und rannten, gestandest du deinem großen Bruder, das es ein Riesen-Riesenspaß sei und du wirklich wünschtest, jeden Abend zu kommen, immer. Und dann jene Babies, deren zusammengedrückte Mägen guttural ma ma, pa pa seufzten; man kann sie heutzutage in jedem Spielzeugladen kaufen. Jenen unentwegten, mit unerschöpflichen Lungen ausgestatteten treuen Trompeter, wir werden ihn so bald nicht vergessen. Und schließlich – vielleicht weniger ein Vergnügen für dich als für deine Eltern – der automatische Schachspieler, der Türke. Sogar er würde dir mit seiner orientalischen Ruhe und seinen rollenden Augen in den unheimlichen Bildern mancher späteren Nacht erscheinen.«[4]

Furcht und Verzauberung des Sohnes von Dr. Mitchell, Dr. Silas Weir Mitchell, Physiker und Schriftsteller ist er geworden. Furcht und Verzauberung unzähliger Kinder; Mälzels Leben, Mälzels Liebe zur Unschuld, sein Leben *on the road*.

1826. New York – Boston – Philadelphia

3. Februar. Die New Yorker *Ship News* meldet Mälzels Ankunft in den Vereinigten Staaten: »Mr. Maelzel, Professor of Music and Mechanics, inventor of the Panharmonicon, the Musical Time-Keeper, etc.«

Vom »Chess-Player« ist hier nicht die Rede. Aber wenige Tage darauf wußte ganz New York, daß der deutsche Türke, von dem man schon so viel vernommen hat, in Kürze in der Stadt auftreten würde.

Mälzel hatte gleich nach der Ankunft den Besitzer und Herausgeber der *Evening Post*, William Coleman, aufgesucht, ihm eine Reihe von Briefen und Empfehlungen übergeben und den begeisterten Schachspieler dafür gewonnen, Mr. Maelzel und seinen Attraktionen einen Leitartikel zu widmen.

Mälzel mietet eine Halle im National Hotel, Broadway Nr. 112, gegenüber der City Hall und quartiert sich (der alten Gewohnheit, immer in der Nähe seiner Ausstellung zu sein, entsprechend) im selben Hotel ein. In seinem Gefolge, der Lenker der mechanischen Seiltänzer, ein Franzose – und dessen Frau. Alle Erwartungen sind geweckt, jedoch es geschieht – nichts. Zwei Monate vergehen bis zum ersten Auftritt am 13. April, einem Donnerstag. Und da waren all die Erwartungen bereits leergelaufen. Ein Blick durch das Loch im Vorhang vor der Premiere offenbart die Misere. Keine 100 Zuschauer sind es, die sich trotz der neuerlichen Ankündigungen eingefunden haben. Eher skeptisch als voller Erwartungsfreude. Mälzel zieht alle Register.

Am nächsten Abend müssen Dutzende, die Einlaß begehren, abgewiesen werden. Vom ersten Auftritt an ist es nicht mehr nötig, für diese »Exhibition« Reklame zu machen; die Werke, die Attraktionen sprechen für sich. Der Name »Maelzel« ist in aller Munde, in allen Gazetten. Ja, ein Blatt entschuldigt sich gar, daß es dem Schachautomaten gestatte, so viel Raum einzunehmen. All jene, die ihn nicht erlebt hätten, könnten sich nicht vorstellen, in welchem Ausmaß er die Bürger in Atem halte... Mälzels Ruf eilt den Ausstellungen voraus. Jedes Lexikon in Europa erwähnt ja diesen Mann! Und die Yankees sind so neugierig wie auch stolz auf einen, der mit wirklichen Königen Umgang gehabt hat – mit dem großen Napoleon gar!

Johann Nepomuk Mälzel – der Name garantiert erstklassige europäische Kultur. Mälzel weiß sie zu verkaufen. Jedermann kann hier den Herausforderer des Kaisers herausfordern. Wenn das nicht Demokratie ist! Amerika!

Aber warum diese lange Pause bis zur Premiere? Gerüchte laufen um ... Sie potenzieren den Zulauf. George Allen nennt mögliche Gründe. Zum einen, so sagt er, sei Mälzel ein Deutscher und kein »Yankee« gewesen und habe dementsprechend keinen Geschmack daran gefunden, etwas in Eile zu erledigen. *Wo auch immer*, fügt Allen hinzu, habe sich Mälzel sehr viel Zeit für die Vorbereitung einer Ausstellung gelassen. Und das nicht nur wegen der schon erwähnten »Gelassenheit«, sondern wegen einer exzessiven Genauigkeit, die jeden Mechaniker, der für ihn arbeitete, zur Verzweiflung gebracht hat. Es sei immer dasselbe gewesen, egal, ob mehr Geld dabei draufging als reinkam – das Werk mußte auf seine Weise perfekt sein, auch wenn es in Stücke zerschlagen werden mußte und auf eigene Kosten wieder aufgebaut. Alte Häut' san's Flicken nit wert.

Auch könnten, sagt Allen, die Leuchtenberg-Anwälte den Auftritt des Entflohenen zu verhindern gesucht haben. Doch wer sei so dumm, jene Henne zu schlachten, die goldene Eier legt. Irgendwann dann in diesem Jahr war Mälzel in der Lage, sich und den Schachtürken mit der Bezahlung der Restsumme von 800 Dollar aus den Banden freizukaufen. Für die Annahme einer überstürzten Flucht aus Europa, so Allen, spreche die Tatsache, daß der sonst so umsichtige Mälzel ohne einen fähigen Schachspieler in Amerika ankam, obwohl er doch wußte, daß er hier nicht einen finden könnte, der die nötige Kompetenz besäße ... Auch das ein Grund für die verspätete Premiere? Wer war denn da die Seele, das Hirn der Maschine?

Eine Frau! Niemand anderes als jene Französin, die Frau des Puppenspielers! Große Romanze? Ehefrau verwandelt sich in schachspielenden Türken – will beim Mann bleiben! Oder Betrug? Die beiden ließen sich die Überfahrt bezahlen und verschwanden nach ein paar Wochen. Amerika!

Aber das Schachspiel hat sie gelernt. Auf der Überfahrt soll der härteste Schach-Intensivkurs stattgefunden haben, den es je gab. Doch erst im April war sie dann »fit«. Alle Endspielzüge beherrschte die elegante Madame, beherrschte im Traum alle Tricks, die die Bedienung der komplizierten Maschine verlangte. Nein, volle Spiele wurden in den nächsten Wochen nicht gegeben.

Mittags und abends fanden täglich die Vorstellungen statt. Wer den Türken herausforderte, erhielt das gezeichnete Diagramm einer Endspielsituation, die dem grünen Lewis-Band entnommen war. Gewinnen würde immer der, welcher den *ersten* Zug tat, und der Türke hatte sich seit jeher das Recht des ersten Zuges ausbedungen. Mälzels Schau bestand darin, daß er dem Herausforderer großzügig die Seitenwahl zugestand. Auch wenn der sich für eine günstiger erscheinende Situation entschied – die Niederlage war programmiert... Zögerte der Türke zu lange, rollte Mälzel ihn kurz hinaus, um etwas am Mechanismus in Ordnung zu bringen... Gewann er dann, war der Applaus um so größer. Der alte Zauber wirkte. Warum fehlte nun das früher unentbehrliche geheimnisumrankte kleine Kästchen? Aber, empörte sich Mälzel, das amerikanische Publikum werde doch nicht auf solchen Hokuspokus hereinfallen!

Dutzende Male versuchte man öffentlich, das Rätsel zu lösen. Das beste, was Mälzel widerfahren konnte, um die Ausstellung im Gerede zu halten. Er reagierte auf seine Art, um die kassenwirksame Verwirrung zu vergrößern. Behauptete einer, Mälzel bediene irgendwelche verborgenen Federn am Automaten, wenn er so nervös mit den Fingern darauf trommele, so bewegte er sich das nächste Mal in 20 Fuß Entfernung. Für gewöhnlich saß der Herausforderer an einem seitlich der Maschine plazierten Tischchen und Mälzel übertrug die jeweiligen Züge auf das Brett des Gegners. Sah jemand darin ein Indiz für Betrug, ließ der Vorführer ein direktes Spiel Aug' in Aug' zu. Und was geschah, als einige ganz Schlaue festgestellt hatten, daß eine gewisse Madame aus dem Gefolge immer just während des Schachspiels abwesend war, und nun laut nach der französischen Dame riefen, he? Da stand die Französin plötzlich im Raum, arrogant, schön, setzte sich lächelnd ans seitliche Schachtischchen und – wurde geschlagen... Bei den nächsten Vorstellungen sah man sie im Publikum sitzen. Wie zum Teufel ging das zu? Mälzel hatte vorgesorgt: Der junge Coleman, eben so schachvernarrt wie sein Vater, bediente die Maschine. Wenn es sich als unausweichlich erwies, hat Mälzel öfter gezielt des Pudels Kern offenbart. Es spricht für seine Menschenkenntnis, daß ihn niemals jemand verriet – bis auf eine alkoholbedingte traurige späte Ausnahme, auf die wir noch kommen werden. Jeder war offensichtlich stolz darauf, die Lösung eines esoterischen Weltgeheimnisses mit einigen wenigen Auserwählten teilen zu dürfen...

Außer dem Schachtürken entzückte das Publikum der Trompeter, die Seiltänzer, die er von Hand zu Hand gehen ließ, und – ganz neu – ein winziger Violoncellist-Automat aus Pappmaché, der hingebungsvoll Kopf und Arme ganz reizend zur Musik bewegte und wirklich zu spielen schien. Er klopfte gar mit dem Füßchen den Takt, blinzelte den kleinen Mädchen zu... und der große Künstler begleitete ihn, auf einem wirklichen Piano!

Und dann die Sensation. Der Schachspieler verlor. Zweimal. Einmal hatte Mälzel dem Gegner höflicherweise den Vortritt gelassen (wie er es zuweilen bei honorigen Personen zu tun pflegte), das andere Mal war die Niederlage aus einer schwierigen Position – drei Bauern gegen drei Bauern – entstanden. Mälzel wütete. Noch mehr Besucher drängten hinein. Und Mälzel tobte. Endspiel – und »matt«!

Am 1. Juni schließt die New Yorker Ausstellung. Mälzel kündet Auftritte in Boston an. Zwei Wochen später ist in New York die Vorführung wieder geöffnet. Ein branchenüblicher Reklametrick? Am 50sten Jahrestag der Unabhängigkeitserklärung klingeln die Kassen. Aber, das weiß Mälzel, diese Enspielspielerei wird sich bald erschöpfen.

Eröffnung in Boston am 13. September. Noch immer keine Voll-Spiele. Und drei verlorene Endspiele bis zum Oktober! Das soll der unbesiegbare Automat sein? Das Publikum verlangt nach ganzen Spielen.

Endlich die Ankündigung: *full games*! Die Sensation! Mälzels Triumph! Das erste volle Spiel spielte der Schachtürke dann am 16. Oktober. Das erste volle Spiel in Amerika, und er – verlor! Dasselbe wenige Tage später! Das Desaster. Am nächsten Abend ein nicht zu überhörendes anhaltendes Niesen! Der arme Muselman ist wohl verschnupft, was? Maelzel's Exhibition schließt am 28. Oktober 1826.

Unter dem Deckmantel »Greco« hatten danach einige New Yorker Spieler, denen die Spielstärke der Bostoner keine Ruhe ließ, den Automaten in der Zeitschrift *American* herausgefordert, gegen sie anzutreten – »for love or money«. Mälzel akzeptierte öffentlich im Namen einiger Bostoner Spieler – gegen einen Einsatz von wenigstens 1000 bis 5000 Dollar nach seinem Belieben. Das Resultat des Spiels von zwei der stärksten New Yorker Spieler gegen den Automaten gab »Greco« am 11. November im *American* bekannt: daß seit der letzten Bekanntmachung die beiden amerikanischen Schachspieler, auf deren Spielstärke er sich verlassen habe, mit Leichtigkeit von einem Fremden geschlagen worden seien und daß er deshalb von seiner Herausforderung zurücktrete wie Bessere vor ihm, und die Überlegenheit des Automaten ohne Prüfung und Anfechtung anerkenne.

Von New York zog die Company nach Pennsylvania – Philadelphia. Erinnern wir uns? Der Magier seiner Kindheit trug diesen Namen. PHILADELPHIA, das magische Zauberwort, Beschwörung, hundert Mal vor sich hin gemurmelt. In der Fünften Straße Nähe Walnut Street mietete Mälzel ein zweistöckiges Gebäude, für Jahre eine Art Zuhause: Maelzel's Hall. (Und immer bei ihm, von nun an, ein Assistent, jung, schön und klug, den hat er eigens aus Paris geholt.) Über

Wochen ließ er den ersten Stock als Austellungsraum und Wohnung ausbauen und das Parterre für die Vorführungen. Gewiß das Vornehmste, was man sich denken konnte, er sparte mit keinen Mitteln (außer in der Wohnung möglicherweise). Nach Weihnachten, am 26. Dezember, eröffnet er hier die Exhibition.

William Schlumberger

In den letzten Wochen vor seiner Abreise aus Europa war Monsieur Maelzel öfter als gewöhnlich im Café Régence aufgetaucht. Jeder wußte, daß er dabei war, sich von dem alten Türken zu trennen, und so wunderte sich niemand, daß er hier sein tägliches Spiel suchte. Er spielte ein, zwei Partien, die er nicht allzu schnell verlor – was hier eine Ehre war – und kiebitzte dann an den anderen Tischen. Da er nicht zu den wirklich interessanten Schachspielern gehörte (außer im Endspiel), schenkte man ihm wie seinem Urteil keine besondere Aufmerksamkeit, wenn er wie zufällig an einem Tisch stehenblieb und diese oder jene Partie verfolgte. Im Régence zählte nichts als das perfekte Spiel. Mälzel hatte andere – seine eigenen – Kriterien: Er beobachtete eher die Spieler als ihr Spiel. Jeden einzelnen dachte er sich an seine Seite oder in das Schachpult, tastete sozusagen jedes Knöchelchen ab. Erstklassig waren sie alle. Aber – der eine war zu dick, der andere wirkte kränklich, der nächste zu alt; einer, der in Frage gekommen wäre, neigte zu Asthma und Schwermut. Mancher hatte einen ordentlichen Beruf, und sein Uhrzeitverhalten ließ auf unauflösliche Familienbande schließen, dieser trank zu viel Absinth, jener hatte eine schwache Blase. Einer war ein hervorragender Spieler, hatte die Idealfigur und war ein unglaubwürdiger, unzuverlässiger Schwätzer... Und manchen wollte und könnte er einfach nicht um sich haben.

Immer wieder fiel sein Blick auf einen dunkelhaarigen, äußerst intelligent aussehenden, etwa 25jährigen Spieler, einen der »Schachprofessoren« des Régence, der sich von seinem Lehnstuhlplatz in immer derselben Ecke nur erhob – nur halb erhob –, um einen Schüler zu verabschieden und den nächsten freundlich und etwas nachlässig an den Tisch zu bitten. Die Schüler schienen ihn zu lieben. Weil er jeden ihrer erfolgreichen Züge genoß, ermunterte er ihren Mut. Es wunderte niemanden, daß sich gerade um ihn die Vielversprechendsten rissen. Er gehörte, wie Alexandre, Boncourt, Mouret, zu den allerersten Spielern des Schachcafés, eigentlich nur von dem großen Labourdonnais zu schlagen. Durch sein schnelles und originelles Spiel brachte er die Kollegen nicht selten in Verlegenheit; er verlor selten, und das schien ihm (eine Beobachtung, die Mälzel etwas Kummer machte) dann ziemlich gleichgültig zu sein. Was an ihm auffiel, war diese etwas nonchalante Heiterkeit, eine Ungezwungenheit, an der jeder teilhaben wollte; um seinen Tisch drängten sich die Zuschauer. Das Régence verließ er eigentlich nur, um in der Umgebung eine schnelle Mahlzeit einzunehmen (die paar Glas weißen Tischwein merkte man ihm danach nicht an) und um irgendwo wenige Stunden zu schlafen. Schach schien sein Leben zu sein. Daß ihm trotzdem die Besessenheit, Verbissenheit anderer Berufsspieler fehlte, faszinierte Mälzel. Diese haselnußbraunen sanften, melancholischen Augen verrieten: Der Mann war nicht schachbesessen, er war – schachverliebt. Noch etwas fesselte Mälzels Aufmerksamkeit: Wie der – in der gebeugten Haltung des zu schnell Gewachsenen, dem es peinvoll ist, auf die Gesprächspartner herabzuschauen – sich welt- und sprachgewandt zu benehmen und zu unterhalten wußte... wenn auch auf diese ihm eigene, etwas schleppende Art. Französisch und Deutsch sprach er perfekt, dazu auch fließend Englisch, Italienisch, Spanisch. Man rief nach ihm, wenn ausländische Gäste eintrafen, er parlierte charmant, obwohl er nie ganz bei der Sache zu sein schien. Im wahrsten Sinn des Wortes »über sich hinaus« wuchs er nur, wenn er im Schachspiel gefordert war. Mälzel erkundigte sich. Der mit dem runden Rücken? *Mulhouse?* So heißt er hier nach seiner Vaterstadt. Elsässer also. Sein wahrer Name, Schlumberger, kommt uns Franzosen schlecht über die Zunge. Hochgebildet und erzogen, sagt man, die reichen väterlichen Manufakturen zu übernehmen. Zur Komplettierung der Bildung nach Paris geschickt mit seinem Bruder. Manche sagen, da war irgendeine geschäftliche Katastrophe, andere wollen wissen, er habe sein Erbe verspielt... Einer unserer besten Lehrer. Hier stellt man keine Fragen. Er lebt vom Schach – für das Spiel, wie die meisten hier: von der Hand in den Mund...

Wir wissen nicht, wie Mälzel seine Werbung angestellt hat. Er muß es mit dem ihm eigenen Takt und Urteilsvermögen – *tact and judgement* – richtig gemacht haben. Schachspiel *en permanence*. Amerika... Schlumberger akzeptierte zu Mälzels Bedingungen. Wenn auch eher achselzuckend und nicht eben begeistert. 50 Dollar den Monat, dazu Logis, Essen, Spesen. *Why not*?

Daß Mälzel ihn dann nicht gleich mitnahm, mag die damalige Geldnot des Unternehmers beweisen.

Statt dessen nun die chique *madame*. Verlorene Endspiele. Sobald das Geld reichte, noch von New York aus, schickte Mälzel die Summe für Schlumbergers Schiffspassage. Wie sehnsüchtig muß er dann gewartet haben. Schlumberger indes übereilte nichts. Erst am 27. September erreichte er, auch mit der *Howard*, die neue Welt. Ein so guter Schachspieler im alten Régence, in Amerika würde er der erste sein.

Aber so schnell William Schlumbergers Reaktionen im Schachspiel waren – so langsam bewegte er sich sonst. Ohne die schützende zweite Haut des Schachcafés wirkte der Elsässer merkwürdig gehemmt, sogar verwirrt. Sollte Mälzel sich in diesem jungen Spieler geirrt haben? Nicht auszudenken! Was lenkt ihn ab? Zwei Wochen braucht er, um die Bedienung der Maschine im Griff zu haben. Und die Bostoner warten auf die hinausposaunten kompletten Spiele! Dann endlich der große Tag, und Schlumberger – Maelzel's Chess-Player – verliert! hat verloren! Nicht zu fassen! Mälzel rauft sich die Haare, verliert die Fasson, schreit, tobt. Das französi-

Ausstellungszettel, Philadelphia 1834

sche Ehepaar hat endgültig genug und setzt sich ab, »auf französische Art«.⁵ Nun, wenigstens die Puppen lernt er einigermaßen schnell lenken. So war das nicht gedacht. Mälzel schließt die Bostoner Ausstellung. Dann setzt er gegen besagten »Greco« bis zu 5000 Dollar auf Schlumbergers Gewinn. William Schlumberger hebt den Kopf aus den Schultern. Von nun an ist er in jedem Spiel gegen jeden Spieler unschlagbar. Der erste Spieler Amerikas!

1827. Philadelphia – Baltimore

PHILADELPHIA. Der Wohlklang. Diese wohlhabende Quäkerstadt der abgezirkelten Schachbrettstraßen und Plätze. Blitz beschreibt sie ausführlich. Eine Stadt, die nichts herausfordert und keine Ansprüche stellt. Eine Stadt, die dich in Ruhe läßt und Ruhe und Sicherheit vermittelt. Wenn Mälzel irgendwo eine Heimstatt hatte, Heimstadt hatte, dann hier. Bald stand er in hohem Ansehen. Innerhalb weniger Wochen gab es einen Schachclub mit 100 Mitgliedern. Mälzel gewann die Zuneigung der Bürger mit seiner vielgerühmten verbindlichen Art. Aber die Beziehungen und Freundschaften bezogen sich doch mehr auf die Sache, aufs Geschäft; zu nahe ließ er, hier wie anderswo, niemanden an sich heran. Den größten Musikalienhändler der Stadt, George Willig, kannte er schon von Europa. Ihm vertraute er, solange Willig noch rüstig genug war, seine Bankgeschäfte an. Nach Allen soll Willig zeitweise über 20 000 Dollar von Mälzel verwaltet haben. Auch mit dem deutschstämmigen Reeder John F. Ohl verbanden ihn Freundschaft und Geschäfte. Von ihm mietete er einen Lagerraum, den er nie aufgab. Hier war ein absolut sicherer Ort für einzelne gerade nicht gebrauchte oder defekte Ausstellungsstücke, auch für allerlei Bric-a-Brac, an dem sein Herz hing. Eine engere Freundschaft verband ihn mit dem jungen Klavierbauer Joseph J. Mickley, dem wichtigen Gewährsmann Allens, dessen erste Begegnung mit Mälzel allerdings überraschend war. Er war Zeuge geworden, wie der ihm als ruhig, höflich, gelassen beschriebene Mann in aufgeregtem Französisch herumkommandierte und sich diese Befehle an niemanden anderen richten konnten, als an eine lächerlich unbeholfene winzige Seiltänzerpuppe! Endlich hörte Mickley, wie hinter einem Vorhang jemand die Angriffe mit mildem Humor abwehrte. Heraus trat dann, alles Unbehagen abschüttelnd, ein aufgeschossener liebwerter junger Mann. Mälzel entschuldigte sich: Er versuche, seinem neuen Assistenten William Schlumberger die ersten Puppenschritte beizubringen, und die würden stolpern statt tanzen! Man hatte Mickley gerufen, weil das Piano defekt war. Nichts, was in diesen Tagen vor der Eröffnung nicht schiefgegangen wäre.

Drei Monate Ausstellung, ein einziger Triumph. Der Trompeter, die Seiltänzer, dieser Schachtürke – unübertrefflich! *Ein* Spiel allerdings *mußte* der Automat verlieren: Eine junge Dame, Mrs. Fisher, hatte ihn herausgefordert, und er hatte sich nun als *gentleman* zu bemühen, sie nicht allzu offensichtlich gewinnen zu lassen. Eine Aufgabe, die nicht ganz leichtfiel – nach dem 39. Zug war es geschafft; etliche Zeitungen gaben den Spielverlauf wieder. Auch dem alten Charles Caroll of Carollton, letzten noch lebenden Unterzeichner der Unabhängigkeitserklärung, fühlte er sich verpflichtet, siegen zu lassen. Aber *ein* Endspiel verlor er wirklich: Die fatale Drei-Bauern-Position. An solch einem Tag hatte Schlumberger nichts zu Lachen. Zu verträumt, zu verspielt, zu besoffen, um den Ernst des Spiels zu begreifen!

Immer neue Versuche, den wahren Antrieb des Automaten zu entlarven; dabei machte Mälzel gegenüber den wirklich bemühten Schachspielern kein Hehl daraus, daß Schlumberger, der Spieler aus dem Pariser Régence, der Operator war; aber wie, das war und blieb die viel diskutierte Frage. Mälzel sah es gern, wenn sein Schlumberger mit den Schachgrößen der jeweiligen Stadt privat Umgang hatte, das heißt Schach spielte. Gewiß gönnte er ihm das Vergnügen – wer war schon fähig, sein Talent immer in einer Kiste zu verstecken. Gleichzeitig spielte der Spieler Reklame, kam nicht aus der Übung und lernte, die Gegner der mittäglichen und abendlichen Spiele richtig einzuschätzen. Bald riß man sich um die Gesellschaft des liebenswerten gebildeten Europäers. Die Einladungen, berichtet George Allen, kamen von Bürgern, die nie einen ungeschliffenen Menschen akzeptiert hätten. Schach war ein Spiel der gehobenen Schicht. Die Umgangsformen des jungen Spielers waren einwandfrei, man schätzte sein überlegtes Urteil und betrachtete wohlwollend sein Äußeres – den schönen Kopf mit den dunklen Haaren, das klar geschnittene Gesicht, die trainierte, wohlproportionierte Gestalt. Etwas mehr von dieser »europäischen« Kultur, wünschten sich die Frauen, die Töchter dieser Häuser, könnte der Ehemann gerne besitzen.

Als einmal der Assistent nicht zum Lunch erschien, merkte Mälzel, daß es für ihn unerträglich war, den jüngeren nicht um sich zu haben. Irgendwann war es beiden zur Gewohnheit geworden, gemeinsam zu speisen und auch während der Mahlzeiten, wie auch sonst in jeder freien Minute, zusammen Schach zu spielen. Schlumberger sollte präsent sein, greifbar wie seine Automaten.

Allmählich übernahm Schlumberger nicht nur die Aufgabe des Schach- und Puppenlenkers, sondern auch die des Sekretärs und Geschäftsführers. In seiner leichten Sprache verfaßte er jeden Brief. Mälzel unterschrieb. Schlumberger war unentbehrlich. Beide Männer scheinen einander nicht aus den Augen gelassen zu haben.

»Keinerlei engere Bekanntschaft mit Einheimischen«, so Allen, »ist Schlumberger eingegangen. Vielleicht hatte er das, für einen Mann seiner geringen Energie, natürliche Gefühl, daß für ihn – einmal durch ein Unglück aus seiner Lebenshoffnung geworfen – nun jeder Versuch, seine [soziale] Stellung wiederzugewinnen, müßig war, und daß ihm nichts anderes übrig blieb, als unter den Verhältnissen weiterzuleben, die ihm das Schicksal beschert hatte, ohne nach seinesgleichen zu fragen oder etwas von ihnen zu erwarten. Falls das der Fall ist, muß man ihm hoch anrechnen, daß er sich in seiner Verzagtheit keinen Gewohnheiten hingab, die im Widerspruch zu seiner früheren ehrbaren gesellschaftlichen Stellung standen.«[6] Signor Blitz, der alles merkte, erinnert sich, daß die Liebe zu genialer Gesellschaft »Schlomberg« gelegentlich zu »Gewohnheiten von Verwöhnung« verführte und ihn zum Gewinnen unfähig machte. Dann mußten des Meisters übliche Maschinenreparaturen helfen und retten. Schlumberger liebte ein frisches Bier und weißen Wein; Mälzel schenkte nur roten Wein ein, den aber Schlumberger schlecht vertrug. Einmal, Jahre später, 1831, ist von einem Schweizer Uhrmacher namens Vaton die Rede, einem Mann, der zu leben wußte. Ein »privates Paradies von Gruyère Käse und Weißwein«, – Mälzel weiß die Beziehung zu unterbinden... »er mochte den Mann nicht«, erklärt George Allen...

Das Potential an Neugier in Philadelphia war noch lange nicht erschöpft, in der nächsten großen Stadt aber würde es unverbraucht sein. Außerdem wieder einmal Versuche einer Entlarvung (im *Franklin Journal* und *American Mechanics Magazine*). Mälzel hatte erfahren, daß solche Untersuchungen das Unternehmen nur förderten. Aber der Anlaß kam ihm recht, um die Ausstellung in Philadelphia zu schließen.

8. Oktober – 16. November, Baltimore. Nein, wir können nicht jeder Einzelheit der Stationen der amerikanischen Jahre nachgehen, nicht allen Begegnungen, allen gewonnenen und den wenigen verlorenen Partien. Schach *en permanence*. Man stelle sich vor – *ohne Hut*, und das in dieser hutgewohnten Zeit, ist eines Tages jemand auf die Straße gerannt, sozusagen kopflos vor Aufregung: Sein Freund hat diesen Schlumberger in einem privat geführten Endspiel besiegt! Schlumberger kann den Kopf nicht verlieren: Nichts außer dem Spielen – auch nicht Sieg oder Niederlage – berührt ihn wirklich. Er nimmt seinen Hut und verabschiedet sich lächelnd. In seinem drittklassigen *boarding-house* legt er dann seine Vorführ-

kleidung ab; sowohl der Zustand seines Quartiers als auch der seiner Garderobe waren ihm – nach Allen – völlig gleichgültig.

Mälzel logierte wie immer irgendwo bei der Ausstellung. Beim Essen trifft man sich... Ein paar Glas Rotwein... Schach.

Wenn es stimmt, daß jeder der beiden, in Europa, nahe daran gewesen war, sich im Hazardspiel zu verlieren, dann ist ihr Spiel – Überleben. Begnügt man sich? Genügt man sich? Man überlebt. Man lebt über, hebt sich über jenen Alltag hinweg, der eine Erstickungswehr erfordert, in Amerika wie in der alten Welt. Was sie verbindet, das ist das Spiel und symbolisiert dieses (Schach-)Spiel – die Absicht, jeden Zufall auszuschließen und um alles in der Welt keiner Zufälligkeit ein Feld zu überlassen. Es gilt, nüchtern genug zu bleiben, um durch Umsicht, Perfektion, Phantasie, Täuschung jedem Zufall zuvorzukommen. Die beiden Männer spielen: gegeneinander, miteinander, mit ihren Automaten, mit ihrem Publikum (*neue* Automaten zu bauen, ist nicht mehr nötig)... Schlüpft aber ein Zufall durch das Netz, das sie knüpfen, geht es darum, ihn in den Griff zu bekommen, oder hinter sich zu lassen. So ist der Zufall Motor ihres gesamten gemeinsamen (Über-)Lebens geworden.

Schlußsignal für die Ausstellungen also immer wieder diese öffentlich herausposaunten, sich wiederholenden Entlarvungsgeschichten. Jede Wiederholung schiebt die Möglichkeit einer wirklichen Entdeckung um einen weiteren Ort, einen nächsten Zeitungsartikel voraus.

Ein Ereignis in Baltimore an einem ungewöhnlich heißen Tag Ende Mai scheint diesem Zugzwang ein endgültiges Matt entgegenzusetzen. Zwei wißbegierige böse Buben sind auf ein, dem *Fountain Inn* gegenüberliegendes, Dach geklettert; und was sie von da aus beobachten und was sich daraus entwickelt, das mußte ihnen erscheinen, als würde von nun an kein Stein der Weisen auf dem anderen stehen. Mr. Maelzel rollt nach der Vorstellung den Automaten in einen abgetrennten Raum, reißt die Fenster auf, hebt die Deckelplatte von der Kiste – heraus windet sich zu seiner vollen krummen Länge – schweißtriefend, keuchend nach Luft ringend – der Assistent! In Hemdsärmeln! Welch prosaische, unerträglich enttäuschende, allzu simple Wahrheit!

Am 1. Juni kommt die *Baltimore Federal Gazette* damit heraus. »The Chess Player Discovered«. Mälzel, von seinen fassungslosen Freunden bestürmt, weigert sich zu reagieren. Wenn es sein müsse, dann reiche ein Schweigegeld; eventuell eine Neuauflage der Taktik von New York, den Spieler auszutauschen und Schlumberger gegen den Türken antreten zu lassen...

Mälzels Gelassenheit wird bestätigt. Es ist kaum zu glauben – die Erwachsenen wollen sich ihr Wunder nicht wegnehmen lassen, wollen, bitte bitte, weiter daran glauben, wollen ein Stück Glauben und Kindheit nicht verlieren, wie die Kinder den Weihnachtsmann... Kaiser, Könige, Professoren, 50 Jahre lang haben sie es nicht geschafft, dieses Rätsel zu lösen, und nun sollten zwei Knaben...?! Das Baltimore'sche Konkurrenzblatt *Republican* weiß: Einer der Knaben ist bestochen worden. Und als dann der überaus angesehene Washingtoner *National Intelligencer* erklärt, die Geschichte der Entdeckung sei nichts als der clevere Kunstgriff des Exhibitors, um das allgemeine Interesse an seiner Ausstellung wachzuhalten, – ein allgemeines erleichtertes Aufatmen, und für die *Gazette* war die Angelegenheit »gestorben«! Die armen Knaben! Und so kam es, sagt George Allen, daß eine Offenbarung sich nicht, wie zu erwarten gewesen wäre, über alle Länder ausbreitete, sondern in einer einzigen Stadt einen schwachen Rauch entfachte, der sogar dort, als schäme er sich, bald verflog. Zufall? Glück? Oder – wieder einmal – die Handschrift des wirklich perfekten PR-Mannes? (Seine bayerischen Landsleute sagen – »a Hund«.)

Ohnehin war die Hitze für weitere Vorführungen zu groß, Mälzel dankt am 5. Juni den Bürgern von Baltimore für die freundliche Aufnahme. In Kürze werde er wieder eröffnen: In

Ergänzung des Schachautomaten etc. soll, zum ersten Mal in Amerika, THE CONFLAGRATION OF MOSCOW vorgestellt werden, die in Amsterdam, Paris, London so große allgemeine Bewunderung erregt hatte.
 Zufall? Schicksal? Glück? Der verläßliche Riecher? Wann hat der Unterhaltungskünstler geahnt, daß er eine neue Trumpfkarte brauchen würde, wann die Übersendung der CONFLAGRATION aus Europa in die Wege geleitet?
 Neueröffnung am 8. Oktober. Sein »In Kürze« hat vier volle Monate gedauert. Wie erwartet, wird das Diorama eine Riesensensation. Nein, niemand käme darauf, es einfach *Brand*, »*burning*«, zu nennen, nur das gehobene Wort CONFLAGRATION vermittelt eine Vorstellung der Erhabenheit:
 Aller Welt Rat, Macht, Trotz und Streit
 ist lauter Tand und Eitelkeit.
 Daß Mälzel den Schachspieler in Baltimore nicht, wie angekündigt, öffentlich, sondern nur in privaten Auftritten und in der nächsten Zeit gar nicht mehr auftreten läßt, liegt nicht an den beiden neugierigen Knaben. Der Automat hatte einen Konkurrenten, einen Doppelgänger bekommen und Mälzel mußte dem Publikum Zeit lassen, Gelegenheit lassen, festzustellen, daß keine noch so gute Imitation die gediegene Qualität und Originalität von Maelzel's Exhibition übertreffen konnte.
 Allen hat festgehalten, was der alte Schausteller dem Sohn des Musikalienhändlers Willig eines Tages in seinem schwerzüngigen Englisch sagte: »Ihr Amerikaner seid ein sehr eigenartiges Volk. Ich reise mit meinem Automaten überall in meinem eigenen Land umher – die Deutschen staunten und sagten nichts. In Frankreich riefen die Leute aus: Magnifique! Merveilleux! Superbe! Die Engländer machten sich daran zu beweisen, daß ein, oder daß kein reiner Mechanismus die Maschine bewegt. Der eine wies nach, daß ein Mann im Innern sei, der andere bewies das Gegenteil. Aber – ich war noch nicht lange in Ihrem Land, als ein Yankee mich aufsuchte und sagte: ›Mr. Maelzel, möchten Sie ein zweites Ding wie

dieses hier? Ich kann Ihnen eins für 500 Dollar machen!‹ Ich lachte über diesen Vorschlag. Ein paar Monate später kam derselbe Yankee wieder zu mir, und dieses Mal sagte er: ›Mr. Maelzel, möchten Sie ein zweites Ding wie dieses hier kaufen? Ich habe eins für Sie fertig gemacht.‹«[7]

Nun mag selbst Mälzel das Lachen vergangen sein. Nach der Enthüllung in Baltimore – eine weitere Bedrohung für seine Attraktion. Der oben beschriebene Yankee war einer der Brüder J. und D. Walker, die ihren Automaten nun in New York ausstellten. Als Mälzel lesen mußte, daß der Apparat so gut wie der seine sei, bat er seinen Freund Coleman von der *Evening Post* um nähere Auskünfte. Colemans Antwort ließ Mälzel sofort nach New York reisen: Die amerikanische Maschine sei sogar besser. Mit Coleman zusammen besucht Mälzel eine Walker-Vorführung. Wir sehen den, inzwischen weißhaarigen, Erfinder unter den lärmenden Zuschauern. Seine Anspannung kann er nur mit Mühe verbergen.

Die Vorführung war plump und ohne jeden Glanz. Die Maschine spielte miserabel, jedermann konnte sie schlagen, und das gefiel den Leuten besonders. Aber, Mälzel hatte das natürlich mit einem Blick erkannt, sie war raffinierter, vor allem um Einiges herausfordernd kleiner. Auch bewegte sie sich weniger ruckartig und sprach ihr »Schach« auf Englisch aus. Unter einem glänzenderen Direktor könnte sie ihm gefährlich werden. Nach der Aufführung brachte Colemann seinen Freund mit den Brüdern Walker zusammen. Die Maschine sei sehr gut, aber, wie sie wüßten, von der seinen sehr verschieden. Es bringe nichts, zwei solche Automaten herumreisen zu lassen. »Ich gebe Ihnen 1000 Dollar, nur um sie zu vernichten; und Sie können meine Kassierer werden.«

Die beiden lehnten das Angebot ab und reisten mit dem »amerikanischen« Schachspieler herum. Aber Mälzel wußte, sie waren keine Konkurrenz, man wollte nicht *einen*, sondern *seinen* Schachspieler sehen.

Der nächste war ein gewisser Mr. Balcom; als der ihm einen Schachapparat anbot, soll Mälzel 5000 Dollar bezahlt haben – bloß um ihn zu verbrennen. Andere sagten, er habe ihn erworben und zu einem Whistautomaten umgerüstet, der ab und an in den Vorführungen auftrat. Aber William Schlumberger lehnte jedes Brettspiel außer Schach – zur Not noch Dame – ab: »*I do not like whist, but I do like chess*«; und so verstaubte die Maschine in Ohls Lagerhalle. Der Automat hielt den alten Mälzel ganz schön auf Trapp. Zuerst die Entdeckung der Knaben, nun die Imitate. Für die nächsten Exhibitionen zog er ihn also erst einmal aus dem Verkehr.

1828. Philadelphia – Boston – Europa

Die Ausstellung in seinem Philadelphia wurde durch mehrere New-York-Reisen unterbrochen. Vielleicht der *trouble* mit der Konkurrenz. Am 15. Juli bietet er in Boston die CONFLAGRATION zum Verkauf an und eine Company von drei Bostonern erwirbt sie zusammen mit den sprechenden Figuren, den Seiltänzerautomaten und dem putzigen kleinen Cellisten. Der Trompeter und der Schachtürke werden zum Überwintern nach Philadelphia geschickt. Am 6. September schließt die Bostoner Ausstellung, aber eine Woche später verkünden Plakate, daß Mr. Maelzel wegen der großen Nachfrage seine Exhibition wieder eröffnet. Gezeigt werden die CONFLAGRATION, die Seiltänzer, der Cellist. Wie geht das an? Und wo, bitte, ist Mr. Maelzel?

Der hat nicht nur seine Attraktionen, sondern auch seinen Namen verkauft. Hat sich am 11. September eingeschifft... nach Europa. Nichts, gar nichts ist über diese Reise zu erfahren, außer daß er in Paris (auch in England?) war und etliche neue Schaustücke einkaufte. Unter der Leitung eines Bekannten von Mälzel, eines gebürtigen Badensers, Mr. Kummer, Reisender in Juwelen, zog unterdessen die sogenannte Mälzelsche Ausstellung nach Providence, Baltimore, Richmond, New York und schließlich nach New Orleans, Nashville, Louisville, Cincinnatti und wieder New York. Wer lenkte die Automaten? Schlumberger – *on the road*. Und überall spielte und lehrte er sein Spiel.

1829. Europa – New York

Am 13. April tauchte der große Mälzel plötzlich wieder in Maelzel's Exhibition auf, gerade aus Le Havre angekommen. Wiedersehensfreude und das Entzücken über die neuen Attraktionen: *Das mechanische Theater*, das vor allem die Kinder ansprechen würde, mit seinem Baß-Fiedler, der französischen Austernfrau, dem alten französischen Gentleman, einem chinesischen Tänzer, dem kleinen Troubadour und Punchinello. Auch ein neues Diorama hatte er dabei: DIE KATHEDRALE VON REIMS, gemalt von Pierre Luc Ciceri, dem großen Dekorationsmaler zu Paris, deren Vorführung von einem ebenfalls neuen *Melodium*, einer kleineren Ausgabe des Panharmonicons, zu begleiten war. Man kam überein, die beiden Ausstellungen zusammenzulegen, blieb ein Jahr zusammen in New York. Die Ausstellung war nun so groß, daß sie geteilt wurde: in der Tammany Hall der Türke und die anderen Klassiker, Broadway Nr. 223 die neuen Attraktionen.

In diesem Sommer stellte Mälzel, so berichtet u. a. *Gräffers Österreichische National-Encyklopädie* von 1835, das Orchester von 42 Automaten öffentlich zur Schau aus. Wir haben eingangs gehört, daß man ihm 300000 Dollar dafür bot, und er 500000 verlangt hatte. Nun lesen wir, er habe 400000 erhalten.[8] O Gott! Als Mälzel starb, hinterließ er keinen Cent (auch wenn manche berichten, es sei eine halbe Million Dollar gewesen).

Im Herbst offeriert er das Mechanische Theater, den Whist-Spieler, REIMS, findet aber keinen Käufer. Nur von dem Trompeter und dem Türken trennte er sich nie. Neu in der Ausstellung war 1830 das *Caroussel* oder *Tournier*, ein mechanisches Ritterspiel mit Musikbegleitung.

1829 hatte in Europa die *Revue musicale* die Mälzel-Winkel-Affäre um das Metronom wieder aufgenommen.[9] Ein Mitglied der Amsterdamer Akademie reklamierte Winkels Urheberschaft; vor Gericht habe Mälzel »nur über sehr geringe

Kenntnisse in Mathematik und insbesondere über Mechanik verfügt«...

In Wien hob unterdes F. H. Böckh, wie am Anfang erwähnt, in »Hormayrs Archiv für Geschichte« auf der »Wanderung in die Ateliers hiesiger Künstler« den Bruder Leonhard als Urheber des Metronoms hervor (mit und ohne hörbare Schwingung). Leonhard, ebenfalls k. k. Hofkammermaschinist, hat Johann Nepomuks Karriere in *Wien* fortgesetzt, das Orchester-Harmonium erfunden, für das die größten Tonsetzer komponieren; auch Flötenwerke, Flötenspieler-Automat, Panharmonicon, Trompetenmaschine, Orchestrion; einen Mechanismus, Verstimmung zu verhindern; ein Metall-Harmonicon (aus 53 Blechblasinstrumenten), und gerade trat er »mit einer neuen Erfindung auf, nähmlich mit einem *Speisetische*, welcher die Eigenschaft besitzt mittelst einer verborgenen *musikalischen Vorrichtung* eine Tischgesellschaft auf das angenehmste zu überraschen, und zur Erweckung und Belebung der Unterhaltung auf die originellste Weise beyzutragen«[10]. Dann doch kurz die Erwähnung des Johann Nepomuk in England und Amerika. Das Bostoner Orchestrion, die Erstickungs-Wehr und die Aufforderung, dem Archiv Auskünfte über die kunstreichen Brüder zu erteilen. Damals schon war es also schwer, Mälzel auf der Fährte zu bleiben, und als 1859 George Allen Mälzels Spuren verfolgte, hatten die sich für die Jahre 1830–1833, außer wenigen Fixpunkten, verloren.

1830–1831–1832–1833. New York–Philadelphia–Boston

Ob er kaum ausstellte oder ständig ausstellte und seine Kunstsachen so exzessiv für sich und ihn sprachen, daß es keiner Anzeigen bedurfte, ist nicht bekannt. Von 1830 und den ersten acht Monaten 1831 wissen wir nichts. September–November: Philadelphia. Mai–Juni 1832: New York. Mai–August 1833: Boston. Seine Absicht, Teile der Ausstellung zu verkaufen, deuten darauf hin (wir kennen ihn nun ein wenig), daß er eine größere Reise plante. Von Europa ist die Rede,

PHILADELPHIA—SATURDAY MORNING FEBRUARY 3. 1827.

COMMUNICATION.

The following is a correct statement of the interesting Game of Chess, played between Mr. V. of Philadelphia, and the Automaton at a private party. The lovers of Chess both at home and abroad, will be much gratified by the inspection of a game which lasted five hours, and required 108 moves.

Commenced January 15th, 1827.—Black won the move.

Mr. V.—BLACK.	AUTOMATON—WHITE.
1. King's Pawn on K's 4th Square.	2 Kings Pawn on K's 3d Square.
3. K's Bishop on Q's Bishops 4th Sq.	4 Queens' P. on Q's 4th Sq.
5. K's P. takes Q's P. on Q's 5th Sq.	6 K's P. takes K's P. on Q's 4th Sq.
7. K's Bishop on K's 2d Sq.	8 K's Bis. P. on K's Bis. 4th Sq.
9. Q's Pawn on Q's 4th Sq.	10 Q's Bis. P. on Q's Bis. 4th Sq.
11. K's Knight on K's Bis. 3d Sq.	12 Q's Knight on Q's Bis. 3d Sq.
13. King Castles.	14 K's Knight on K's Bis. 3d Sq.
15. Q's Bis. Pawn on Q's Bis. 4th Sq.	16 Q's Bis. Pawn, takes Q's Pawn.
17. Q's Knight, takes Q's Bis. Pawn.	18 K's Bishop on Q's Bis. 4th Square.
19. Q's Bishop to K's 3d Sq.	20 Queen on Q's Knight's 3d Sq.
21. K's Knight on Q's Knt 3d Sq.	22 K's Bishop, takes Q's Bishop.
23. K's Bis. Pawn, takes K's Bishop.	24 Queen takes K's Bis. Pawn, and gives check.
25. King on K's Castle's Sq.	26 Q's Bishop on K's 3d Sq.
27. Q's Bis Pawn, takes Q's Pawn.	28 Q's Bishop, takes Q's Bis. Pawn.
29. K's Bishop on K's Cast. 5th Sq. gives check.	30 King on K's Bishop's Sq.
31. K's Castle, takes K's Bis. Pawn.	32 Q's Castle on Queen's Sq.
33. Queen on K's Bishop's Sq.	34 King on K's Knt. Sq.
35. K's Knight on Q's Bis. 3d Sq.	36 Queen on K's Cast's 3d Sq.
37. K's Bishop on K's Bis. 3d Sq.	38 Q's Bishop on K's 3d Sq.
39. K's Castle on K's Knt's 5th Sq.	40 Q's Castle on K's Bis. Sq.
41. K's Castle, takes Q's Knt. Pawn.	42 K's Knt. from K's Bis. 3d to K's Knt. 5th Sq.
43. Queen on King's Knt's Sq.	44 Q's Knt. from Q's Bis. 3d to K's 4th Sq.
45. Q's Knight from Q's Bis. 3d, to Q's 5th Sq.	46 Knight from K's 4th, to K's Knt. 3d Sq.
47. Q's Castle on K's Bis. Sq.	

When arrived at this state; two hours [the time allotted] had expired, and the game was postponed, to be continued and finished on Monday, January 22d, at four o'clock, P. M.

Monday, January 22d, 1827.

Mr. V.—BLACK.	AUTOMATON—WHITE.
49 Queen from Q. Knt. Sq. to Q's 4th Sq.	48 Queen from K's C. 3d, to K's Knt. 4th Sq.
51 Queen takes Queen.	50 Queen from K's Knt. 4, to K's 4th Sq.
53 Knight from Q. Knt. 3d, to Q. B's 5th Sq.	52 Knight from K's Knt. 5th Sq. takes Queen.
55 Castle from Q. Knt. 7, to Q. Knt. 3d Sq.	54 Q's Bishop from K's 3d, to K's Knt. 5th Sq.
57 King from Q. K. to K's Knt. Sq.	56 K's C's Pawn, to K's C's 4th Sq.
59 K. Knt. Pawn, takes Q. Bishop on K. B's 3d Sq.	58 Q's Bishop, takes K's Bishop.
61 K. B's Pawn to K. B's 4th Sq.	60 Knight from K's Knt. 3d, to K's C's 5th Sq.
63 K. C's Pawn on K. C's 3d Sq.	62 Knight from K's 4th to K's Knt. 5th Sq.
65 Knight from Q. B's 5th, to K's 6th Sq.	64 Knight from K's Knt. 5th to K's B's 3d Sq.
67 Knight from Q's 5th to Q. B's 7th Sq.	66 Q's Castle from K's B's to K's Sq.
69 Castle from K. B's to Q's Sq.	68 Q's Castle from K's Sq. to Q. B's Sq.
71 Q's Castle from Q's Sq. to Q's 7th Sq.	70 Knight from K's C's 3d to K's B's 4th Sq.
73 Castle from Q's Knt. 3d, to Q's 3d Sq.	72 K's Castle, to K's C's 3d Sq.
75 Knight from K. 6th to K. Knt. 5th Sq.	74 K's Castle, from K's C's 3d to K's B's 3d Sq.
77 Knight from Q. Knt. 7th, to K's 6th Sq.	76 Knight from K's C's 5th to K's Knt. 3d Sq.
79 Castle from Q's 7th, to Q's 8th Sq.	78 Knight from K's Knt. 3d to K's B's Sq.
81 King from K's Knt. Sq. to K. B's 2d Sq.	80 Castle from Q. B's to Q. B's 8th Sq. a check.
83 King from K's B's 2d, to K's Sq.	82 Castle from Q. B's 8th to Q. B's 7th Sq. a check.
85 Castle from Q's 8th, to Q's Cas. 8th Sq.	84 C. from Q. B's 7th, to Q. Knt. 7th B's Sq. takes Pawn.
87 Castle from Q. C. 8th, to Q. C. 7th Sq. takes Pawn.	86 Knight from K's Knt. 4th to K's C's 5th Sq.
89 Castle from Q. C's 8th, to Q. C. 7th Sq. takes Pawn.	88 Knight from K. C's 5th to K's Knt's. 3d Sq.

At this state, it being six o'clock, the game was postponed until the following afternoon.

Tuesday, January 23d, 1827.

Mr. V.—BLACK.	AUTOMATON—WHITE.
91 C. from Q's C. 7th to K's Knt. 7th Sq. takes Pawn.	90 Kt. from K's Kt. 3 to K's B's 5th Sq. takes Pawn.
93 Knights from K. Knt 5, to K. B's 7th, check.	92 King from K's Knt. to K's C's Sq.
95 Castle from K's Knt. 7, to K. B's 7, takes castle.	94 Cas. from K's B's 3d to Q. Sq. takes Knt.
97 C. from Q. 8, to K. B's 8 Sq. takes Knt. and checks.	96 Kt. from K. B's 5th to K's 3d Sq. takes Knight.
99 C. from K. B's 7 to 8th Sq. takes Knt. and checks.	98 Knight from K's 3d to K. B's Sq. takes castle.
101 Castle from K. B's 8th, to K. C's 2d Sq.	100 King from K. C. to K. Knt. 2d Sq.
103 King from K's 1 to 2 Sq.	102 Cas. from Q. Kt. 7, to Q. Kt. 8th Sq. gives check.
105 Castle from K. B's 2d to 3d Sq.	104 Castle from Q. Knt. 8, to K's C. 8th Sq.
107 King from K's 2d to 3d Sq.	106 Castle from K. C. 8, to 7th Sq. gives check.
	108 Castle from K. C. 7, to Q. C. 7, takes Pawn.

When at this state, the game was mutually declared as withdrawn.

It has been stated, that at the 101 move, if Mr. V. had placed his Castle from K. B. 8, to Q. C. 8th Square, instead of the move as above described, he would subsequently have moved that Castle from Q. C. 8 to Q. C. 3d Square, and thereby guarded both his pawns. This is granted, but it is not conceded that even in this case any more than a withdrawn game would have been the result.

G.

[Franklin Gazette.]

von Kanada, New Orleans, Neu-Indien. 1831 offeriert er die CONFLAGRATION (eine neue, oder kaufte er die alte zurück?) und andere Ausstellungsstücke. *Maelzel's Hall* hat er aufgegeben. Die Zeitungen schweigen. Wo war er? Was tat er? Seltsam. Mälzels lückenhafter Lebenslauf.

Im Frühjahr 1832 herrschte in New York eine verheerende Cholera-Epidemie. Die Luft roch nach Tod, schrieb A. E. Poe. Wer irgend konnte, floh diese Stadt. Und Mälzel und Schlumberger ließen in der *Masonic Hall* den Trompeter, den Schachtürken, die Seiltänzer spielen – für alle, die dableiben mußten, für das Leben...

(An der Cholera ist 1855 der Bruder Leonhard in Wien gestorben.)

1834. Philadelphia – New York – Richmond – Charleston
1835. Richmond – Washington

Manchmal scheint Mälzel an zwei Orten zur selben Zeit gewesen zu sein – die Bostoner Company, oder eine Zweiteilung je nach Bedarf? Johann Nepomuk Mälzel jedenfalls war da, wo sein Schachspieler auftrat.

Uns ist es kaum vorstellbar, daß dieses Geheimnis – nicht sein glanzvoller Auftritt – noch immer die Welt bewegen konnte.

In Richmond – 1835 – hätte Mälzel ein besonders aufmerksamer Beobachter auffallen können, der die Vorführung mehrfach besuchte. Hätte der junge erfolgreiche Herausgeber des *Southern Literary Messenger* (unter dessen Leitung die Auflage von 500 auf 3500 gestiegen war) Mälzel direkt angesprochen, so hätte der ihm wohl die wahre Auskunft nicht verweigert. Die Schachgrößen der Städte kannten ja den Motor – Schlumberger; Herauszufinden, *wie* der agierte, war immer noch die Herausforderung. Wie sicher sie das Geheimnis hüteten, zeigt, daß der neugierige Publizist völlig ahnungslos war. Hätte Mälzel ihm lächelnd die Antwort gereicht, hätte der sie eingesteckt und geschwiegen – jenes berühmte Essay

»Maelzel's Chess-Player« wäre nie erschienen.[11] Die eigene Beobachtung und Analyse würde für den jungen ehrgeizigen Zeitungsmann – Edgar Allan Poe – jeden Reiz, jede Faszination der schrittweisen deduktiven Entlarvung, die er selbst *ratiocination* nannte, verloren haben. Also hütete er sich, Mälzel anzusprechen. Jedenfalls privat, vor oder nach der Vorstellung. Vielleicht während der Vorstellung fragte er – wie Dutzende, Hunderte vor ihm –, »›ob denn die Automate blos von sich aus functionire oder nicht?‹« und erhielt die unwandelbare Antwort: »›Darüber möchte ich Nichts weiter sagen.‹«

»Nun verdankt aber die Automate ihren weit verbreiteten Ruf und die große Neugierde, welche sie aller Orten hervorgerufen, im Besondern und mehr als allen andern Umständen der vorherrschenden Meinung, es handele sich in der Tat um eine selbsttätig functionirende Maschine. Demgemäß läg' es durchaus im Interesse ihres Besitzers, sie als eine solche vorzuführen. Welche augenscheinlichere, wirksamere Methode aber ließe sich zum Zwecke der Befestigung solcher Ansicht denken, als die eindeutige und ausdrückliche Erklärung, man habe es mit Effecten zu tun, die einzig und allein auf mechanischem Wege erzielt werden? Anderseits jedoch – welche augenscheinlichere, wirksamere Methode könnte es geben, Zweifel an der rein mechanischen Natur solcher Maschine zu wecken, als das Verweigern solch ausdrücklicher Erklärung? Also wird man etwa so argumentiren: Maelzel hat zwar ein Interesse daran, das Ding als eine selbsttätig functionirende Maschine vorzuführen, weigert sich aber, deren rein mechanische Natur ausdrücklich zu beteuern, wiewohl er keine Bedenken trägt, ja ganz offensichtlich darauf bedacht ist, solche Meinung auf indirectem Wege durch seine Handlungen zu bestärken. Wär' die Automate jedoch in Wahrheit Das, als was er sie durch seine Handlungen hinzustellen wünscht, so würd' er nur zu froh sein, dies auch auf directere Weise, also *expressis verbis* bekräftigen zu können. Aus seiner Unterlassung solch wortwörtlicher Bekräftigung aber läßt sich folgern, daß sein Wissen um die *nicht* ausschließlich mechanische Natur der Maschine ihm den Mund versiegelt. Seine Handlungsweise kann ihm den Vorwurf der Täuschung nicht eintragen – seine Worte aber könnten es.«[12]

Poes scharfsinniger Beobachtungsgabe entgeht keine Einzelheit. Zufälligkeit kommt hier nicht in Betracht. *Diesen* Schlüssel zum Geheimnis hat vor ihm niemand ins Schloß gesteckt, um die Tür damit aufzuschließen. Mälzels beirrende ablenkende Künste faszinieren ihn und lenken gerade dadurch seine *ratio* auf den wahren Kern des Spielpultes: Ein Mensch, kein Automat. Wurde nicht vor einigen Jahren, hier in Richmond, der Schachspieler aus dem Verkehr gezogen – unter dem Vorwand eines technischen Defekts –, solange dieser aufgeschossene rundrückige Assistent ernstlich erkrankt darniederlag? In einer überzeugenden brillanten Beweiskette schließt Poe auf die einzig vernünftige Erklärung und ihren Namen, der ja eigentlich *das* Geheimnis nicht war: William Schlumberger.

1836. Richmond – Washington – Philadelphia – Pittsburgh – Cincinnatti – New Orleans

Als der Aufsatz im April 1836 im *Southern Litarary Messenger* (anonym) erschien, zeigte er zunächst keine Wirkung.

Er war in drei Abschnitte unterteilt:
– Die Geschichte der berühmten Automaten,
– die beobachteten Abläufe bei Mälzels Vorführung,
– siebzehn Thesen, die zu beweisen suchen, daß und warum die Maschine kein wirklicher Automat sei.

Schnell wußte man: Dieser Aufsatz (Poe als Verfasser war bald erkannt), war in vielen Teilen gar nichts als ein Plagiat der 1832 in London und New York erschienenen »Letters on Natural Magic« von David Brewster, der sich wiederum unter anderem auf den alten Freiherrn von Racknitz (s.S. 63) stützte, den aber Brewster – des Deutschen unkundig – als »M. I. *Freyhere*« anführte; und Poe hatte nun die Wiederholung so weit getrieben, auch diesen lächerlichen Fehler zu übernehmen.¹³ Gleichzeitig, so hörte man die Fachleute, die sich herausgefordert und um ihr Spielzeug gebracht fühlten, habe er die technische Seite in keiner Weise durchschaut. Die Thesen seien logisch und interessant – aber nicht richtig: Das Schweigen der Fachleute ist von nun an durchbrochen. Der Vorhang der Täuschung wurde zerrissen... Aber Richmond ist weit.

Derweil sind Mälzel und Schlumberger damit beschäftigt, eine neue Ausstellung im »heimischen« Philadelphia zu arrangieren; sie soll den Bürgern etwas gänzlich Neues bieten, dem jeder mit Erwartung entgegensieht: Mälzel hat diesem genialen jungen Zauberer, Signor Antonio Blitz (David Batents, der erst 1835 in die Staaten gekommen war), angeboten, zusammen mit ihnen aufzutreten.

Signor Antonio Blitz, Zauberkünstler, Taschenspieler, Geisterbeschwörer, Bauchredner, Dompteur –

Johann Nepomuk Mälzel, Instrumenten- und Automatenbauer und Erfinder derselben, Pianist, k.k. musikalischer Hofkammermaschinist in Wien, Unternehmer in London, Paris, Entertainer, Producer in Amerika... Illusionist –

beide wußten: Sie waren einander keine Konkurrenz.

Mälzel nahm 50 Cent oder einen Dollar, Blitz 25 Cent. Blitz forderte das Lachen und es forderte ihn – je lauter, desto besser. Bei Mälzels Vorführungen aber wurde ein jedes Lachen vom Staunen verschluckt. Ein Nägelchen hätte man fallen hören können (aber nie löste sich eines); und dann begleitete dieser Meister das sprachlose Staunen auf dem Piano, steigerte es bis... bis es sich befreien durfte in Aufseufzen, Tränen, Ausatmen, Aufatmen, ah! oh! und das Objekt des Staunens wieder sicher und heil auf dem Boden stand – unglaublich, wie winzig! nicht höher als zwei Fuß! Und aus Holz! Ein Automatlein! Und du hättest doch schwören können, und du hättest soeben doch noch meinen können, denken wollen (sehen sollen), da tanze ein richtiger Mensch, einer dieser unwirklich geschickten Akrobaten, bei denen du über ihre kraftvolle Anmut, ihre Heiterkeit, ihre berechnete Eleganz, über die Vollkommenheit vergißt, was sie wirklich sind: nicht Automaten, nein, Menschen aus Fleisch und Blut. Holz! Ach du liebe Zeit! Die Wirklichkeit holt die Unwirklichkeit ein. Da arrangiert der Meister die Kerzen auf neue raffinierte Art: Die Unwirklichkeit überholt die Wirklichkeit. Applaus! Und auch, wer ahnte, und sogar, wer es wußte, daß hier Vieles nichts als Blendwerk ist, Trick, Routine, der applaudierte; applaudierte vielleicht gar um so begeisterter. Und keiner, der heimging, hatte auf seinem Weg das Gefühl, die 50 Cent Eintritt oder der Dollar (am Abend) seien keine gewinnbringende Anlage gewesen.[14]

Sig. Blitz – der große Magier und Ventrilogist.

Die gelehrten Kanarienvögel. Spaß! Spaß! Spaß! Die unbegreifliche Schnupftabaksdose! Seltsames Kunststück mit einem Taschentuch. Tier-Vorführung. Ventrilogismus. Tanz der sechs Teller. Geisterbeschwörung. Optische Täuschungen. Eintritt 25 Cent.

Blitz erinnert sich: »Unser Erfolg war riesig und schmeichelhaft. Mr. Maelzel war ein geborener Deutscher – ein großer, gelassener Mann, äußerst reizbar, jedoch sehr gütig, und er entfaltete großen Geschmack in all seinen Arrangements, ohne die Kosten zu berücksichtigen. ›It must be correct‹ war seine ständige Bemerkung.

Am Schluß meines ersten Abends kam er zu mir, und indem er seine riesengroße Hand auf meine Schulter legte, sagte er, ›Mein lieber Blitz, Sie sind ein exzellenter Schausteller. Aber Sie dürfen die Leute nicht so sehr zum Lachen bringen. Es ist nicht *shenteel* [genteel, vornehm], sie Ha! Ha! machen zu lassen. Sie lachen zu laut; das ist nicht *shenteel*.‹

Beim Frühstückstisch am nächsten Morgen ermahnte er mich oft, seinen Rat nicht zu vergessen, *to make the audience laugh shenteel*. Als es Zeit wurde, die Türen für die Abendveranstaltung zu öffnen, flüsterte er mir ins Ohr: Erinnern Sie sich daran, sie *shenteel* lachen zu lassen, Blitz, und nicht ihre großen Ha! Ha! Ha! Ha's! Als der Vorhang aufging, stellte er sich in eine Ecke und blieb dort die ganze Zeit während meines Auftritts stehen, und sooft die Gesellschaft fröhlich wurde, wird er wohl geflüstert haben: Blitz, Blitz, da ist zuviel Gelächter, Ha! Ha! Mach es *shenteel*! Und so fuhr er während meines Engagements fort, indem er mich zwang, die Muskeln und Lacher meines Publikums zu kontrollieren – mir unaufhörlich einschärfend, die Leute *shenteel* zum Lachen zu bringen.

Maelzel war ein Mann von glänzenden Talenten als Mechaniker und Musiker, ein feingebildeter Sprachkenner und überragender Mathematiker. Das letztere war eine absolut bedeutende Hilfe für den Erfolg des Schachspielers. Selbst ein vorzüglicher Spieler, war er fast mit absoluter Sicherheit in der Lage, den Erfolg oder die Niederlage seines sagenhaften Automaten vorauszusehen [...] denn wenn Schlomberg, der absolute Schachspieler, verborgen in der Figur, nach zuviel Weingenuß nicht auf dem Posten war, wurden Maelzels Finger elektrisch und telegraphisch, sie signalisierten unzweideutig die drohende Niederlage; und diese Zeichen verfehlten niemals ihre Wirkung [...] Schlomberg war sehr gebildet [...] äußerst bescheiden in seinem Verhalten, mit wenig oder gar keiner Autorität in seinem persönlichen Auftreten. [...] Maelzel und Schlomberg waren in ihrer Zeit die großen lebenden Repräsentanten des Schachspiels, ihre Herzen und Gefühle identifizierten sich so mit dem Spiel, daß sie nachts davon träumten.«[15]

Die Ausstellung in Philadelphia dauerte vom 25. April bis zum 25. Juni 1836. Mit ihr geht eine Ära zu Ende. Die letzten großen Tage des weltberühmten Schachtürken. So genial für Blitz diese Maschine konstruiert war, so hat er es doch immer als ein Wunder angesehen, »wie das Publikum – jenseits jeder Reflektion – ernstlich die Idee unterhalten konnte, daß die Maschine mit dem menschlichen Intellekt wettstreiten könnte.«

Und nun: ein Dichter, dieser Poe, als Entillusionist. Seltsam, wie nun den Lesern seines Artikels die Schuppen von den Augen fallen. Der Schleier ist zerrissen; ein Licht geht auf. Wie hat man sich so täuschen lassen können!

Fast 60 Jahre Verzauberung lösen sich in das auf, was nie abgestritten wurde: in geniale, perfekte Täuschung. Die Welt wird um ein Stück erwachsener. Wie oft war man doch dem Geheimnis der Maschine auf den Fersen gewesen, zuweilen greifbar nahe gekommen, ohne es je wirklich fassen zu können. Mälzel entzog sich und den Spieler jeder Ent-deckung, der Unwille, entdeckt zu werden, hatte sich mit seiner Reiselust gepaart.

Bisher war Mälzel immer nur als »die Person, welche die Maschine vorweiset« erwähnt worden, jeder hatte sich sofort auf die Beobachtung und Beschreibung des Mechanismus gestürzt. Daß die Beobachter dem Vorführer weiter keine Beachtung schenkten, ist ein Indiz für die Perfektion seiner (Ab-)Lenkungsmanöver, seiner Vor- und Verführungskunst. Die Konzentration auf den Schausteller zeigt Poes Scharfsinn, solche Artikel faszinieren jeden Leser: Sie beschreiben ein Bild, um ein lebendiges Bild herzustellen – Mälzels altes Nachdenken zum hölzernen Spieler. Zum ersten Mal droht *persönliche* Demaskierung. Mälzel verkauft schließlich nicht Ware, sondern Illusion samt seinem *Imago*, das *er* bestimmt. Es gab nichts, das er mehr fürchten muß und immer gefürchtet hat, als *Entlarvung*, die statt des Bildes, das er vorführt, die Wirklichkeit zeichnet.

Und wie das so ist – Zufälligkeit? Zur selben Zeit wurde ein, nun endlich die *technischen* Details der Maschine enthüllender, Aufsatz publik, der Mälzel, wegen seines Inhalts und um des Autors willen, tief gekränkt haben muß. Mouret, der treue Spieler aus der englischen und französischen Zeit Anfang der 20er Jahre, verarmt, gelähmt, auf eine Rente der Pariser Schachfreunde angewiesen, dem Alkohol hörig, durch Alkohol hörig – er hat das Geheimnis, hat sich, Mälzel, den Türken, verkauft... 1834, an ein Pfennigblatt, das französische *Magasin Pittoresque*.[16] Ein Nachdruck war 1836 in der vom großen Labourdonnais herausgegebenen Pariser Schachzeitung *Le Palamède* erschienen. »Aus Rücksicht auf den Mechaniker, der den Automaten heute besitzt«, so in einem Nachsatz, »hätte ›Le Palamède‹ davon Abstand genommen, das Geheimnis des Automaten zu offenbaren. Da aber eine Ähnlichkeit mit dem Geheimnis der Komödie [es gab zu seiner Zeit zahlreiche Stücke, die in und um den Automaten spielten] einerseits besteht, und es andererseits in einem Artikel des *Magasin Pittoresque*, einer in Frankreich und im Ausland weit verbreiteten regelmäßig erscheinenden Zeitschrift, bereits veröffentlicht und ausführlich geklärt wurde, entschlossen wir uns, den vorliegenden Bericht abzudrucken.«

»[...] ein Mann, ein wahrhaftiger Schachspieler [...] saß auf einem kleinen, sehr niedrigen Tisch auf Rollen, was alles andere als bequem anmutete [...]

Die Lösung des wesentlichen Problems ließ sich auf einen banalen Zaubertrick zurückführen. Die Hebel, die Zahnräder, der Zylinder waren lediglich hauchdünn geschnittene, auf einer dünnen Wand angebrachte Teile, die sich willkürlich bewegen ließen.

Da bei der Präsentation des Innenlebens der Maschine immer nur jeweils einer der beiden Türflügel geöffnet wurde, konnte sich der vorab Eingeschleuste zuerst im oberen Teil des Automaten mit gekrümmten Beinen verbergen, während er sich dann im unteren Teil bückte, den Kopf nach unten beugte und die Hände nach vorne ausgestreckt hielt. So kam es, daß ihn abwechselnd die jeweils verschlossene Tür verdeckte. Eine ein- oder zweimalige kurze Übung reichte aus, um sich an diese Positionen zu gewöhnen und zu lernen, wie die Kurbel gedreht werden mußte, die den Arm des Automaten lenkte, ferner, wie die Gummifeder in Gang gebracht wurde, die die Finger in Bewegung setzte und schließlich, wo an der Schnur gezogen werden mußte, die mit dem für die Ansage von ›Écheque‹ bestimmten Blasebalg verbunden war.

In seinem Kasten stand dem Spielmeister eine Kerze zur Beleuchtung zur Verfügung und ein Reiseschachspiel, das ihm als Zweitspiel diente und dessen Felder numeriert waren;

ein ebenfalls durchnumeriertes Schachbrett zeichnete sich über seinem Kopf anstelle der Decke ab und gab spiegelbildlich das Schachbrett wieder, dem der Automat gegenübersaß. Die auf ihrer Standfläche stark magnetisierten Figuren versetzten durch ihre Anziehungskraft kleine, jeweils den einzelnen Feldern entsprechend angepaßte Schaukeln auf dem ›Gegenspiel‹ in Bewegung. Der Spieler verfolgte so jedes Auf- und Abbewegen der Schaukeln mit größter Aufmerksamkeit und kannte genau den Schachzug des Gegners; gleich darauf wiederholte er diesen Schachzug auf seinem eigenen Brett, spielte seinen eigenen Zug, den er dann durch den Automaten ausführen ließ.«[17]

Nun, 1837, publizierte in Amerika ein Blatt nach dem andern »Leben und Abenteuer des Schachspielautomaten« ... Jetzt kam es darauf an, schneller zu sein als die Nachrichten, the news. Ta ta ta ta. Banner der Zeit. Leben Sie wohl, sehr wohl ...

Der 64jährige bricht die Zelte ab. Sagt Blitz adieu, auf Wiedersehen irgendwo in Nord- oder Südamerika. Bricht Ende des Sommers mit dem Schachspieler von Philadelphia auf. Indianersommer. Es bleibt nur das Hinterland. *Fluchtfelder. Across the mountains.* Über Land reisten sie nach Pittsburgh, dann flußabwärts per Dampfboot (es mag die *Caroll of Carollton* gewesen sein) nach Cincinnatti; Weihnachten, Neujahr New Orleans.

1837. New Orleans – Havanna – Philadelphia – Havanna

George Allen: »Ich begriff sehr spät, daß [...] Maelzel zweimal in Havanna war [...] Es war der höchst befriedigende Erfolg, der ihn so begierig machte, zurückzukehren. Es scheint, daß er ein zweites Mal seine ›Conflagration of Moscow‹ verkauft hatte und daß die Einwohner von Havanna ihre große Enttäuschung zum Ausdruck brachten, daß ihnen nicht erlaubt war, etwas zu sehen, das sie als so Bewundernswertes vernommen hatten. Nur deshalb versprach er, zurückzukehren, und zwar zurückzukehren mit einem ›Moskau‹

extra für sie, weit schöner, als es vor ihnen irgend jemand gesehen hatte. Nach seiner Rückkunft im Frühling 1837 in unsere Stadt [...] begann er, sich der Rekonstruktion seines großartigen Panoramas zu widmen, mit einem so ausschließlichen Interesse, daß er den ganzen Sommer und Herbst verstreichen ließ, ohne eine einzige Ausstellung zu geben.

Wie gewöhnlich hatte seine übertriebene Genauigkeit seine Mechaniker und Künstler so lange gequält, das Werk aufzubauen und wieder zu vernichten, bis er fast zu spät zur besten Saison nach Havanna zu kommen drohte. Tatsache ist, daß er genötigt war, sein ›Moskau‹ mit einigen noch unfertigen Details zusammenzupacken, nachdem er das Schiff, mit dem er zu fahren beabsichtigte, eine Woche über die Zeit zurückgehalten hatte. Er segelte von unserem Hafen am 9. November los, an Bord eines Schiffes seines Freundes, Mr. Ohl, der Brigg *Lancet* (Kapitän Young) [...] Die Hauptsache war, rechtzeitig in Havanna zu sein, um die Austellung während der einzigen guten Saison geöffnet zu haben – in einem rigiden katholischen Land so nahe der heißen Zone – nämlich von Weihnachten bis Aschermittwoch, der in diesem Jahr auf den letzten Februartag fiel. Wenn man bedenkt, was Maelzel noch zu tun hatte, oder auf jeden Fall noch alles tun *würde*, bevor er fertig war oder fertig zu sein meinte, um die Türen zu öffnen, war der 9. November freilich spät genug für seinen Aufbruch. Die Passage nahm für gewöhnlich 10–15 Tage in Anspruch, nachdem man ›the Capes‹ verlassen hatte.«[18]

XII. KONFLAGRATION

1838. Havanna[1]

Die cubanische Hauptstadt, mit ständigen Attraktionen und künstlichen Verfeinerungen nicht eben verwöhnt, zeigte jedes Jahr zwischen Epiphanias und Aschermittwoch, in den wenigen Wochen des Karneval, um so offensiver ihre Gier nach Sensation. Ausgelassen verlangten Herz und Sinne, die versteckten Sehnsüchte zu stillen. »Cubanischer Karneval« – für jeden amerikanischen Schausteller ein Synonym für schnelles, erfolgreiches Geschäft. Der Peso saß locker, *olé!* und nun wollte jeder die Puppen tanzen sehen.

Von New York kommend, später als Mälzel, war – wen sollte es verwundern – Signor Antonio Blitz auf dem Seeweg unterwegs nach Havanna. Sich und den Mitreisenden vertrieb er jeden Gedanken an aufkommende Seekrankheit wie an Langeweile mit allerlei Kunststückchen, Zaubertricks und Ventrilogismus. So war es vor allem ein anscheinend aus dem Vorratskoben entsprungenes Schwein, dessen Grunzen, Quieken, Muffeln, Stöbern überall war und Mannschaft, Passagiere, Offiziere, Kapitän während der gesamten Überfahrt unter großem Hallo und Gelächter auf der Suche und außer Atem hielt. Diese Art, die Zeit zu *vertreiben*, da war Blitz ganz sicher, würde Mälzel allerdings nicht akzeptieren; die Leute dem Phantom einer Sau nachzujagen, das war gewiß nicht »shenteel«. Aber – gab der Erfolg ihm, Blitz, nicht recht? Hatte er nicht sogar dem kränkelnden blassen Spanier eine erfreulichere Farbe auf die Wangen gezaubert? Was auf der Welt sollte denn gesünder sein als unbeschwertes Lachen?

Als dann, nach zwei Wochen, diese betörenden Blütendüfte über das Meer strichen, und Scharen dieser kleinen gelben Vögel auf dem Schiff einfielen, glaubten nicht wenige an Blitzsche Zauberei. Erst, als die Haifische zurückblieben (von denen immer noch einige Realisten behaupteten, diese hätten das arme Schwein verschlungen, sie hätten ja deutlich genug einen Todesschrei vernommen), erst nachdem die Nordkaper, jene kleinen Walfische der Gegend, das Schiff umrundeten, und aus dem Mastkorb der laute Ruf »Land« all diese Anzeichen bestätigte, löste der Zauber des Anblicks der cubanischen Küste ganz allmählich die Zauberkünste des Signor Antonio Blitz ab oder auf. Da lag Havanna. Fort Moro, die grauen Mauern. Die hügelige Vorstadt, Häuser hangaufwärts, dahinter die grünen Palmenhöhen, dunkle Cypressen. Ein Wind kommt auf, treibt das Schiff sicher in den Hafen. Das Gewirr der Schiffe! der Flaggen! Und die modernen hellen Bauten dort an der Uferpromenade, die Paläste, Kirchen, welch südlicher Eindruck!

Die Behördenboote. Der Lotse, Zolloffiziere, einige Soldaten kommen an Bord. Soldaten sollen das sein? Höchst erbärmlich ihre verschmuddelten weißen Jacken, solche Spitzmützen aus Filz... Einreiseformalitäten. Signalement. Kontrollen. Endlich, endlich, ach diese Wonne, wieder die Erde unter den Füßen. Unsicher noch der Gang zur Douane. Und – das hatte Blitz befürchtet – die Schwierigkeiten der Beamten mit den doppelten Böden; sie waren nicht neu für ihn, aber hier grenzte es an Schikane. Das Einzige, was relative Erleichterung sicherstellte, war der Einsatz von Gold, er verfehlte nicht seine Wirkung; wenn nicht prompte Abwicklung, so doch schnellere bei ausgesuchter Höflichkeit. Señor Maelzel? Der sei schon in der Stadt, vor wenigen Tagen erst angekommen – mit der *Lancet*, Kapitän Young. Vor wenigen Tagen, dachte Blitz, ist das nicht recht knapp bei seinen Vorlaufzeiten. Pardon, wo Señor Maelzel wohl abgestiegen sei. Das entziehe sich leider der Kenntnis. Ganz gewiß aber seien der Deutsche und sein Sohn in der Stadthalle anzutreffen, dort, wo auch die Exhibition sein würde. Blitz war mit allen Formalitäten zu sehr beschäftigt, des Spanischen zu wenig mächtig, als daß er diese Antwort sofort belächelt hätte. Mälzel und Sohn? Nun ja, der Alte war für jede Überraschung gut – aber doch nicht für diese. Er wird sich, amüsierte sich

Blitz, einen Automaten geschaffen haben, ihm zum Bilde. Eine neue Nummer.

Die aufgeblasene Wichtigtuerei, die Widrigkeiten des Zolls, unzählige lächerliche Erklärungen und unangemessene Forderungen und sein Zorn darüber beanspruchten Blitz für die nächsten Stunden zu sehr, um irgendeiner beiläufigen merkwürdigen Aussage eines kleinen Zöllners nachzusinnen. Gewiß gab es weltweit keinen widerwärtigeren Zoll als den spanischen. Cuba war die letzte bedeutende spanische Besitzung in Amerika. Die anderen ehemaligen iberischen Kolonien in Mittel- und Südamerika hatten sich in den 20er Jahren aus der Umklammerung des Mutterlandes gewunden oder geschlagen. Hier, in Havanna, galt es zu demonstrieren, wer Herr im Hause ist.

»Wenn die spanische Regierung solche Zoll- und Paßformalitäten für nötig hält«, schreibt Blitz in seinen Memoiren, »dann zeigt das die Korruptheit der Prinzipien, auf denen sie basieren. Warum wird jeder Fremde als Revolutionär und politischer Abenteurer betrachtet?«

Als die Geschäfte es zuließen, irgendwann an einem der nächsten Nachmittage, wird Blitz endlich die Stadthalle aufgesucht haben. Er fand die beiden, Mälzel und Schlumberger, wie er sie zuvor, in Philadelphia, schon Dutzende Male angetroffen hatte. Kaum, daß sie aufstanden, um ihn herzlich und rasch und gar nicht überrascht zu begrüßen und einluden, Platz zu nehmen.

»Wo auch immer Mälzel einen privaten Eßtisch in seinem Ausstellungsraum hatte, speisten die beiden Gefährten meistens zusammen. Bei solchen Gelegenheiten«, so erzählte Blitz später George Allen, »hatten sie eine höchst amüsante Weise, das Schachbrett *en permanence* zwischen sich zu halten, während sie sich gemessen und vornehm durch die angenehmen Stationen des schmackhaft duftenden Mahles fortbewegten. Attacken und Gegenattacken wurden vehement weitergeführt, die Gabel in der Hand. Maelzel pflegte nachzudenken, während er kaute; und Schlumberger, immer zügig im Schach, pflegte zu antworten, ohne einen Bissen auszulassen. Die Härte der verzweifelten Lage wurde für den Deutschen durch reichliche Schlucke von Rotwein gemildert; und sein französischer Antagonist führte, in der scharfen Verfolgung des Sieges, das Glas oft unbewußt an seine Lippen. Auf keinen Fall neigte einer von ihnen zur Trunksucht; zog sich das Spiel allerdings mit ungewöhnlich vielen Zügen hin, würde Maelzel, da konnte man sicher sein, standfest wie ein Fels bleiben, während Schlumberger vielleicht mit einem leisen Anklang von Schluckauf sein ›échec et mat!‹ murmeln würde.«[2]

Blitz hatte ihren Schachzügen wenig Beachtung geschenkt. Er selbst war kein guter Schachspieler, und die Langsamkeit, mit der Mälzel sich zu einer Entscheidung durchkaute, wäre ihm unerträglich und enervierend gewesen, wenn der Anblick dieser beiden Männer ihn nicht so sehr gefangengenommen hätte, und das, was zwischen ihnen spielte, nicht so faszinierend gewesen wäre: »Es war ein ruhiger ernster Kampf, und die Angst vor jeder Pause oder jedem Zug zeigte sich in ihren Gesichtern, ihre Gesichtszüge offenbarten, was die Zunge nicht ausdrückte.«[3]

Schlumberger, den Alltagsanforderungen gegenüber nicht selten so nachgiebig wie ein verträumtes Kind, hatte das Spiel fest in der Hand. Blitz kannte ihn und trotzdem... unfaßbar, was geschah, sobald Schlumberger ein Schachbrett vor sich hatte. Dieser unauffällige vage Mensch, an den man sich kaum erinnern würde, streckte sich und war: William Schlumberger, einer der besten und glänzendsten Schachspieler der Welt. Der erste Spieler Amerikas. Schlumberger – hochkonzentriert, präzis, arrogant. Ein Gewinner.

Mälzel? Was trieb ihn dazu, sich so oft es eben ging, auf dieses Spiel einzulassen? Ein Spiel, das er so gut wie sicher verlor, wenn es kein reines Endspiel war, und nur dann gewinnen konnte, wenn es ihm gelang, Schlumberger unter den Tisch zu trinken. Das jedoch würde die nächste Vorstellung in Gefahr bringen, sowie den treffsicheren Umgang mit der Feinmechanik, und kam deshalb, aber nicht allein deshalb, nur selten vor. Schlumberger würde fast immer schneller gewinnen, als betrunken sein. Daß unabhängig davon die meisten Spiele eine gewisse Dauer erreichen, weist auf Mälzels Spielstärke hin. Ein Gegner, den der Schachmeister akzeptierte und insoweit ernstnahm, als er mitspielte, mit ihm spielte. Und Mälzel ließ sich darauf ein.

Die beiden Spieler schienen den Gast vergessen zu haben, auch das Essen, die Halle, die halb ausgepackten Kisten, die Stadt, die Welt... Weißhaarig der eine, dunkel der andere, weiß und schwarz. Zwei Figuren im Spiel. Verspielte. Verspielte Spieler. Spielverliebt.

»Échec et mat!« flüsterte Schlumberger, erhob sich sofort. Und nun erneut ein Wunder: Indem er sich aufrichtete, schien er in sich zusammenzusinken; der Hals verschwand zwischen den Schultern und deutlich trat hervor, was Poe als »a remarkable stoop in his shoulders« gesehen hatte, sein »Buckel«. Schlumberger also kroch in sich hinein und gab seine glänzende Erscheinung auf – bis zum nächsten Spiel. »Pardon«, sagte er sehr leise. Der Trapezkünstler sei defekt. Mälzel leerte sein Glas, wischte sich den Mund, stand ebenfalls auf, *ein großer, gelassener Mann*. Jeder war erstaunt, wie groß er war, wenn er vor einem stand; seine kräftige untersetzte Gestalt ließ ihn von weitem viel kleiner erscheinen. Mit leichten, schnellen Schritten, die sein Alter Lügen straften, durchquerte er die Halle.

Es gibt nichts Traurigeres als einen kaputten Trapezkünstlerautomaten. Der schwang sich in Elan, brachte sich mit dem Trapez in Schwung, schwang sich hoch, höher, fast senkrecht zum Überschlag... da – knirschte, klemmte, bremste etwas; das Trapez blieb schräg stehen in der Höhe, dem Artisten versetzte es einen bösen Ruck, es stauchte ihn, schleuderte ihn vor, zurück, dann sackte er rückwärts, baumelte, schlenkerte, baumelte sich aus (nichts als irgendein Hampelmann), hing schließlich ohne Leben und zeigte, indem er die Hände nicht von der Stange löste, indem er nicht endlich, des eigenen Gewichts müde, nocheinmal sich aufbäumend, losließ und der Schwerkraft nachgebend in die Tiefe abstürzte und den Tod finden dürfte, statt dessen das Trapez starr umklammerte und festhielt und weiter umklammern würde *bis in alle Ewigkeit* – das wahre Leben der Automaten. Gibt es denn keine Erlösung? fragte Blitz. Die Erlösung mag zuweilen wohl Holzwurm heißen, murmelte Schlumberger; er stellte die Maschine auf den Tisch. Mälzel nahm die Figur in die Hand; unglaublich vorsichtig und behutsam tasteten seine Riesenpranken die Gelenke ab: Nein, der Fehler lag zum Glück nicht hier. Mit wenigen Griffen waren die Züge, die innerhalb der Trapezstangen liefen, freigelegt. Der Meister machte sich daran, das Unentwirrbare zu entwirren. Die Drähte und Fäden waren durch verschiedene Farben gekennzeichnet, sie gehorchten einem, dem Laien undurchschaubaren, komplizierten System, das von der Hinterbühne aus dirigiert wurde. Mälzel war in die Arbeit versunken. Der Lichtschein fiel auf das frische rote Gesicht mit den schwerlidrigen blauen Augen, seinem angenehmen Mund und der geraden Nase. Haupthaar und Bart umrahmten das feste, jugendliche Gesicht. Er war, wie immer, äußerst konzentriert, unbeirrbar. (Ob ihn die Arbeit anstrengte, war nicht zu erkennnen.) Jemand, der durchsetzt, was er durchsetzen will – weil das, was er will, das Beste ist. Und Schlumberger ließ sich darauf ein.

George Allen: »Ich bezweifle, daß Maelzel Arrangements getroffen hatte, um Schlumberger immer um sich und als Tischgefährten zu haben, bevor die enge Verbindung mehrerer Jahre den vorsichtigen alten Deutschen den vollen Wert des treuen und liebenswerten Assistenten lehrte, und allmählich in seinem Herzen ein Gefühl wahrer Zugehörigkeit hervorgerufen hatte. Ihre Verbindung hatte so lange gedauert, sie waren immer soviel beisammen und ihr Verhalten zueinander war so, daß unter den deutschen Einwohnern die Meinung aufkam, Schlumberger sei zumindest ein naher Verwandter oder ein Adoptivsohn, ja, einige hielten ihn sogar für seinen wirklichen Sohn.«[4]

Wo sie untergekommen seien, fragte Blitz. Mälzel wohne im großen Harbor-Front-Hotel, Passeo de Paulo, er in irgendeinem *boarding-house*. Und die Fishers logierten bei der Ausstellung. Fishers? Ja, sie hätten ein Ehepaar mitgebracht aus Philadelphia. *Er* müsse sich um die Exhibition kümmern und täte es nicht, *sie* solle kochen und könne es nicht, klagte der Elsässer, während er die Drähte straffzog, die Mälzel ihm reichte.

Blitz bezweifelte, daß die Wiederherstellung der Holzpuppe überhaupt gelingen könnte. Es sei nicht leicht gewesen, für seine Vorführungen einen Raum zu finden. Ja, brummte Mälzel, oin Noarr macht ziani.

Wie bitte? Ein Narr macht zehne, ein Spruch aus meiner Heimat. Ein Schausteller zieht die andern nach. *Dr. Divine, The Fire King*, ist auch da. *Mr. Mossie*, der Stimmenimitator, haben Sie je seinen Jackson gehört? nicht schlecht. *Harrington*, Ihre Bauchrednerkonkurrenz, können Sie vergessen. Und der saubere Russe *Saubert* mit seinem abgehobenen *Dio-Cosmo Panorama*, nichts als eine Tabakwolke gegen mein neues Moskau... Irgend ein Draht erforderte nun seine besondere Aufmerksamkeit... *Das* ist brillant! Er lächelte, wischte sich den Schweiß von der Stirn, es war ungeheuer heiß in der Halle. Schlumberger öffnete die Fenster.

Der Trapezkünstler bewegte vorsichtig ein Bein. Na, er scheint wieder zu sich zu kommen! Die Figur schüttelte sich, schüttelte die Glieder aus, schüttelte sich ins Leben zurück, kam in Schwung, turnte, purzelte, drehte sich, gewann einen Rhythmus, kreiste, voltigierte, schlug Risenwellen, hatte die Schwerkraft unter sich gelassen, hob ab, schien zu fliegen... Die beiden, *Vater und Sohn*... Sie waren völlig in das Dirigieren des Automaten vertieft. Sie spielten.

Mälzel—Schlumberger. Auf seltsame Weise miteinander verbunden, aneinander gebunden. Untrennbar. Durch unsichtbare Züge verkoppelt... verwandt. Das war es, was der Zollbeamte wahrgenommen hatte und für wahr angenommen hatte.

Als der Trapezmann sich auf der Stange niederließ und mit verschränkten wippenden Füßen die Vorstellung beendete, Oh là là! erzählte Blitz von der Vater-Sohn-Auskunft des Zöllners. Mälzel winkte ab. Die Leut' reden viel. Besonders die in Havanna.

In den nächsten Wochen war wenig Zeit, einander zu sehen. Die Arbeit ging vor, denn sie ging kaum voran. Nicht Bitten, nicht Drängen, noch materielle Anreize konnte die für die Vorbereitung der Ausstellung angeworbenen cubanischen Handwerker – freigewordene Negersklaven, Mulatten – dazu bringen, ihre Handgriffe zu beschleunigen. Um ein einfaches Brett zu zersägen, so Blitz, agierten drei Männer, und wie! Es war zum Verzweifeln – oder zum Lachen. Alle paar Minuten unterbrachen sie ihre Tätigkeit, um eine Zigarette zu rauchen. Und wenn sie sechs Stunden auf diese befremdliche Weise gearbeitet hatten, hielten sie das für ausreichend und gingen einfach heim, in ihre ärmlichen Hütten am Rand der Stadt. *Mayana, Señor, mayana.* »Zwölf dieser Männer schafften in einer Woche nicht, wozu zwei Amerikaner zwei Tage gebraucht hätten.« Blitz konnte, sagte er, über diese »komplette Farce« der Arbeit lachen. Aber Mälzel? Er hatte alle seine Erwartungen in das neue Diorama gesetzt. Es sollte das prächtigste, bestaunenswerteste, realistischste seiner Zeit werden. Unübertrefflich. Nun dieser Trägheit, diesem Unverständnis ausgesetzt zu sein, mußte aufs Schlimmste an seinen Nerven gezerrt haben. Nicht rechtzeitig fertigzuwerden oder einen Mißerfolg zu erleben, das konnte er sich nicht leisten. Sein gesamtes Vermögen steckte in diesem neuen Werk. Jede Schlamperei würde es ruinieren, könnte *sein* Ruin sein. Der immer hilfreiche alte Freund und Landsmann Ohl, mit dessen Brigg er hierhergekommen war, hatte ebenfalls eine hübsche Summe in die Herstellung investiert; als guter Geschäftsmann zweifelte er nicht, daß er bei Maelzel's Exhibition mit einer sicheren Rendite rechnen konnte: Es war nämlich im Anschluß an diesen cubanischen Aufenthalt eine mehrjährige Tournee durch die Länder von Südamerika vorgesehen, wo der »letzte Schrei« aus Nordamerika und Europa nicht schon vom nächsten kurzatmigen *dernier crie* überholt werden würde. Auch der gute alte Schachtürke sollte dort wieder zu Ehren kommen. Und nun, hier in diesem verdammten Cuba, ging nichts weiter. Je mehr er die Arbeiter antrieb, desto bedächtiger wurden oder wirkten sie. Es geschah nicht selten, daß dieser sonst so ruhige Mann aus seiner Haut fuhr. Und die drückende Schwüle! Dann diese Fishers, die alles sahen, Vieles taten, nur nicht das, worauf es ankam.

Schon für gewöhnlich dauerte ja der überaus komplizierte Zusammen- und Aufbau der Ausstellung 5 – 6 Wochen! Aber wie das Diorama nun, Anfang Dezember, dastand, entsprach es immer noch nicht Mälzels Vorstellungen. Die Zeit drängte. Die Tage liefen davon, verschluckt vom frühen Einfall der Nacht. Mälzel arbeitete weiter, im Kerzenschein, von Insekten, riesigen Nachtfaltern umschwirrt. *It must be correct.* Daß kaum ein Zuschauer diesem absoluten Anspruch an Perfektion je gerecht wurde, schien ihn nicht zu kümmern. Wie schon im Sommer und Herbst in Philadelphia trieb er die Arbeiter ungeduldiger an als gut und klug war. Wieder und wieder die Anstriche dieses Durchscheinbildes zu korrigieren, und das in ungesunder Eile in dieser stinkenden, stickigen Halle, leuchtete niemandem ein. Die CONFLAGRATION mochte als fixe Idee erscheinen. Wozu diese Hetze. Auf lichtdurchlässiger Leinwand waren die Farben so aufzutragen, daß bei unterschiedlicher Beleuchtung bestimmte, exakt kalkulierte Effekte und sogar Bewegungen entstehen würden. Aber wie sollte denn das funktionieren? Allein der Meister kannte und dirigierte die Zusammenhänge. Die Arbeiter begannen, unter seinen Ansprüchen zu murren; aus der Ruhe ließen sie sich nicht bringen. Solche Anstrengung, Herr, tut nicht gut. Bedenken Sie, Herr, der Fremde ist es, der vom Fieber geschlagen wird... wir werden nichts als müde und erleben den Morgen. Mälzel war unerbittlich – auch gegenüber Schlumberger und sich selbst.

Schlumberger hatte in diesen Wochen vollauf mit der Vorbereitung der Südamerika-Tour zu tun. Er verhandelte mit Agenturen, Handelskontoren, mit englischen, deutschen, spanischen Kaufleuten. Seine Aufgabe an den Apparaten würde Mr. Fisher übernehmen. Der Schachautomat sollte hier nur privat zum Zuge kommen, bei den feinen reichen Handelsleuten; das Publikum erwartete Neues.

Alles konzentrierte sich auf die CONFLAGRATION, fieberte der ersten Vorstellung entgegen. Daß sie dann wirklich pünktlich und mit der üblichen Exaktheit in großem Glanz eröffnet werden konnte, ist eigentlich ein Wunder und darf doch nicht verwundern. Mälzel hatte, behauptete er, nie daran gezweifelt. Kein Mensch sah dem Entertainer die Anstrengungen der letzten Monate an. Maelzel's Exhibition! Das Ereignis der Saison! Die Sensation! Festlich gekleidete Menschen drängten zu Hunderten in die Halle. Die Vornehmen waren in offenen *Volanten* vorgefahren (sie gingen *nie* zu Fuß), »Viel Blumen im Haar, viele Goldreifen, Ohrringe, viel Juwelen. Weiß die Toilette, die Atlasschuhe«. Weiß war die Farbe der Reichen. Aber sie trugen keine Hüte! »Auch graue Haare, sehr seltsam, ohne Kopfbedeckung.« Diese Herrschaften, lachend, tuschelnd, angeregt, Spanier, Kreolen, besetzten den vorderen Teil der Halle. Nein, nicht die ersten zwei Reihen. Die waren wie immer und überall beim alten Mälzel für die Kinder reserviert. Und da saßen sie, ohne ihre Mütter, ohne ihre Fräuleins und späten Ammen. Blickten sich um, waren ganz ganz still. Aber weiter hinten – laut, lachend, bunt, sehr bunt, das Volk: Mulatten, Schwarze. »Gelbe Kleider, rothe Shawls, und die nackten Füße in hellgrünen Atlasschuhen.« *Ihre* Show fand untereinander statt. Aber dann: der große Mälzel. Er trat auf und hatte schon seinen Platz den Ereignissen überlassen. Was nun zu sehen, zu bestaunen war, es war zweifellos nicht zu überbieten und wird kaum zu beschreiben sein. »Der berühmte Trompeterautomat, den nicht der menschliche feuchte Atem am reinen

Spiel hindert.« Wer sprach diese Informationen? Gingen sie von Mund zu Mund? Mälzel als Conferencier. »*Grande Tournier* in drei Akten. Ritterspiele in vollkommenster Grazie und Akkuratesse, gepaart mit den höchsten Formen der Zirkuskunst.« Was war es denn nur, was die Pferdchen, die Ritterlein hier riesengroß und weit weit weg erscheinen ließ und die Zeit zurückzudrehen schien zu den alten europäischen Höfen? Und die *sprechenden Figuren* und *automatischen Schleppseiltänzer*. Oh là là! wisperte ein ach zu niedlicher Turner in der Hand oder auf dem Trapez!

Das Melodium (aber wir warten auf die CONFLAGRATION)... ausgewählte Stücke von den berühmtesten Komponisten, zum Weinen schön... Nein, es war schön, schöner als Musik. Man vergaß gar die eigene Eitelkeit. Für eine Weile geriet die Absicht, sich zu zeigen und auf andere zu zeigen, in den Hintergrund. Die Blicke richteten sich auf die Bühne. Nichts war zu vernehmen, als das Sirren der Insekten. Jeder hielt den Atem an. Die Lichter verloschen. Viele erhoben sich. Bitte, behalten sie Platz! DIE CONFLAGRATION VON MOSKAU! Unbeschreiblich. Phantastisch. Das Bild ging über jede Vorstellung.

»Hier hat Mister Maelzel die Künste Design, Mechanik und Musik so zusammengeführt, daß durch eine neuartige Imitation der Natur eine perfekte Nachbildung der realen Szene produziert wird. Sie ist in der Nacht aufgenommen, der am Himmel stehende Mond erbleicht im Schein der brennenden und rauchenden Häuserruinen. Die kombinierten Lichteffekte von Mondschein und Feuer flackern über die entfernten Gebäude, umkleiden sie mit düsterem Glanz. Des Zuschauers Blick schweift von einer erhöhten Terrasse des Kreml, des Regierungspalastes über die Stadt – gerade in jenem Augenblick, wo die Bewohner aus der Zarenhauptstadt flüchten und die französischen Truppen mit ihrem Einmarsch beginnen. Sie rücken vor in der folgenden Ordnung:

Die Vorhut mit ihrer Artillerie
das Schützenregiment

die kaiserliche Fußgarde
Regiment der fliegenden Artillerie
gefolgt von ihren Kanonen,
Munition, Gepäckwagen, usw.,
Kürassierregiment usw.«
Ach, hier wußte ja niemand von den Erfindungen des Entertainers in jener Zeit: seinen Prothesen, den Krankenwagen, den selbstmahlenden Getreidewagen für den tödlichen Weg nach Moskau und zurück...

»Mitten in all dem Lärm, in der Hetze, der Konfusion sieht man unter den Fliehenden in den Kremlbezirken die brandstiftenden Aufrührer hin- und herrennen.

Das rapide Umsichgreifen des Feuers vom Zentrum auf die Ausläufer der Stadt, das gehetzte Geschrei der Flüchtenden, die Raffgier der Invasoren, das Läuten der Alarmglocken, der Lärm der Trompeten und anderer Militärmusik, das Röhren der Kanonen, das kurze Baffen der Musketen... Explosion einer Granate! Was das Feuer ausgelassen hat, das zerstört nun sie.

Und da – stürzt der Kreml in rauchende Ruinen zusammen. Das Bild zielt darauf, den Zuschauer mit der wahren Idee dieser Szene zu beeindrucken. Jener Szene, die jeder Kraft der Beschreibung Lügen straft.«[5]

Aller Welt Rat, Macht, Trotz und Streit ist lauter Tand und Eitelkeit.

Die Saison wurde, wer hätte es anders erwartet, ein Sieg. Er rechtfertigte wahrlich alle Mühe. Wenn auch die Zuschauer »die wahre Idee« der Bilder nur undeutlich und dumpf wahrzunehmen schienen, so riefen die Bilder selbst und ihre Künstlichkeit doch großes Staunen und nach ergriffenem Schweigen nicht endenwollende Begeisterungsstürme hervor. Die Kasse muß geklingelt haben. Ja, alles wies auf einen vielversprechenden Start der großen Südamerika-Tournee hin.

Auch Antonio Blitz war natürlich mit seinen erfolgreichen Vorstellungen beschäftigt. Mehr aber noch damit, die substitiosen Forderungen an ihn als Magier des Himmels und der Hölle höflichst abzuwehren. Naive Gläubige sind kein Publikum für einen grandiosen begnadeten Zauberartisten.

Viel Zeit, die Kollegen zu treffen, blieb nicht. Warum auch, der Erfolg verlangte keine Unterstützung.

Schlumberger, frei von seinem düsteren Automatengefängnis, ein *businessman*, wie es viele hier gab, tauchte öfter bei *Dr. Divines* Vorstellung auf (Blitz hörte, er habe sich hier erkundigt, wie der Schachautomat feuerresistent zu präparieren sei – der Feueralptraum). Auch zu Blitz' Kunststücken kam er öfter – er lachte gern und suchte das Lachen.

Ab und an, da traf man sich doch. Mälzel, Blitz, Schlumberger. Beim gastfreundlichen Kaufmann Balbiani und seinem Commis Runge, auch bei Ohls Agent Francisco Alvarez; man saß zusammen mit Mr. Edelmann, einem deutschen Musikalienhändler, und Mr. Amelung, einem anderen Landsmann.(»But all theese good witnesses have been dead for some years.«) Was wurde gesprochen? Dies und das. Die Trägheit der Cubaner. Blitz' Abenteuer mit abergläubischen Heilsuchenden; sie bedrängten ihn mit ihren Liebes-, Lebens-, Todes-, nein, nie mit den Geldproblemen. Die Fülle der schönen Kreolinnen, den »Blumen der Antillen«, (sie trugen einen leuchtenden lebendigen Käfer *Cucullo* als lebende Brosche, oft auch im Haar). Was wissen sie, die Kaufleute, die aufgeschlossenen Seßhaften, was dachten sie über Mälzel, und wie er so lebte. Über diesen schönen, gebeugten deutsch-französischen Assistenten? Ein Thema war sicherlich »die schwere feuchte Luft, die bei dem wenigen Wind nicht hinreichend gelüftet werden konnte«, die für alles schwüle, ungute Denken, für alle Malessen verantwortlich gemacht wurde. Und wie über Moskau jener Feuerschein der CONFLAGRATION – lag über Havanna der Duft von Vanille, der aus den Sümpfen stieg.

Die Pläne. Südamerika. Die Aussichten. Maelzel's Exhibition. Zwei Vorstellungen pro Tag. 12 Uhr, 20 Uhr. Mälzel–Schlumberger. Die Mahlzeiten. Schachspiele. Korrespondenz, Rechnungen, Berechnungen, Kalkulation, Landkarten, Schiffs- und Landreisefahrpläne, Reiselust, Hoffnungen. (Natürlich hat Mälzel die Idee eines Kanals von Panama in Eile vorausgedacht, kalkuliert und fallengelassen – das gelbe Sumpffieber, die programmierten Streitigkeiten.) Schlumberger wäre lieber geblieben oder zurückgekehrt, was soll's. Mälzel dachte Cuba schon hinter sich. Es ging seinen Gang.

Großer Erfolg also bis Aschermittwoch zum Ende der Saison. Daß danach die Einnahmen die Unkosten kaum deckten, die Kinder noch kamen, die Schwarzen, die Bunten, das Geld ausblieb und warum das so war, war nicht mehr wichtig. Fastenzeit. Die Reisevorbereitungen liefen noch. Warum die Vorstellungen schließen. Die Sensation war dem Alltäglichen gewichen. Mälzels Ausstellung gehörte zum Alltag.

So ist zu erklären, daß da niemand sich genau zu erinnern weiß, wann geschehen ist, was Blitz später wieder und immer noch einmal schildern mußte.

Blitz war sich sicher, daß es um die Osterzeit gewesen sein muß (einige sagen früher, andere später), auf jeden Fall an einem frühen Vormittag. Schon frühmorgens hatte er sich in diesen Tagen in seiner Halle aufgehalten. Man stelle sich doch vor – die Einheimischen hätten es in ihrem kleinlichen Aberglauben abgelehnt, die üblichen Gegenstände – ein Halstuch, einen Ring, herzuleihen, die er in der Vorstellung weg- oder verzauberte (in einen Kanarienvogel) und doch wieder heil und alt hervor- und zurückzaubern würde. Nun ging es also darum, in Kürze etliche harmlose, wenngleich effektive andere Tricks zusammenzustellen.

Ja, so war es, er hantierte gerade mit Kerze und Papier. Die brennende Kerze mußte durchs Pergament, und die Flamme würde nicht die leiseste Unruhe und das rotleuchtende Pergament nicht das geringste Brandloch zeigen. Das einfachste von der Welt, aber geprobt mußte es sein, und es erforderte höchste Konzentration ... da schrie die Flamme auf, flackerte. Jemand tat einige heftige Schritte durch die Tür in die Halle.

Blieb stehen im Lichtschein, der durch den Türspalt fiel. Mälzel? Um diese Zeit? Ein schwerer Schatten.

George Allen: »Blitz war überrascht, Maelzel eintreten zu sehen, mit ungewohnten Anzeichen von Hast und Aufgeregtheit, und ihn abrupt sagen zu hören: ›Schlumberger ist tot.‹«[6]

Gelbes Fieber. In Westindien heimische pestartige Krankheit, mit Gelbsucht und schwarzem Erbrechen gepaartes Fieber, welches zahllose Menschen und besonders die kräftigen hinrafft.

George Allen: »Seine Krankheit muß kurz gewesen sein, denn Signor Blitz, der natürlicherweise recht häufig in Maelzels Räumen war, hatte nichts davon gehört.«

Es hat nicht lange gedauert. Er hat sich an seinem Blut totgekotzt. Sie haben ihn sofort eingescharrt.

Entsteht von faulendem Wasser, Mangel an Elektricität in der Luft, Erkältungen und Fäulnis der Säfte erregenden Bedingungen.

Warum hat er mir das. Warum tut er mir das an. Was tat ich ihm. Mälzel fluchte, verfluchte. Die Insel. Die Reise. Seinen Gott. Sich – vor allem. Vor allem – den Toten. Taugte nicht jeder simpelste Automat mehr? Ich baue einen Automaten. Ihm zum Bilde. Im Park von Schönbrunn stand vollkommen und weiß eine Statue... Wohl 100 Mal besuchte ich sie, suchte sie auf. Ich fing an, eine ähnliche zu konstruieren... unsterblich... rein... Was schuf ich? Puppen Oh là là! Oui Mama, wenn man ihren linken Arm hebt, Oui Papa, hebt man ihren rechten...

George Allen: »Schlumberger war ihm mehr ans Herz gewachsen, als er wußte. Zuzeiten hatte er seinem Direktor vorgeworfen, in allen Dingen außer Schach ein bloßes Kind zu sein. Aber es war gerade diese kindliche Unfähigkeit, auf sich selbst aufzupassen – diese kindliche Neigung, sich an einen Halt zu klammern, sein Festhalten an den Belangen seines willensstarken aber gütigen Arbeitgebers –, die Maelzel unmerklich dazu geführt hatten, in ihm eher den Sohn als den bezahlten Assistenten zu sehen.«[7]

Wo sein Grab ist? Irgendwo. Nirgendwo.

Mälzel reichte Blitz einen abgegriffenen Quartband: *Cours de Physiques*. »Schlumberger-Blech« war auf dem Vorsatzpapier zu lesen und darunter in der bekannten Handschrift: »donné à Ge. S.«

Nichts als ein altes Schullehrbuch mit erläuternden Kupfertafeln. Die Grundlagen der Physik.

George Allen: »Der Inhalt an sich konnte für ihn gar keinen Wert haben. Erinnerung an Vater oder Bruder, und als solche ist das Buch vom armen Schlumberger von Europa herübergebracht worden – es hat einen Teil seines geringen Gepäcks ausgemacht, auf all seinen Reisen durch unser Land, und es war sein Gefährte, als er nach Havanna ging, um zu sterben.«[8]

George Allen hält sich an die Aussagen des Kaufmanns Runge: Mälzel habe alles versucht, Schlumbergers Tod geheim zu halten. Die Leute riechen das Unglück. Ohne Zweifel wollte er unter einem neuen Direktor die Ausstellung mit der alten Munterkeit und dem üblichen Erfolg weiterführen. *The show must go on.* »Was er nicht in Rechnung stellen konnte«, so Allen, »war die plötzliche und absolute Depression, die seinen bisher so hoffnungsvollen und unbezähmbaren Geist besetzte.« An Mr. Kummer in Philadelphia schrieb er einen Brief, »düster zurückblickend, ohne Hoffnung für die Zukunft«, der alte Gefährte möge ihm einen Ausstellungsraum besorgen.

Das Ehepaar Fisher hatte erkannt, daß Schlumbergers Ableben ganz sicher das Todesurteil der Exhibition war. Sie beeilten sich, das sinkende Schiff zu verlassen. Zuerst der Verlust, dann die Desertation – Mälzel mußte sich doppelt verlassen fühlen. »Ein tödlicher Schlag, der seine Geschäftsinteressen vernichtete, und der sein Herz brach«, schrieb Allen.

Maelzel's Exhibition? Geschlossen. Mälzel? Abgereist.

XIII. Reiseschachbrett

George Allen über Mälzels letzte Reise: »Maelzels Vorbereitungen waren rechtzeitig genug abgeschlossen, um sich an Bord eines Segelschiffes von Mr. Ohl – der Brigg *Otis* unter seinem Freund, Capt. Nobre – einzuschiffen, die ungefähr am 1. Juli im Hafen von Havanna angekommen war. Als Maelzel mit den anderen Passagieren an Bord kam, war Capt. Nobre von der auffallenden Veränderung betroffen, die von seiner Erscheinung Besitz ergriffen hatte, seit er ihn nur wenige Monate zuvor, im April, mit Schlumberger zusammen gesehen hatte. Damals war nicht das leiseste Anzeichen einer zerstörerischen Krankheit oder eines natürlichen Verfalls zu sehen gewesen: Er war so stark und blühend, so aktiv und lebendig wie zwölf Jahre zuvor, als er in New York gelandet war – damals mit seinen 53 Jahren noch ein junger Mann. Aber nun war es offensichtlich, daß er ›auseinanderfiel‹ –, daß alle Geistes- und Körperenergie bestürzend schnell abnahm, als ob die Quelle, aus der sie ihre Kraft geschöpft hatten, plötzlich trockengelegt worden wäre. Er saß an Deck, mit einem kleinen Reiseschachbrett in der Hand und klammerte sich mit der letzten Äußerung seiner Fähigkeit an das berühmte Spiel.

Sobald die Brigg den Hafen verlassen hatte, und der Kapitän frei war, wies Maelzel auf das Brett und lud ihn zu einem Spiel ein. Sie setzten sich mit Blick auf das Fort Moro und spielten zwei Spiele. Die Schwäche von Maelzels Spiel im Vergleich zu seiner früheren Spielstärke war ein weiteres Zeugnis seines schnellen Verfalls. Das erste Spiel gewann er – wohl deshalb, weil sein Gegenüber kein großes Geschick besaß –, aber seine Kraft reichte nicht für einen zweiten Sieg. Die Position war schließlich der einen des Automaten nicht unähnlich – drei Bauern gegen drei Bauern. Capt. Nobre, der am Zug war, erkannte vage, daß alles davon abhing, welchen Bauern er zuerst ziehen würde, und bat seinen erfahrenen

Gegner, als bekannten Endspiel-Meister, ihm zu raten. Maelzel, so höflich und zuvorkommend er für gewöhnlich war, antwortete mit dem einem Kranken eigenen Anflug von Ärger: ›Sie müssen Ihr eigenes Spiel spielen – ich kann Ihnen nicht sagen, was Sie zu ziehen haben.‹ Capt. Nobre, nun auf seine eigene Findigkeit geworfen, bedachte seinen Zug gut, setzte den richtigen Bauern und gewann.

Nach dem Essen, oder dem Versuch, mit den anderen Passagieren zusammen zu essen, suchte Maelzel seine Kabine auf und verließ sie nie mehr. Er hatte eine Kiste Rotwein [›claret‹] an Bord mitgebracht. Die ließ er den Stewart nun so bei seinem Lager aufstellen, daß sie immer in seiner Reichweite wäre; und solange seine Kraft reichte, konnte man sehen, wie er von Zeit zu Zeit die *Flasche* mit schwachen und zitternden Händen an seine Lippen hob – denn es war ihm in einer solchen Verfassung unmöglich, ein Glas zu benutzen. Er bat um nichts, erhielt nichts und sagte nichts. Es war offensichtlich, daß er um seine reale Situation vollkommen wußte; aber ob er nun alles, was früher war, als leeres Blatt sah, oder ob er in seinem Herzen und seiner Seele zu der christlichen Hoffnung zurückkehrte, die man ihm in jenem gesegneten Haus im frommen Regensburg in die Wiege gelegt hatte, in welchem die Orgelmusik seines Vaters mit dem Weihrauch der Heiligen Sakramente zusammen aufzusteigen pflegte – in jedem Fall gab er kein Zeichen.

Sechs Tage blieb er in diesem Zustand, mit kaum einem Anschein von Veränderung: Aber am Freitag abend, als das Segelschiff die Untiefen der nordamerikanischen Küste erreichte, bemerkte der Kapitän, daß Maelzel begann, rapide schwächer zu werden, und früh am Sonntagmorgen, am 21sten Juli, wurde er tot auf seiner Schlafstatt gefunden.

Mit keiner anderen Feierlichkeit, als daß man eine 4-Pfund-Kugel an seinen Füßen befestigte, wurde der Körper in die Tiefe entlassen. Die Brigg war in diesem Augenblick vor Charleston.«[1]

In Gegenwart der Passagiere wurden von Kapitän Nobre

seine Koffer geöffnet und der Inhalt inventarisiert:
12 Spanische Goldmünzen (durch Francisco Alvarez im Auftrag von Reeder Ohl erhalten),
 1 Goldmedaille des Königs von Preußen,
 1 grünes ledergebundenes Buch mit gesammelten Schach-Endspielen,
 1 ausgeschnittener Zeitungsartikel aus *Le Palamède*, »Leben und Abenteuer des Schachspielautomaten«,
 1 Physikbuch auf den Namen Schlumberger-Blech,
 1 Reiseschachbrett.

Mälzels Reiseschachbrett, ca. 20×20 cm

ANMERKUNGEN / LITERATUR

Dem Konitzer danke ich für seinen steten geduldigen kritischen Beistand.

Abkürzungen:
AMZ – Allgemeine Musikalische Zeitung, Leipzig 1800 ff.
TDR – Thayer, A. W., Ludwig van Beethoven. Nach dem Original-Manuskript bearbeitet und weitergeführt von Deiters, H., mit Ergänzungen von Riemann, H., 2. Auflage, Bd. 1–5, Leipzig 1901–1911

VORWORT – NACHRUF
1 Böckh, F. H., Wanderung in die Ateliers hiesiger Künstler, in: Hormayrs Archiv für Geschichte, Wien 1830, S. 354 ff.

I. TABLEAU ANIMÉ
1 Poe, E. A., Maelzels Schachspieler, in: Schuhmann, K., Müller, H. D. (Hg.), Das gesamte Werk in 10 Bänden; a. d. Amerikanischen v. Krause, R., Polakovics, F., Schmidt, A., u. a., Olten und Freiburg 1966, Bd. 9, S. 251–289
2 Moser, H. J., Musik-Lexikon, Hamburg ^{4}1955, Bd. 2, S. 728 f.
3 Schönwerth, Fr. X. v., Aus der Oberpfalz, Augsburg 1857 ff.
4 Ewart, B., Chess: Man vs Machine, San Diego, New York, London 1980, S. 44
5 Sterl, R. W., Johann Nepomuk Mälzel – ein Regensburger: Genie oder Scharlatan? in: Regensburger Almanach 1983, Regensburg 1983; ders., Johann Nepomuk Mälzel und seine Erfindungen, in: Musik in Bayern, Heft 22, 1981, S. 139–150
6 Allen, G., The History of the Automaton Chess-Player in America, in: Fiske, D. W. (Hg.), The Book of the First American Chess Congress, New York 1859, S. 474
7 Bauer, K., Regensburg – Aus Kunst- und Kulturgeschichte, Regensburg 1988, S. 83
8 ebd.
9 vgl. Regensburger Diarium, Nr. XXVI, 27. Juni 1797; Stadtarchiv Regensburg, Akt 708 Fach 529, Taufbescheinigung L. Mälzel. Ebd. die von J. N. Mälzel; s. a. Bischöfliches Zentralarchiv Regensburg, Kirchenbuch der kath. Pfarrei Regensburg/Dom, Bd. 10, 1772, S. 36
10 Rabiosus, A., d. i. Wekherlin, W. L., Reise durch Oberdeutschland, Salzburg u. Leipzig 1778, S. 34
11 Schäffer, J. Chr. G., Versuch einer medizinischen Ortsbeschreibung der Stadt Regensburg 1787, S. 42 f., zit. n. Dünninger, E., Begegnung mit Regensburg, Regensburg 1972, S. 138
12 Wit, P. de, Katalog des Musikhistorischen Museums Leipzig, Leipzig 1903, S. 184 f.
13 Bormann, K., Orgel- und Spieluhrenbau, Kommentierte Aufzeichnun-

gen des Orgel- und Musikwerkmachers Ignaz Bruder (1829) und die Entwicklung der Walzenorgel, Zürich 1968
14 Wurzbach, C. v., Biographisches Lexikon des Kaiserthums Österreich, Wien 1867, 16. Tl., S. 248 ff.
15 ebd.

II. KEINE ORGEL FÜR ALTHEIM
1 Die Regensburger Tagesereignisse dieser Zeit sind geschildert nach: Gumpelzhaimer, Chr. G., Regensburg – Geschichte, Regensburg 1830–1838, Nachdruck Regensburg 1984, Bd. IV, (1790–1805)
2 Ostertag, J. Ph., Etwas über den Kempelischen Schachspieler; eine Gruppe filosofischer Grillen, Frankfurt, Regensburg 1783, S. 189 ff.
3 Stadtarchiv Regensburg, op. cit.
4 W. A. Mozarts Brief an seine Frau, v. 28. September 1790, zit. n. Dünninger, E., op. cit., S. 133
5 Schubart. Chr. Fr. D., Ideen zu einer Aesthetik der Tonkunst, hrsg. v. Schubart, L., Stuttgart ²1839, S. 196 f.
6 Lipowski, F. J., Bairisches Musik-Lexikon, München 1811, S. 188
7 Allgemeine Deutsche Biographie, Leipzig 1884, Bd. 20, S. 248
8 Stadtarchiv Landsberg, Rep. 42, Fasc. 90, Nr. 2025, fol. 60; zit. n. Brenninger, G., Orgeln in Altbayern, München 1978, S. 85, S. 197
9 Wurzbach, C. v., op. cit., S. 248
10 Lipowsky, F. J., a. a. O., S. 190

III. EINE MASCHINE, WELCHE EIN ORCHESTER IN SICH VEREINIGT
1 Kinsky, G., Musikhistorisches Museum von Wilhelm Heyer in Köln, Kleiner Katalog der Sammlung alter Musikinstrumente, Köln 1913, Nr. 2068
2 Bischöfliches Zentralarchiv Regensburg, Kirchenbuch der kath. Pfarrei Regensburg/Dom, Bd. 31, 1797, S. 168
3 Lipowsky, F. J., op. cit., S. 190; Regensburger Wochenblatt, 14. Jg. 1824, Nr. 18, 24. April 1824
4 TDR, Bd. 1, ²1901, S. 479
5 Archiv der Stadt Wien HR Fasz. 8, 1187/1800; s. auch: Haupt, H., Wiener Instrumentenbau um 1800, phil. Diss., Wien 1952 und Ottner, H., Der Wiener Instrumentenbau 1815–1833, phil. Diss., Wien 1968
6 AMZ, Nr. 23, 5. März 1800
7 Allen G., op. cit. S. 423
8 TDR, Bd. 3, ²1911, S. 605
9 Blitz, Signor, A., Fifty Years in the Magic Circle, Hartford, Conn. u. San Francisco, Cal., 1871
10 AMZ, a. a. O.
11 Hase, O. v., Breitkopf & Härtel, Leipzig 1917, S. 149 f.
12 AMZ a. a. O.

13 s. hierzu: Kempelen W. v., Mechanismus der menschlichen Sprache, Wien 1791, Faksimile-Neudruck, Stuttgart-Bad Cannstadt 1970
14 AMZ, a. a. O.
15 ebd.

IV. HÖLZERNE SPIELER
1 AMZ, Nr. 45, 6. August 1800
2 Pezzl, J., Skizze von Wien, hrsg. v. Gugitz, G. u. Schlossar, A., Graz 1923, zit. n. Hanson, A. M., Die zensurierte Muse, Musikleben im Wiener Biedermeier, Wien, Köln, Graz 1987, S. 29
3 AMZ, a. a. O.
4 Wiener Zeitung, 7.11.1801, S. 3993, zit. n. Schmid, E. F., Joseph Haydn und die Flötenuhr, in: Zeitschrift für Musikwissenschaft, Heft 4, 14. Jg. Januar 1932, S. 196
5 ebd.
6 Czikann, J. u. Gräffer, F., Österreichische National-Enzyklopädie, Wien 1835, Bd. 3, S. 525
7 Pohl, C. F., Botstiber, H., Joseph Haydn, Leipzig 1927, Bd. 3., S. 177 f.
8 Massin, J. u. B., Beethoven, München 1970, S. 136, zit. n. Kross, S. (Hg.), Beethoven – Mensch seiner Zeit, Bonn 1980, S. 56

V. DER MECHANISCHE SCHACHSPIELER DES VON KEMPELEN
1 Halle, J. S., Fortgesetzte Magie, oder, die Zauberkräfte der Natur, so auf den Nutzen und die Belustigung angewandt worden, Berlin 1790, Bd. 3, S. 610 ff.
2 Lavater, J. C., Reise nach Kopenhagen im Sommer 1793, Hamburg 1794, S. 387 ff.
3 s. hierzu: u. a. Bailly, Chr., Automaten, Das Goldene Zeitalter 1848 – 1914, München 1988; Heckmann, H., Die andere Schöpfung, Frankfurt/M. 1982; Simmen, R. (Hg.), Der mechanische Mensch, Zürich 1967; Sutter, A., Göttliche Maschinen, Frankfurt/M. 1988; Swoboda, H., Der künstliche Mensch, München 1967
4 Wurzbach, C. v., op. cit., 11. Tl., S. 160
5 ebd.
6 aus: Kenneth Whyld, Biographie zu Schach-Pseudo-Automaten, Ms., dankenswerterweise zur Verfügung gestellt von Herrn Lothar Schmidt, Bamberg; s. auch, Klinckowstroem, C. Graf v., Kempelens Schachmaschine, Versuch einer Biographie, in: Börsenblatt f. d. Deutschen Buchhandel, Nr. 39, 1964, S. 989 ff.; Linde, A. van der, Die Geschichte und Literatur des Schachspieles, Berlin 1874, Bd. 2, S. 335 ff.; Literaturangaben i. d. neueren Werken zu Kempelens/Mälzels Schachautomat: u. a. Caroll, Ch. M., The Great Chess Automaton, New York 1975; Ewart, B., op. cit.; Faber M., Der Schachautomat des Baron von Kempelen, Dortmund 1983
7 Windisch, K. G. v., Briefe über den Schachspieler des Hrn. von Kempelen, Basel 1783 (franz., Basel 1783; Preßburg 1783; London 1784;

Amsterdam 1785; Rom 1786) zit. n. Faber, M., a. a. O. S. 72 ff.
8 Hindenburg, C. F., Ueber den Schachspieler des Herrn von Kempelen, Leipzig 1784; Ebert, J. J., Nachricht von dem berühmten Schachspieler und der Sprachmaschine..., Leipzig 1785
9 Lichtenberg, G. Chr. (Hg.), Magazin für das Neueste aus der Physik und Naturgeschichte, Gotha 1785, Bd. 2, S. 183 ff.

VI. INVENTÉ / ET EXÉCUTÉ PAR / MAELZEL

1 Josten, H. H., Württembergisches Landesgewerbemuseum/Die Sammlung der Musikinstrumente, Stuttgart 1928, S. 97 ff., zit. n. Simon, E., Mechanische Musikinstrumente früherer Zeiten und ihre Musik, Wiesbaden 1960, S. 92
2 Wurzbach, C. v., op. cit., 16. Tl., S. 248
3 ebd.
4 Bayern, A. Prinz v., Eugen Beauharnais, München 1940, S. 195
5 Poppe, J. H., Der magische Jugendfreund, Frankfurt 1817, Bd. 2, S. 277 f.
6 Bayerisches Industrie- und Gewerbeblatt (Kunst und Gewerb), München 1818, Sp. 223 f.
7 Wurzbach, op. cit., 11. Tl., S. 32 ff.
8 Reichardt, J. F., Vertraute Briefe, München 1919, S. 116 f.
9 Simon, op. cit., S. 91
10 ebd., S. 89
11 Schmitz, H. W., Johann Nepomuk Mälzel und das Panharmonicon, in: Das mechanische Musikinstrument, 6. Jg., Nr. 19, März 1981, S. 32
12 Bormann, K., op. cit., S. 242
13 Allgemeine Deutsche Biographie, op. cit., Bd. 20, S. 157
14 Hirt, F. J., Meisterwerke des Klavierbaus, Zürich 1981, S. 18
15 AMZ, Nr. 36, 6. Juni 1810
16 Dies, A. Chr., Biographische Nachrichten von Joseph Haydn, Wien 1810, S. 131
17 60 000 Franc ist die Summe, die meistens genannt wird. Josten, op. cit., berichtet, Mälzel habe das Panharmonium 1807 in Paris an Napoleon oder dessen Stiefsohn Beauharnais verkauft; Schmidt, E. F., op. cit., S. 196, schreibt, M. habe das Instrument für die Kaiserin von Frankreich gebaut.
18 AMZ, Nr. 44, 30. Juli 1806
19 Trautmann, K., Der alte Gallmayer am Rindermarkt und seine tapfere Leni, in: Kulturbilder aus Alt-München, 3. Reihe, München 1923, S. 59 ff.
20 zit. n. Heckmann, H., op. cit., S. 257 f.
21 Ewart, B., op. cit., S. 45 ff.
22 Deutsche Instrumentenbau-Zeitung, Jg. 1905, S. 224
23 Gerber, E. L., Neues Historisch-Biographisches Lexikon der Tonkünstler, Bd. 3, Leipzig 1813, Sp. 285
24 Bayerisches Industrie- und Gewerbeblatt a. a. O.

25 Fétis, F. J., Biographie Universelle des Musiciens, VI, Brüssel 1840, S. 396
26 Nach Österreichisches Staatsarchiv, Haus-, Hof-, und Staatsarchiv; die Ernennung Leonhards v. 1827 ist in den Akten des Oberstkämmereramtes unter Z1. 1382 protokolliert; das Zeugnis des Grundgerichts Jägerzeil (s. S. 188) v. 2.3.1825 schreibt: 1821.
27 nach Auskunft des Österreichischen Staatsarchivs, s. o.
28 AMZ, Nr. 41, 7. Oktober 1812
29 Journal des Luxus und der Moden, Weimar, April 1809, S. 250 ff.
30 ebd.
31 AMZ, Nr. 31, 29. April 1807
32 AMZ, Nr. 23, 8. März 1809
33 Litteratur= und Kunst=Anzeiger, Auf das Jahr 1809, München 1809, S. 36

VII. ZUSAMMENKLAPPBARE UND ANDERE NÜTZLICHE GEGENSTÄNDE

1 Richter, J., Briefe eines Eipeldauers an seinen Herrn Vetter, in: Paunel, E. V., (Hg.), Denkwürdigkeiten aus Alt-Österreich, München 1918, S. 331
2 ebd., S. 332
3 Reichardt, J. F., op. cit., S. 116 f.
4 ebd.
5 ebd.
6 ebd.
7 Baierische Nationalzeitung, Nr. 235, 11.10.1809
8 Kastner, E. – Kapp, J., Ludwig van Beethoven, Sämtliche Briefe, Leipzig 1923, 26.7.1809, Nr. 201
9 Litteratur= und Kunst=Anzeiger, op. cit., S. 204
10 anonym, Traditionen zur Charakteristik Österreichs, seines Staats- und Volkslebens unter Franz dem Ersten, zit. n. Kalischer, A. C., Beethovens Frauenkreis, in: Die Musik, 1. Jg. Dezember 1901, S. 488
11 Bayern, A., Prinz v., op. cit., S. 195
12 ebd.
13 Le Palamède, hrsg. v. Labourdonnais, Revue Mensuelle des Échecs, Paris 1836, S. 83
14 Mémoires de Constant, Sur la vie privée de Napoléon, Stuttgart 1830, S. 288
15 Gräffer, F., Kleine Wiener Memoiren, München 1918, Bd. 1, S. 280
16 Richter, J., a. a. O., S. 355 f.
17 Wurzbach, C. v., op. cit., 16. Tl., S. 248
18 Bayern, A. Prinz v., op. cit., S. 261
19 August, F., Napoleons Flucht aus Rußland 1812, in: Kloevekorn, F., Deutsche Kriegsgedichte, Bielefeld und Leipzig 1916, S. 26 f.
20 TDR, Bd. 3, ^{2}1911, S. 382
21 Kinsky, G., op. cit., No. 2060, S. 209
22 Die Auskunft verdanken wir Herrn Dr. Siegfried Schrammek, Leiter des Musikinstrumentenmuseums der Universität Leipzig.

23 Anderson, E., The Letters of Beethoven, London, New York 1961, Bd. 1, S. 427, Brief an Zmeskal v. November 1813
24 Bayerisches Industrie- und Gewerbeblatt, op. cit., S. 228: »Jägerzeile 470«; Ludwig van Beethovens Konversationshefte, hrsg. v. Köhler, K. H. u. Herre, G., Bd. 1, Leipzig 1972, S. 416: »Leopoldstadt 460 und Vorstadt Jägerzeil Nr. 17«; Stadtarchiv Regensburg, op. cit.: »Jägerzeil Nr. 20«
25 TDR, Bd. 3, ²1911, S. 386

IIX. KANONENSCHLAG- UND HÖRMASCHINEN
1 op. 91; vgl. Hess, W., Verzeichnis der nicht in der Gesamtausgabe veröffentlichten Werke Ludwig van Beethovens, Wiesbaden 1957, S. 36, Nr. 108
2 s. hierzu u. a. AMZ, Nr. 17, 27. April 1814; Nr. 19, 10. Mai 1815; Ernest, G., Beethoven, Berlin 1920; Frimmel, Th., Beethoven-Handbuch, Bd. 2, Leipzig 1926; Küthen, H.-W., Neue Aspekte zur Entstehung von Wellingtons Sieg, in: Beethoven-Jahrbuch 2, Reihe 8, 1971–72, S. 73 – 92; Schindler, Biographie Ludwig van Beethovens, Münster 1840; TDR, Bd. 3 op. cit.; Wendt, M., Die Zeit der großen äußeren Erfolge, in Kross, S. (Hg.), Beethoven – Mensch seiner Zeit, Bonn 1980, S. 73 ff.
3 TDR, Bd. 3, ²1911, S. 392 f.
4 ebd. S. 393 f.
5 ebd. S. 396 f.
7 ebd. S. 603; s. hierzu AMZ, Nr. 19, Mai 1815
8 s. hierzu: AMZ, Nr. 19, 10. Mai 1815; s. a. Werke unter Anm. 2
9 Neue Deutsche Biographie, Berlin 1986, Bd. 15, Sp. 635
10 Allgemeine Musikalische Zeitung, mit besonderer Rücksicht auf den österreichischen Kaiserstaat (WAMZ), 14. Februar 1818
11 Ludwig van Beethovens Konversationshefte, op. cit., Bd. 5, Leipzig 1970, S. 232 f.
12 WoO 162
13 Howell, S., Der Mälzelkanon – eine weitere Fälschung Schindlers?; John, K., Das Allegretto-Thema in Op. 93, auf seine Skizzen befragt; Goldschmidt, H., Und wenn Beethoven selber käme... Weitere Aspekte zum Mälzelkanon. Alle in: Zu Beethoven, Aufsätze und Dokumente 2, Berlin 1984
14 Howell, S., ebd., S. 170
15 Goldschmidt, H., ebd., S. 200
16 Kastner, E. – Kapp, J., op. cit. Nr. 798

IX. METRONOME MAELZEL – MM
1 zit. n. Rien, R., Beethovens Verhältnis zum Metronom, in: Metzger, H.-K. u. Rien, R. (Hg.), Musik-Konzepte, Heft 8, Beethoven / Das Problem der Interpretation, April 1979, S. 75
2 ebd. S. 71 f.
3 Verne, J., Eine Idee des Doctor Ox, Wien, Pest, Leipzig 1875, S. 44 f.

4 W. A. Mozart am 17. Januar 1778 an seinen Vater über eine Wiedergabe seines Konzerts durch Abbé Vogler, zit. n. Wehmeyer, G., prestißißimo, Hamburg 1989, S. 32
5 zit. n. Rien, R., op. cit., S. 72
6 ebd.
7 AMZ, Nr. 48, 1. Dezember 1813
8 Barnikel, H., Friedrich Koenig – Ein früher Industriepionier in Bayern, Diss., München 1965
9 ebd., S. 72 f.
10 Mälzl, J. N., Kurze Abhandlung über den Metronom, Im Verlag der Hof-Musikhandlung von B. Schott's Söhnen, Mainz 1836; in der Musikbibliothek der Bayerischen Staatsbibliothek München unter dem Verfassernamen »Mälzl« geführt (Sammlung Schafhäutl)
11 vgl. Baudet, H., De maat van all dingen, Abschiedsrede, Technische Universität Delft, 2. Dezember 1987, S. 12
12 zit. n. Mälzl, J. N., a. a. O.
13 AMZ, Nr. 5, 1. Februar 1815
14 AMZ, Nr. 27, 6. Juli 1814; AMZ, Nr. 28, 13. Juli 1814
15 Tappert, H., Beethovens Anmerkungen zu einer Kritik der Schlachtensymphonie, in: Allgemeine Musikzeitung, Berlin, 30.3.1888
16 Haupt, G., J. N. Mälzels Briefe an Breitkopf & Härtel, in: Der Bär, Jahrbuch von Breitkopf & Härtel, Leipzig 1927, S. 126
17 ebd., S. 125
18 ebd., S. 125 f.
19 WAMZ, Nr. 5, 30. Januar 1817
20 ebd., Nr. 6, 6. Februar 1817
21 Beethoven an Ignaz v. Mosel, Dezember 1817, zu dessen Artikel in der WAMZ v. 27. November 1817; zit. n. Haupt, G., a. a. O., S. 128
22 Brief des Klavierbauers J. J. Mickley (s. Kap. XI) an A. W. Thayer, TDR, Bd. 4, [2]1907, S. 65
23 Schindler, A., op. cit., S. 218 f.; vgl. Nottebohm, G., Beethoveniana I, Leipzig 1872, S. 127
24 Mendel, H. op. cit., Bd. 5, S. 9
25 Talsma, W. R., Wiedergeburt der Klassiker, Bd. 1, Anleitung zur Entmechanisierung der Musik, Innsbruck 1980
26 Wehmeyer, G., prestißißimo – Die Wiederentdeckung der Langsamkeit in der Musik, Hamburg 1989
27 Directions for using Maelzel's Metronome, Archiv der Gesellschaft der Musikfreunde in Wien
28 WAMZ, Nr. 7, 13. Februar 1817
29 Mälzl, J. N., a. a. O., S. 15
30 Bayerisches Hauptstaatsarchiv München, M Inn 13695
31 ebd.
32 WAMZ, Nr. 37, 11. September 1817
33 Haupt, G., a. a. O., S. 134
34 WAMZ, 14. Februar 1818

35 J. de Vos Willems, Sekretär der IV. Klasse des Kgl. Instituts der Niederlande für Kunst und Wissenschaften, in: Revue Musicale, Heft VI, 1829, 56 f.; s. a. Protokolle der IV. Klasse des Kgl. Instituts der Niederlande für Kunst und Wissenschaften, 1815, 1819, 1820
36 ebd.
37 vgl. Zemanek, H., Geschichte des Automaten: Das Componium von Winkel, in: Elektronische Rechenanlagen, 8. Jg., Heft 2, 1966, S. 61 ff,; Jüttemann, H., Mechanische Musikinstrumente, Frankfurt/M. 1987, S. 134
38 Intelligenzblatt Nr. 8 der AMZ, 12. September 1821, S. 632

X. SPRECHENDE PUPPEN
1 vgl. Simon, E., op. cit., S. 96
2 Haupt, G., op. cit., S. 143
3 zit. n. Eitner, R., Biographisch-Bibliographisches Quellen-Lexikon, Bd. 5, Graz 1959, S. 270 f.
4 Mendel, H., op. cit., Bd. 5, S. 9
5 Blitz, Signor A., op. cit., S. 168
6 zum Schachautomaten unter Mälzel vgl. u. a.: Ewart, B., op. cit.; das Werk erweitert George Allens Sammlung um sorgfältige neue Recherchen und bietet neben zahlreichen Abbildungen und einer umfangreichen Bibliographie auch Diagramme vieler Schachspiele des Automaten, sowie Darstellungen der späteren Schachautomaten und die kritische Aufführung der (auch fiktiven) Literatur.
7 Caroll, Ch, M., op. cit., S. 67
8 Allen, G., op. cit., S. 432
9 Ewart, B., op. cit., S. 78
10 Le Palamède, op. cit., S. 86
11 Morgenblatt für Gebildete Stände, Stuttgart, 6. April 1822
12 ebd., 3. Juli 1822
13 Fraser, A., Spielzeug – Die Geschichte des Spielzeugs in aller Welt, Oldenburg/Hamburg 1966, S. 119
14 L. v. Beethovens Konversationshefte, op. cit., Bd. 6, S. 356
15 Sammlung Volker Huber, Offenbach
16 L. v. Beethovens Konversationshefte, op. cit., Bd. 8, S. 99
17 Stadtarchiv Regensburg, op. cit.
18 NDB, op. cit., nennt als Geburtsjahr: 1744; das Regensburger Wochenblatt, Nr. 18, 28. April 1824, schreibt in der Todesnachricht: »86 Jahre alt«.
19 Stadtarchiv Regensburg, op. cit.
20 ebd.
21 ebd.
22 ebd.
23 L. v. Beethovens Konversationshefte, op. cit., Bd. 8, S. 184

XI. MAELZELS CHESS-PLAYER
1 zur Geschichte des Schachautomaten in Amerika s. u. a.: Allen, G.,

op. cit., S. 420–484, Caroll, Ch. M., op. cit., Ewart, B., op. cit.
2 Ewart, B., op. cit., S. 47
3 Moulton, H. J., Houdini's History of Magic in Boston 1792–1915, Nachdruck, Glenwood, Illinois 1983, S. 63
4 Ewart, B., op. cit., S. 111
5 eine der zahlreichen fiktiven Werke (vgl. Ewart, B., op. cit., S. 245) über den Schachautomaten behandelt die angebliche Liebesbeziehung Schlumbergers zu der Französin: Gavin, Th., Kingkill, New York 1977
6 Allen G., op. cit., S. 446
7 ebd., S. 455
8 Czikann, J. – Gräffer, F., op. cit., S. 525
9 Revue Musicale, op. cit., S. 525
10 Böckh, F. H., op. cit., S. 356
11 Poe, E. A., op. cit.
12 ebd., S. 280 f.
13 s. hierzu u. a.: Evans, H. R., Edgar Allan Poe and Baron von Kempelens Chess-Player Automaton, Kenton, Ohio 1939; Wimsatt, W. K. Jr., Poe and the Chess Automaton, American Literature, Bd. 11, Nr. 2, Mai 1939, S. 138–151
14 TDR, Bd. 3, ²1911, S. 384
15 Blitz, Signor A., op. cit., S. 169
16 Magasin Pittoresque, Paris 1834, S. 155
17 Le Palamède, op. cit.
18 Allen G., op. cit., S. 468 f.

XII. CONFLAGRATION
1 zu Cuba u. a.: Blitz, Signor A., op. cit., S. 345 ff.; Hauschild-Thiessen, R. (Hg.), Ein Hamburger auf Cuba, Briefe und Notizen des Kaufmanns Alfred Benecke 1842–1844, Hamburg 1971
2 Allen, G., op. cit., S. 440 f.
3 Blitz, Signor A., op. cit., S. 169 f.
4 Allen, G., op. cit., S. 465
5 Ewart, B., op. cit., S. 111
6 Allen, G., op. cit., S. 470
7 ebd., S. 471
8 ebd., S. 470

XIII. REISESCHACHBRETT
1 Allen, G., op. cit., S. 473 f.

BILDNACHWEIS

S. 19: entnommen aus de Wit, P., Kathalog des Musikhistorischen Museums von Paul de Wit, Leipzig 1903
S. 24: Foto: Ulrich Teichmann, Regensburg
S. 54/55: Puppentheatersammlung der Stadt München, Münchner Stadtmuseum
S. 72: Panharmonikon von J. N. Mälzel; Württembergisches Landesmuseum, Stuttgart
S. 106: entnommen aus Petzold, R., Ludwig van Beethoven, sein Leben in Bildern, Leipzig 1953
S. 114: Deutsches Theatermuseum München
S. 123/170: Gesellschaft der Musikfreunde in Wien
S. 125: Beschreibung der von Johann Melzel erfundenen Erstickungs-Wehre, Wien 1814, Deutsches Museum, München
S. 129: Foto Fa. Wittner, Kempten
S. 178/179: Brewster, D., Briefe über die natürliche Magie, Berlin 1833
S. 181: Memoirs of Robert-Houdin, entnommen aus Caroll, C. M., The Great Chess Automaton, New York 1975
S. 203/244: John G. White Departement, Cleveland Public Library, entnommen aus Ewart, B., Chess: Man vs. Machine, New York, London 1980
S. 215: Sammlung Lothar Schmidt, Bamberg, entnommen aus Faber, M., Der Schachautomat des Baron von Kempelen, Dortmund 1983

Spielen wir die klassische Musik zu schnell?

Grete Wehmeyer
prestißißmo

Die Wiederentdeckung der Langsamkeit in der klassischen Musik

176 Seiten, 15 Abb., geb.,DM 34,--
ISBN 3-927623-00-8

"Das brisanteste Musikbuch der Saison? Auf jeden Fall eine Kampfansage!" -
schrieb die *Süddeutsche Zeitung*.

Grete Wehmeyer schildert in ihrem Buch, wie zusammen mit einer allgemeinen Beschleunigung unserer Lebenswelt im Laufe der letzten zweihundert Jahre trotz besseren Wissens die klassische Musik zur bloßen Raserei verkommen konnte.

KELLNER